Wilfried Gottschalch
Mit anderem Blick

AF612833

Reihe: »**Psychoanalytische Pädagogik**« Band 8
Herausgegeben von Christian Büttner,
Wilfried Datler und Urte Finger-Trescher

Wilfried Gottschalch

Mit anderem Blick

Grundzüge einer skeptischen Pädagogik

Psychosozial-Verlag

Die Deutsche Bibliothek – CIP Einheitsaufnahme

Gottschalch, Wilfried:
Mit anderem Blick : Grundzüge einer skeptischen Pädagogik /
Wilfried Gottschalch. - Gießen : Psychosozial-Verl., 2000
(Psychoanalytische Pädagogik ; Bd. 8)
ISBN 978-3-89806-011-0

© 2000 Psychosozial-Verlag
E-Mail: psychosozial-verlag@t-online.de
Alle Rechte, insbesondere das des auszugsweisen Abdrucks
und das der photomechanischen Wiedergabe vorbehalten.
Umschlagabbildung: Grandville (1803-1847):
Gulliver lernt die Sprache der Riesen (50 x 72 cm)
Umschlaggestaltung: Atelier Warminski, Büdingen.
ISBN 978-3-89806-011-0

Inhaltsverzeichnis

Seite

„Es gibt zweierlei Skepsis: Die eine Art: zweifeln um jeden Preis, die andere: nichts ohne Prüfung gelten lassen. Im ersteren Sinn ist Skepsis nichts als Leichtgläubigkeit mit negativem Vorzeichen, und ein solcher Skeptiker unterscheidet sich von dem Leichtgläubigen vielleicht nur durch Mangel an Naivität und durch Überheblichkeit. Die Skeptiker der anderen Art aber erfüllen nur ihre Menschenpflicht, wenn sie sich über Tatsachen und Erscheinungen genaue Rechenschaft abzulegen suchen, ehe sie sich entschließen, sie anzuerkennen, sie sind die Fragenden, Betrachtenden, Forschenden, also die wahrhaft Frommen."

Arthur Schnitzler, Aphorismen und Betrachtungen, 1967, S. 18.

Vorwort

In diesem Buch versuche ich, meine subjektiven Erfahrungen als Lehrer und Hochschullehrer so zu objektivieren, daß andere sich vielleicht an ihnen orientieren können. Sich orientieren heißt nicht, daß sie mir folgen sollen, sondern, daß sie ihre Erfahrungen mit meinen Erfahrungen, dazu gehören auch Leseerfahrungen, vergleichen und dann selbst entscheiden, wie sie sich verhalten und wie sie handeln wollen. Das Wort *subjektiv* lege ich von der ursprünglichen Wortbedeutung her aus. Es verweist auf die Abhängigkeiten, in denen wir leben, Abhängigkeiten, die wir in günstigen Fällen allenfalls mit anderen Abhängigkeiten, die besser zu uns passen, als die alten, aus denen wir kommen, einzutauschen vermögen: z. B. gehörte es nie zu meinen Kinderwünschen, Lehrer zu werden. Ich habe nicht einmal Schule gespielt, das hätte für mich bedeutet, Langeweile zu spielen. Als mir dann aber mit zwanzig Jahren dieser Beruf zufiel, nahm ich ihn ernst, und bald war ich gerne Lehrer. Etwas *objektivieren* wiederum heißt für mich, innere Erfahrungen in äußere Zeichen – Texte, Kunstwerke, Musik – umzusetzen, so daß sie auch für andere erkennbar werden, wissend übrigens, daß auch innere Erfahrungen von außen kommen. So können Menschen nur freundlich werden, wenn sie genügend Freundlichkeit erfahren haben.

Ich habe dem Buch den Titel *Mit anderem Blick* gegeben. Der Grund hierfür ist, daß ich die Pädagogik mit anderen Augen sehe als die meisten Kollegen auf den Lehrstühlen. Als Wissenschaftler fühle ich mich in der Politikwissenschaft, der Soziologie, der politischen Ökonomie – und inzwischen vor allem in der Psychoanalyse zu Hause. Die klassische und die heute gängige pädagogische Literatur blieb mir fremd. Zu mehr als Leseproben hat sie mich nicht bewegt. Das hat wenig mit Mißachtung zu tun, eher mit meiner geringen Fähigkeit, sie mit meinen eigenen pädagogischen Erfahrungen in Einklang zu bringen. Kurz gesagt, erschien sie mir einerseits als zu abstrakt, andererseits als zu normativ. Auch gewann ich den Eindruck, daß sie viele Pädagogen in ihrem Drang, Kinder und Heranwachsende auf bestimmte Erziehungsmuster hin zuzurichten, bestätigte, und das ist nun gerade nicht meine Absicht. Mir kommt es vielmehr auf eine skeptische Sichtweise an, die sowohl die innere Welt der Menschen im pädagogischen Feld – der Kinder, Eltern und Lehrer also – wie auch die äußere Realität, in der Erziehung geschieht, erhellt. Das kann uns behutsamer und rücksichtsvoller machen im Umgang miteinander. Eine Gewähr dafür, daß wir *richtig* erziehen, gibt es nicht, wohl aber Kriterien, die uns helfen können, unser pädagogisches und andragogisches Handeln so vernünftig wie möglich zu gestalten.

Zur Erkundung der inneren Welt gebrauche ich die *Psychoanalyse*. Sie erleichtert uns zumindest, Vorbewußtes bewußt zu machen und über unbewußtes Agieren nicht allzu sehr überrascht zu sein. Ich meine nicht, daß Pädagogen therapieren sollen; selbst wenn sie hierfür kompetent wären, könnten sie es im Alltag ihrer Berufstätigkeit nicht. Wohl aber meine ich, daß psychoanalytische Erfahrung sie für ihre eigene innere Welt und die ihrer Kinder, Jugendlichen, Klienten und Kollegen wahrnehmungsfähiger machen kann, als sie ohne diese wären, vorausgesetzt, sie sind nicht seelenblind. Seelenblind – und das ist eine Grenze dieser Theorie – kann man freilich auch mit psychoanalytischem Wissen bleiben.

Der Begriff der äußeren Realität ist sehr umfassend. Er meint das, was Dilthey „die Wände der Tatsächlichkeit" nennt. In diesem Buch beschränke ich mich darauf, einige Umrisse der äußeren Realität zu skizzieren, soweit sie soziale Realität ist. Hier stütze ich mich auf die *historische Soziologie*, wie sie von Karl Marx und Max Weber entwickelt wurde. Zeigte Sigmund Freud, daß der Mensch der Herrschaft über sein Selbst nicht sicher sein kann, so Marx, daß er nicht Herr im eignen Haus, Herr in seinem Oekos ist. Marx verband seine Kritik der politischen Ökonomie noch mit Heilserwartungen. Diese teile ich freilich nicht. Vielmehr meine ich mit Max Weber, daß wir als Wissenschaftler ständig an der Entmythologisierung der Welt arbeiten müssen, denn es gibt stets wirksame Tendenzen zu ihrer Remythologisierung, und daß wir mit einer Dialektik ohne Erlösung leben müssen, die aus Georg Simmels Soziologie deutlich wird, aus der auch die Flucht in seine mir dunkle Lebensphilosophie keinen Ausweg bietet.

Viel verdankt meine Skepsis der *philosophischen Anthropologie* von Karl Löwith und Helmuth Plessner. In ihren Werken fand ich Bestätigung für das, was ich gegen die großen pädagogischen und politischen Entwürfe einzuwenden habe, für die sich viele unkritisch begeistern. Sie bestärken mich auch in meiner Absicht, genau hinzuschauen und zu ermitteln, was war, ist und wird. Beide Philosophen lehrten; sie verharrten also nicht in der Skepsis, sondern übernahmen die Verantwortung für das, was sie sagten und schrieben. Darin folge ich ihnen.

Wie alle meine Arbeiten bleibt auch dieses Buch ein Fragment. Es soll zum Beobachten, Phantasieren, Denken und Handeln anregen und die sogenannte *negative Fähigkeit* der Erzieher und Lehrer stärken. Darunter verstehe ich, ähnlich wie John Keats (Trilling 1951) und vielleicht auch ein bißchen anders, die Fähigkeit, zeitweise „in Ungewißheiten, Mysterien, Zweifeln zu verharren, ohne jedes ungeduldige Haschen nach Tatbestand und Ursache" (zit. a. a. O., S. 39). In der pädagogischen und andragogischen Praxis halte ich eine solche Haltung für unerläßlich. Sie entspricht etwa dem, was Freud *gleichmäßig schwebende Aufmerksamkeit* nennt. Kommen noch Gelassenheit, Phantasie, Empathie sowie die Fähigkeiten zur Besorgnis und zum Alleinsein hinzu, dann sind wohl die wesentlichen psychischen Voraussetzungen gegeben, hinreichend gut zu lernen, zu erziehen und zu lehren.

Wilfried Gottschalch, Bussum, im Herbst 1998

1. Erziehen – ein unmöglicher Beruf

> „Ich hatte mir frühzeitig das Scherzwort von den drei unmöglichen Berufen – als da sind: Erziehen, Kurieren, Regieren – zu eigen gemacht, war auch von der mittleren dieser Aufgaben hinreichend in Anspruch genommen. Darum verkenne ich aber nicht den hohen Wert, den die Arbeit meiner pädagogischen Freunde beanspruchen darf".
>
> *Sigmund Freud*,1925, S. 565

Diese Worte finden sich in der Vorrede Freuds zum Buch seines Freundes August Aichhorn: „Verwahrloste Jugend. Die Psychoanalyse in der Fürsorgeerziehung". In einer seiner letzten Schriften: „Die endliche und die unendliche Analyse" (1937, S. 94) drückt Freud sich ähnlich aus. Jedoch ersetzt er hier das Wort ‚Kurieren' durch ‚Analysieren'. Wir lesen dort: „Es hat doch den Anschein, als wäre das Analysieren der dritte jener ‚unmöglichen' Berufe, in denen man des ungenügenden Erfolges von vornherein sicher sein kann. Die beiden anderen, weit länger bekannten, sind das Erziehen und das Regieren". Gemeinsam ist diesen Berufen der Umgang mit Menschen, ihre Begleitung, Beeinflussung und Lenkung; der Umgang mit Säugetieren also, die sich, wie Béla Grunberg sagte, für Gott halten und nicht immer wollen, wie sie sollen: Kinder lernen nicht gern fremdbestimmt. Sie wollen keine Häkchen werden und krümmen sich nicht beizeiten (Bloch). Die Kranken möchten zwar genesen, aber den Gewinn, den die Krankheit ihnen neben dem Leid bringt, nicht aufgeben. Da bleiben viele von ihnen lieber krank, statt sich der Kur des Arztes bzw. Analytikers zu unterwerfen. Auch Bürger verhalten sich selten so, wie die Regierenden von ihnen erwarten. Nicht immer lassen sie sich ihre Interessen ausreden. Und wenn schon mal die Politiker etwas Vernünftiges durchzusetzen versuchen, laufen die Wähler den falschen Fahnen nach. Dennoch war Freud Arzt, wollen viele junge Menschen Pädagogen werden und andere Politiker.

Der Wunsch, Pädagoge zu werden

Auf die Motive, Arzt, Analytiker oder Politiker zu werden, möchte ich hier nicht näher eingehen. Wohl regt es mich zum Nachdenken an, was junge Menschen veranlaßt, Pädagogen werden zu wollen. Die pädagogischen Berufe haben kein hohes Ansehen. Sie gelten als ‚weiblich' und werden ähnlich wie die Hausfrauen- und Mutterarbeit herabgesetzt. Ihre Arbeit hat zwar einen beträchtlichen Gebrauchswert, vor allem zur kulturellen Reproduktion der Gesellschaft trägt sie viel bei, dieser läßt sich aber nicht ohne weiteres in Tauschwert umrechnen und vermarkten. Es kommt hinzu, daß junge Menschen eigentlich aus Erfahrung wissen müßten, daß Erziehen ein unmöglicher Beruf ist. Das pädagogische Feld ist ihnen hinreichend bekannt. Sie haben eine lange Schulzeit hinter sich, in der sie sich oft langweilten. Sie lernten Erzieher und Lehrer kennen, von denen sie enttäuscht und manchmal sogar gequält wurden. Umgekehrt bereiteten sie ihren Lehrern und Erziehern oft genug gehörige Niederlagen. Es lohnt sich also, nach den Motiven zu fragen, die dennoch junge Menschen dazu bewegen, pädagogische Berufe zu wählen, in denen manche von ihnen sogar ein Leben lang gern tätig bleiben. Mich interessieren hier vor allem die *verborgenen Motive,* deren man sich nur unbestimmt oder gar nicht bewußt ist. Ich will vorläufig nur einige fragend nennen: Wollen wir Menschen nach unserem eigenen Bild formen? Haben wir pädagogische Allmachtsphantasien? Suchen wir Leid und glauben, durch Leiden zur Freude zu gelangen? Sind wir quälsüchtig und bemänteln unseren Sadismus mit der Parole: Wer befehlen will, muß vorher gehorchen lernen? Wollen wir Menschen-Gärtner werden, ‚Spalierobst' beschneiden oder ‚Freilandobst' wachsen lassen? Oder möchten wir Seeleningenieure sein? Dann wäre es angebracht, sich an Jean Pauls Mahnung zu erinnern, Kinder und Uhren müsse man nicht nur aufziehen, sondern auch gehen lassen. Das alles sind Fragen, auf die wir Antwort suchen sollten, die ich hier jedoch vorerst dahingestellt sein lasse.

Über mich nur soviel: Ich wollte eigentlich kein Lehrer werden. Ich habe diesen Beruf nicht gewählt. Er ist mir zugefallen. Als ich 1949 mein Abitur machte, wollte ich Germanistik studieren. Aber in der DDR durfte ich das nicht. Mehr der Not gehorchend als eigener Absicht, nahm ich die Stelle als Neulehrer an, die mir mein Oberstudiendirektor anbot. Vor den Sommerferien saß ich noch auf der Schulbank, danach auf dem Katheder. Ich wurde also ohne Ausbildung Lehrer. Das war schwer genug. Aber bald hatte ich Freude an dieser Arbeit und bin auch gern Pädagoge bzw. Andragoge geblieben. Auch während meines Studiums, das zwar nicht die Pädagogik zum Gegenstand hatte, sondern Politologie, Soziologie und Wirtschaftswissenschaften, arbeitete ich untertags als Ausbildungsleiter. Obwohl ich also gar nicht den Wunsch hatte, Pädagoge zu werden, hielten mich offenbar nicht nur materielle Zwänge – zum Leben braucht man schließlich Geld –, sondern auch innere Neigungen in diesem Berufsfeld fest. Zu diesen Neigungen gehört auch eine gewisse Lust am Abenteuer; denn der Lehrerberuf – das gilt auch für die anderen pädagogischen Berufe – ist in unserer verwalteten Welt einer der letzten Abenteuerberufe: Man bereitet sich auf seinen Unterricht vor, und dann kommt vieles anders, als man vermutete. Offensichtlich lockt mich die Herausforderung, die von überraschenden Situationen ausgeht. Diese Lust am Abenteuer ist bei mir mit dem *Wißtrieb* verbunden, der mich immer wieder fragen läßt: Warum verhalten sich Menschen und handeln sie so, wie sie es tun? Als kleiner Junge wollte ich Afrika erforschen. Da kam ich zu spät. Mit den Menschen ist das anders. Sie kann man nie ganz erkunden. Stets stellen sie neue Rätsel. Das ist spannend. „Allein schon wegen der Neugierde lohnt es sich zu leben", sagt ein jiddisches Sprichwort. Wie das auch sein mag: Meinen Beruf habe ich also nicht auf dem Weg einer üblichen Lehrerausbildung erlernt, sondern durch Versuch und Irrtum. Für jemanden, der Geduld und Phantasie hat – diese Eigenschaften sind in pädagogischen Berufen durchaus erforderlich –, ist das vielleicht der beste Weg.

Die Erforschung der Motive, die jemanden bewegen, Pädagoge zu werden, ist nicht leicht. Es geht um ein kompliziertes *Verursachungsnetz* (Freud) von Determinanten, die diese Berufswahl bestimmen, um ein Mit- und Gegeneinanderwirken von *innerer Welt* – Psyche – und *äußerer Realität* – Natur und Kultur –, das erforscht werden muß. Natur und Gesellschaft finden wir bei Geburt bereits vor: die Natur als etwas uns Umgreifendes, zu dem wir gehören; die Kultur als einen historisch geschaffenen Lebensrahmen, den wir nicht nach Belieben erweitern und verändern können. Deren Wechselwirkungen gilt es zu erhellen.

Annäherungen an eine skeptische Pädagogik

Enttäuschungen sind eigentlich etwas Gutes: Täuschungen werden weggenommen. Ich erzählte vorhin, wie ich ohne Lehrerstudium

Pädagoge wurde; das heißt nicht, daß ich mich mit der *Pädagogik,* wie sie gewöhnlich als ,Wissenschaft von der Erziehung und Bildung' definiert wird, gar nicht beschäftigt hätte. Das Gegenteil war der Fall. Meine psychische Beschaffenheit machte mich für die Nazis untauglich. Ich konnte mir nicht vorstellen, was ich unter ihrer rohen Herrschaft hätte werden können. Mit politischem Bewußtsein hatte das noch nichts zu tun, nur mit Selbstbewahrung. Alles, was damals von mir verlangt wurde, führte dazu, daß ich mich in meine eigene Welt zurückzog. So atmete ich nach der Niederlage Deutschlands auf. Was mich bisher bedrückt hatte, war nun machtlos. Die angekündigte demokratische Erneuerung Deutschlands lockte mich mitzumachen. Aber einer Partei wollte ich mich nicht anschließen. Ihre Programme waren mir zu neblig. Noch verstand ich zu wenig von gesellschaftlichen Zusammenhängen und Widersprüchen. Wohl zog mich die SPD an, aber die mußte sich in Ostdeutschland mit der KPD zur SED verschmelzen lassen. Diese neue Partei erschien mir von Beginn an als eine Agentur der KPdSU. Das lehnte ich ab.

Was mich damals am meisten interessierte, waren die Versuche, die Schulen von Grund auf zu reformieren. Als Schüler hatte ich bis 1945 keine guten Erfahrungen gemacht. Mit Tagträumen von besseren Schulen reagierte ich auf mein Unbehagen über die Schule, wie sie war. Nun genügten mir meine Träume nicht mehr. Ich wollte eine bessere Wirklichkeit. So las ich damals die Schriften der *Schulreformer* aus den zwanziger Jahren. Meine Reaktionen waren ambivalent. Daß sie die Schüler nicht mehr gängeln wollten, sprach mich an, ebenso die starke Betonung des musischen Unterrichts. Aber manche ihrer Ideen blieben mir unklar, zum Teil aus Unverständnis, zum Teil auch, weil ich mich bereits als einen *„Urenkel der Aufklärung"* verstand, „spinnefeind der unechten ,Tiefe', die im Lande der Dichter und Denker nie aus der Mode kommt, untertan und zugetan den drei unveräußerlichen Forderungen: nach der Aufrichtigkeit des Empfindens, nach der Klarheit des Denkens und nach der Einfachheit in Wort und Satz" (Kästner 1952, S. 304).

Damals wurden mir die Pläne und Versuche Paul Oestreichs und Peter Petersens vertraut, wenn ich sie auch eher fragend als bloß zustimmend aufnahm. Oestreichs „Schule zur Volkskultur" (1923), seinem Entwurf einer *Einheitsschule* mit elastischer Differenzierung, Kern-Kurs-System, Mitbeteiligung von Schülern, Lehrern und Eltern, kollegialer Schulverwaltung, Integration von intellektueller und manueller Ausbildung stimmte ich gerne zu. In abgemagerter Form kann man sie in der heutigen Gesamtschule wiedererkennen. Aber manches schien mir an Oestreichs Vorstellungen zu idealistisch und zuweilen selbst ein bißchen zivilisationsfeindlich. Ähnlich ging es mir auch mit Peter Petersens *Jena-Plan*. Den von ihm praktizierten Wechsel der pädagogischen Situation – Gruppenarbeit, Kurse, Kreis, Große Pause – fand ich gut. Aber wurde in seiner *Lebensgemeinschaftsschule* die Bewährung in der Gemeinschaft nicht etwas zu stark betont? Muß man sich nicht zuweilen auch *gegen* die Gemeinschaft bewähren? Jedoch lohnt es sich heute noch, sich von den Schriften Paul Oestreichs und Peter Petersens anregen zu lassen.

Seinerzeit hatte ich die Zeitschrift „pädagogik. beiträge zur erziehungswissenschaft" abonniert. Wie in Grimms Wörterbuch der Deutschen Sprache wurde in ihr in den ersten Jahren alles klein geschrieben. Das gefiel mir. Auch heute noch halte ich die Großschreibung für einen Anachronismus. Meinem Urteil nach gab es in den ersten Nachkriegsjahren keine bessere erziehungswissenschaftliche Zeitschrift im deutschen Sprachraum als die „pädagogik". Nach der Gründung der DDR verlor sie schnell an Niveau. Max Gustav Lange, mit Rudolf Söhring Redakteur dieser Zeitschrift, bemühte sich um eine sozialwissenschaftliche Grundlegung der Pädagogik. Sein unter dem Pseudonym Max Wurl erschienener Aufsatz „die schule als staatsanstalt" (1946) wendete Max Webers Bürokratietheorie auf die Schule an. In zwei Folgen eines anderen Aufsatzes berichtete er aus marxistischer Sicht über die Hauptrichtungen der deutschen Gesellschaftswissenschaften. Im gleichen Jahr wie ich flüchtete Lange nach Westberlin. Dort begegneten wir uns und wurden Freunde.

Peter Petersen untersuchte in dem Aufsatz „wissenschaftliche pädagogik im dienst der demokratischen erziehung" die Mittelstellung der Erziehungswissenschaften zwischen den Natur- und Geisteswissenschaften als Wirklichkeitswissenschaft.

In der „pädagogik" las ich auch das erste Mal einen Aufsatz von Paul Heimann: „die pädagogische situation als psychologische aufgabe" (1947). Er gründete später mit Gunter Otto und Wolfgang Schulz die lehr- und lerntheoretische Berliner Schule der Didaktik, deren Theorie sie aus ihren Unterrichtsanalysen entwickelt hatten. Paul Heimann sprach 1963 das entscheidende Wort, als ich zum Dozenten der Didaktik der Politik und Soziologie an die Pädagogische Hochschule Berlin berufen wurde.

Im September 1949 wurde ich Lehrer. Nun brannte mir das Problem der Unterrichtsvorbereitung auf den Nägeln. Die Hoffnungen auf die Schulreform schwanden. Auch in der DDR begann eine Phase der Restauration, freilich nach sowjetischem Vorbild. Was in der Gesellschaft nicht ging, wollte ich wenigstens in meinem Unterricht anstreben. Das Abenteuer Schule, auf das ich mich eingelassen hatte, wollte ich gut überstehen. Sorgfältig bereitete ich mich auf den Unterricht vor. War ich unsicher, redete ich mir zu: „Die sind selber dran schuld, wenn sie mich zum Lehrer machen. Ich aber will zufrieden sein, wenn es mir gelingt, wenigstens einer schlechten Schülerin so zu helfen, daß sie nicht sitzenbleibt." Dabei dachte ich an einen Film über Fürsorgeerziehung, der den Titel trug: „Und wenn es nur einer wär". Die Schülerinnen merkten, daß ich meine Arbeit ernst nahm, und bald hatte ich auch hinreichend gute Lehr- und Lernerfolge. Die üblichen didaktischen und methodischen Handreichungen freilich halfen mir wenig. Ich probierte die mir bekannten Systeme von Unterrichtsstufen aus und merkte bald, daß diese überschätzt wurden. Dafür beobachtete ich das Verhalten der Schülerinnen, um herauszufinden, wo sie Schwierigkeiten hatten. Dort gab ich Hilfestellung und griff mit Erklärungen ein. Vor allem die Anfangsgründe und -fertigkeiten erklärte und übte ich mit ihnen geduldig und umsichtig. So entwickelte ich meinen eigenen Unterrichtsstil. Was mir damals half, war meine Orientierung an der Individualpsychologie Alfred Adlers. Mit anderen psychologischen Theorien, die mir nur oberflächlich bekannt waren, konnte ich kaum etwas beginnen. Meine aus den Büchern Adlers abgeleiteten Maximen lauteten: „Es kommt nicht darauf an, was einer mitbringt, sondern was er daraus macht" und „Immer ermutigen, niemals herabsetzen". Wichtig war noch, daß ich meine Schülerinnen mochte.

Viel lernte ich aus den Schriften von Otto und Alice Rühle. Sie verbanden Adlers Individualpsychologie mit dem Marxismus. Ihre Bücher halte ich auch heute noch für wichtige Beiträge zur Sozialisationsforschung. Freilich war zu ihren Zeiten der Ausdruck *Sozialisation* noch nicht gebräuchlich. In der Nachfolge Alfred Adlers lehnte ich damals Freuds Theorie ab. Später wurden mir die Mängel der Individualpsychologie deutlich. 1958 las ich von Freud den „Abriß der Psychoanalyse" und „Massenpsychologie und Ich-Analyse". Ich hatte noch viel Vorurteile gegen seine Lehre, aber sein klarer, zum Denken anmutender Stil zog mich an. Währenddessen ich an meiner Dissertation über den Austromarxisten Rudolf Hilferding saß, mußte ich viele in Funktionärs-Deutsch geschriebene Schriften lesen. Das stärkte mein Bedürfnis nach guter Prosa. Sehr billig bekam ich in einem Antiquariat Freuds Gesammelte Werke. Nun las ich sie von Band 1 bis 17 in der Reihenfolge ihres Entstehens. Seitdem ist mir die Psychoanalyse in meinem Forschen und Lehren unentbehrlich.

1963 wandte ich mich der Didaktik der politischen Bildung zu. Ich hatte mich um eine Dozentur an der Pädagogischen Hochschule Berlin beworben und wählte als Thema meiner Probevorlesung Makarenko. Schnell und ein wenig flüchtig las ich die damals gängigen Didaktiker Gottfried Hausmann, Wolfgang Klafki u. a., erkannte aber in ihren Auffassungen meine Erfahrungen nur schattenhaft wieder, konnte also kaum an ihren Ideen anknüpfen. Mir kam die Didaktik wie ein Rorschach-Test vor, nicht wie ein einigermaßen klares Gedankengebäude. Vieles schien hier noch offen. Das lockte mich. Gegen Makarenko war ich überdies kritisch eingestellt. Etwa 1950 hatte ich seine Erziehungsromane „Der Weg ins Leben" (1931-1935) und „Flaggen auf den Türmen" (1939) gelesen. Das sind spannend geschriebene Bücher. Sie erinnern an Maxim Gorkis Werke. Aber seine Pädagogik, sein System der Kollektiverziehung, das in Übereinstimmung mit dem Leninismus willige Unterwerfung als *bewußte Disziplin* lobt, war mir zuwider. Von den in meinen Augen konservativen Anhängern Makarenkos wurde mein Vortrag, nachdem ich ihn veröffentlichte, nicht gut aufgenommen.

Nun in der Lehrerbildung tätig, hospitierte ich regelmäßig in Schulen. Es wurde mir deutlich, daß die Probleme, die ich bereits im eigenen Unterricht wahrgenommen hatte, weit verbreitet sind. Mir wurde klar, was ich schon lange vermutete: Es kommt nicht so sehr auf die formulierten Normen und Methoden der Erziehung und des Unterrichts an als auf die Hindernisse, an denen ihre Verwirklichung so häufig scheitert. Die Normen und Methoden überfordern nicht nur häufig die Schüler, sondern auch die Lehrer. Vielleicht, so folgerte ich, kann man, wenn man die Hindernisse des Lernens und Lehrens erforscht, besser erziehen und unterrichten, als wenn man gläubig und gutwillig den idealisierten Normen und Methoden folgt. Solche Erwägungen führten mich dazu, mich der Sozialisationsforschung zuzuwenden und mir die Lektüre der normenbeflissenen und methodengläubigen pädagogischen Literatur weitgehend zu ersparen. Wohl las ich mit viel Gewinn Wilhelm Diltheys Werke, auch seine „Pädagogik. Geschichte und Grundlagen des Systems" (1884 bis 1894) und fand, daß die meisten seiner Schüler hinter ihm zurückblieben. Auch die empiristische Erziehungs- und Unterrichtsforschung gab mir wenig. Mit ihren Ergebnissen konnte ich in meiner Praxis kaum etwas beginnen. Theodor Geiger, ein empirischer Sozialforscher, sagte einmal: „Wir können wohl die Tränen zählen, die ein Mensch weint, aber wir können nicht zählen und messen, mit welchen Gefühlen und welcher Gefühlsstärke sie geweint werden". Wohl bin ich entschieden der Meinung, daß Interpretationen nur dann wissenschaftlich sein können, wenn sie auf Empirie gebaut sind. Ein Sachverhalt kann unterschiedlich gedeutet werden, aber man muß ihn in der Deutung wiedererkennen. Von transzendentalen Ausflügen halte ich nichts. Wir sehen sowieso mehr, als wir begreifen. Skepsis und Theorie haben etwas mit Sehen zu tun, also mit Empirie. Wir können unser „Auge-Hand-Feld" (Plessner) mit Hilfe kunstvoller Prothesen erweitern, insofern hat Freud recht, wenn er den Menschen einen *Prothesen-Gott* nennt, aber sobald wir die Grenzen des so erweiterten Erfahrungswissens überschreiten, geraten wir in das Reich unüberprüfbarer Subjektivität:

> „Dem Tüchtigen ist diese Welt nicht stumm.
> Was braucht er in die Ewigkeit zu schweifen?
> Was er erkennt, läßt sich ergreifen."
> *Johann Wolfgang von Goethe,* Faust II

Pädagogik als an den Wissenschaften vom Menschen orientierte Kunst

Daß die Pädagogik keine Wissenschaft eigener Art ist, war mir bereits 1971 klar, als ich den Ruf nach Bremen annahm. Ich durfte selbst formulieren, wie mein Lehr- und Forschungsauftrag lauten sollte. Ich schlug *Erziehungswissenschaften mit dem Schwerpunkt Sozialisationsforschung* vor. Unter Erziehungswissenschaften verstand ich alle Orientierungswissenschaften der Pädagogik, vor allem die Soziologie und

Psychologie. Das sind auch die zwei Wissenschaften, die in einem *doppelten Diskurs* eine Sozialisationstheorie konstituieren können. Georges Devereux' Empfehlung, die *komplementaristische Methode* auf die Wissenschaften vom Menschen zu übertragen (1972), kannte ich noch nicht, wandte sie aber bereits annähernd an. Den Begriff *Komplementarität* übernahm Devereux von Niels Bohr (1931), der ihn nicht als einen bloß physikalischen Begriff gebrauchte, sondern an die allgemeinen Bedingungen menschlicher Begriffsbildungen erinnern wollte, vor allem an die Schwierigkeit, zwischen Subjekt und Objekt zu unterscheiden: Immer nämlich sind wir ein Teil dessen, was wir beschreiben, erklären und verstehen wollen, sind wir sowohl Zuschauer als auch Mitspieler im Drama des Lebens. Daraus ergibt sich nicht nur, daß alle unsere An- und Einsichten relativ, d. h. abhängig von der Wahl unserer Gesichtspunkte sind, sondern auch, daß es sich empfiehlt, den jeweiligen Forschungsgegenstand unter verschiedenen Aspekten zu untersuchen (vgl. Meyer-Abich 1976, S. 933f., Gottschalch 1987, S. 48-53). Dem folgend, fordert Devereux, „ein bereits auf eine Weise erklärtes Verhalten auch auf eine andere Weise zu erklären" (1972, S. 11). Es waren vor allem die *materialistische Geschichtsauffassung* und die *Psychoanalyse*, die ich heranzog. Jene ist geeignet, die kollektive Reproduktion der Gesellschaft zu erhellen, diese das Dunkel der menschlichen Seele. Beide zeigen, daß der Mensch nur sehr beschränkt Herr in seinem Haus ist. Es zog mich aber noch etwas anderes zu diesen Theorien, und zwar ihre gegensätzliche Stellung, die Herausforderung, die sie einander bieten: Die materialistische Geschichtsauffassung versucht, die kollektiven und antagonistischen Bewegungen in der Gesellschaft zu erklären, die Psychoanalyse die intra- und interpsychischen Konflikte zwischen Individuation und Sozialisation. Vor allem die Auseinandersetzung mit den Konzepten von Wilhelm Reich und Norbert Elias verdeutlichte mir, daß sich historische Soziologie und Psychoanalyse nicht zu einer Einheitswissenschaft vereinigen lassen. Man muß vielmehr zwischen beiden Perspektiven hin und her wechseln, d. h., wenn man mit der einen nicht weiter kommt, sich der anderen fragend zuwenden.

Mit C. Wolfgang Müller hatte ich einmal Ähnliches auf der Ebene des Hochschullehreralltags ausprobiert. Wir waren zu einer deutsch-französischen Lehrerkonferenz eingeladen. Auf der Fahrt dorthin bekannten wir einander, daß wir uns unzureichend auf unsere Vorträge vorbereitet hatten. Wolfgang hatte einen guten Vorschlag. Er sagte: „Weißt Du, das ist nicht schlimm. Wir sind ja nicht dumm, wissen doch eine ganze Menge. Einer von uns fängt an, und wenn er nicht mehr weiterkommt, fragt er den anderen, und der fährt fort, bis er selber eine Frage stellen muß". So geschah es auch. Es wurde für alle Teilnehmer eine spannende Konferenz. Es wurde ein richtiges *sokratisches Gespräch* geführt, in dem keiner das letzte Wort haben wollte. Wolfgang, der Sozialpädagoge, half mir, mich immer wieder auf die Praxis zu beziehen, und ich ihm, seine Praxis an der Theorie zu erhellen, in diesem Fall war das die Sozialisationstheorie. Auch die Zuhörer verhielten sich nicht nur rezeptiv, nahmen vielmehr aufgeschlossen an der Diskussion teil. Wir lernten viel voneinander.

Ich habe vorhin die Terminologie gewechselt. Am Anfang sprach ich von der materialistischen Geschichtsauffassung, nun von der historischen Soziologie. Mit dem Marxismus und seiner theoretischen Perspektive geriet ich insofern in Schwierigkeiten, als ich die damit verbundenen Heilserwartungen nicht teile. Ich vermag weder an ein Himmelsreich im Jenseits, noch an eines im Dieseits zu glauben. Im Kampf um die Gerechtigkeit wird diese immer ein Flüchtling aus dem Lager des Siegers sein (Simone Weil), und der Kampf um ein anständiges Dasein für *alle* Menschen wird erst mit den letzten Menschen sein Ende finden. Gäbe es noch eine politisch relevante sozialistische Bewegung, wäre ich ihr, einsehend, daß Menschen, denen es schlecht geht, leicht böse werden, nach wie vor in kritischer Solidarität verbunden. Ich ziehe aber die Bezeichnung *historische Soziologie* noch aus anderen Gründen vor: Nicht nur aus den Werken von Karl Marx habe ich viel gelernt, sondern auch aus denen von Max Weber, Georg Simmel und anderen. Max Weber halte ich nicht nur für einen großen Soziologen, sondern auch für einen hervorragenden Wissenschaftstheoretiker. Über Georg Simmel wird gesagt, seine Soziologie sei nur eine formale; seine Schriften enthalten jedoch mehr Anschauung, mehr historisches Wissen als die seiner Kritiker. Vor allem ist er ein konsequenter Dialektiker. Seine Dialektik ist eine Dialektik ohne Erlösung. Darin ist er Hegel und Marx überlegen.

Freud war skeptischer als Karl Marx. Heilserwartungen abhold, war er darauf bedacht, die Hoffnungen der Analytiker und Patienten zu dämpfen. Er fühlte sich primär als Forscher und dann erst als „Genesherr". Seinen Analysanden versprach er nur eine begrenzte und schon gar nicht eine endgültige Heilung.

Hysterisches Elend wollte er lediglich in gewöhnliches Unglück umwandeln, gegen welches man sich dann, wie er hoffte, besser zur Wehr setzen könnte (1895, S. 312). Später gab er dieser Formel noch eine gesellschaftskritische Wendung. Er meinte, der Krankheitsgewinn der Neurotiker sei „doch im ganzen und am Ende eine Schädigung für die einzelnen wie für die Gesellschaft ... Vor allem aber: alle die Energien, die sich heute in der Produktion neurotischer Symptome im Dienste einer von der Wirklichkeit isolierten Phantasiewelt verzehren, werden, wenn sie schon nicht dem Leben zugute kommen können, doch den Schrei nach jenen Veränderungen verstärken helfen, in denen wir allein das Heil für die Nachkommenden erblicken können" (1911, S. 115).

Bei meinen historisch-soziologischen und psychoanalytischen Studien geht es mir hier weniger um deren unmittelbare Anwendung auf die politische Praxis oder das Heilen, als vielmehr um die Erhellung und Erkenntnis all der Hindernisse, die einer Erziehung zur Mündigkeit entgegenstehen. Leider ist es unvermeidlich, daß Erziehung stets hemmt, verbietet, unterdrückt (Freud 1932, S. 160). Sie wird das desto stärker tun, je apodiktischer sie ihre Ziele formuliert. Im Extremfall wird sie „die restlose Tilgung jedes eigenständigen Wollens und Denkens aus Geist und Seele" (Castioradis 1996, S. 903f.) der Zöglinge anstreben. Dann werden ihr Resultat schwer neurotische oder gar psychotische Menschen sein. Aber auch wenn sie zur *Mündigkeit* führen will, muß sie in gewissen Grenzen hemmen, verbieten und unterdrücken. Mündigkeit ist von *Munt* abgeleitet und bedeutet nach innen Herrschaft und Fürsorge, nach außen Haftung und Schutz (Sommer 1984, S. 225). Mündigkeit und Munt sind ursprünglich Rechtsbegriffe, haben aber inzwischen auch eine geschichtsphilosophische und pädagogische Bedeutung angenommen. Diese übernehme ich hier. Die Worte ‚nach innen' und ‚nach außen' bezogen sich ursprünglich auf das Verhältnis des Vaters zu seiner Familie. Ich übertrage sie hier auf das Verhältnis des *Ichs* zum *Selbst,* wobei ich das Ich im Sinne der Psychoanalyse als jene Instanz der Psyche verstehe, deren Funktion es ist, zwischen den Triebbedürfnissen des *Es* und den Forderungen der Außenwelt zu vermitteln, so daß ein einigermaßen vernünftiges und lebensbejahendes Handeln möglich wird. So ergibt es sich, daß das Ich einerseits die Triebbedürfnisse des Es beherrschen muß, aber auch für ein Optimum an Befriedigung zu sorgen hat, denn wir wissen, daß ein Übermaß an Triebunterdrückung psychische und psychosomatische Erkrankungen zur Folge haben kann. Bei Erfüllung seiner Aufgaben muß das Ich mit den Mächten und Normen der Gesellschaft rechnen. Es muß ihnen gegenüber haften, es ist ihnen Verantwortung schuldig. Das Ich muß aber auch gegen sie schützen, denn Maßlosigkeit ist nicht nur ein Laster der Individuen, sondern auch der Kollektive. Sich vor der Maßlosigkeit mächtiger Kollektive zu schützen, kann überdies oft nur mit List geschehen.

Wie man sich diesen Problemen stellt, ist auch eine politische Frage, wobei hier das Wort *politisch* alles meint, was in der Öffentlichkeit umstritten ist, weil es ungewisse Folgen für das Zusammenleben der Menschen hat. Ich kann mich für eine die gegebenen gesellschaftlichen Zustände befestigende Pädagogik entscheiden, ich kann mich auch gegen diese Zustände entscheiden. Noch komplizierter wird es, wenn ich diese oder jene Entscheidung in ein pädagogisches Handeln umsetzen will, denn wie alles soziale Handeln kann auch pädagogisches Handeln ungewollte Wirkungen auslösen, die das, was beabsichtigt wurde, zu vereiteln vermögen. Menschliches Verhalten ist halt nicht immer eindeutig vorhersehbar. Welche Antwort er auch auf diese Fragen gibt, immer steht der Erzieher im Spannungsfeld psychischer und sozialer Konflikte. Er will sich selbst treu bleiben und soll doch den recht widersprüchlichen Erwartungen und Forderungen der Kinder und Jugendlichen, ihrer Eltern und der gesellschaftlichen Mächte, die seine Arbeit alimentieren, kontrollieren und mehr oder weniger tolerieren, hinreichend gut nachkommen.

Die derzeitige politische Entwicklung erschwert die pädagogische Arbeit zusätzlich. Die Sozialstaatlichkeit – Ergebnis labiler Kompromisse zwischen Gewerkschaften, Sozialbürokratie und Kapitalisten – droht in die Brüche zu gehen. Die dirigierende Klasse (Kirchheimer) fühlt sich in den entfalteten, beinahe entropischen Industriegesellschaften von keinen antagonistischen sozialen Kräften mehr bedrängt. Die Herausforderung, die von der Sowjetunion und dem Kommunismus ausging, ist entfallen. Der Widerpart der Unternehmer: die Arbeiterbewegung, besonders die Gewerkschaften, wird als Folge der anscheinend unaufhaltsam wachsenden strukturellen Arbeitslosigkeit immer schwächer. Schließlich geht auch der Sozialbürokratie das Geld aus. Es wird schwieriger als in den ersten drei Jahrzehnten nach dem Zweiten Weltkrieg, unseren Kindern und Jugendlichen eine Umwelt zu schaffen, in der sie hinreichend gut gefördert werden können. Das sind keine verheißungsvollen Aussichten, und so stellen sich am Ende des Kapitels die gleichen Fragen, die Klaus Dörner und Ursula Plog (1978, S. 20) für die Psychiatrie formulierten. Ich verändere sie so, daß sie für unsere pädagogische Praxis passen. Sie lauten dann:

Wie kann ich eigentlich in der Pädagogik arbeiten – egal ob als Erzieher, Lehrer, Sozialpädagoge, Sozialarbeiter usw. –, und zwar so arbeiten, daß es für mich einigermaßen erträglich ist, einen Sinn hat und daß nicht nur andere, sondern auch ich selbst etwas davon habe? Weiter: Es ist angesprochen, was ich eigentlich in der Pädagogik will, wie weit ich sie in mich hineinlasse, ihr offen begegne und inwieweit sie mir fremd bleibt bzw. ich ihr fremd bleibe, ich mich verschließe. Und noch: Wie schütze ich mich, wie bleibe ich als in der Pädagogik Geld Verdienender so unabhängig von der Pädagogik, daß die berufliche Anstrengung nicht zur Überanstrengung wird, sondern daß mir meine Arbeit sinnvoll erscheint, mich weiterbringt, mir Spaß macht? Und damit gleichzeitig: Wie trenne ich Beruf und Freizeit, öffentlich und privat; wie kann ich mit meiner Arbeit zufrieden sein und nicht unter dem Vorwurf leiden, ich spielte ja nur eine Rolle? Das heißt auch die Frage stellen: Wie weit prägt meine Arbeit mich, ohne mich zu verzerren?

Schließlich sei bedacht: Ich kann nur gut zu anderen sein, wenn ich auch gut zu mir bin.

2. Aufrechter Gang als anthropische Gegebenheit

„Mit dem, wenn auch nur vorübergehenden, Übergang zur aufrechten Haltung ergibt frontales Gerichtetsein der Augen ein größeres Blickfeld bei Wendungen des Kopfes, schafft Freiheit der Armbewegungen, eine Vergrößerung des Aktionsfeldes. In der Zusammenarbeit von Auge und Hand liegt zugleich eine Abhebung von der Stützfläche des Bodens."
Helmut Plessner, Die Frage nach der Conditio humana, 1961, S. 168.

Was ist der Mensch?

Für die Christen ist die Antwort auf diese Frage eindeutig. Für sie ist der Mensch die Krone der Schöpfung. Sie lesen im *Buch Genesis*, daß Gott am sechsten Tag der Anfänge der Welt den Menschen als sein Abbild schuf: „Als Mann und Frau schuf er sie. Gott segnete sie, und Gott sprach zu ihnen: Seid fruchtbar und vermehrt euch, bevölkert die Erde, unterwerft sie euch, und herrscht über die Fische des Meeres, über die Vögel des Himmels, über alle Tiere, die sich auf der Erde regen. Dann sprach Gott: Hiermit übergebe ich euch alle Pflanzen auf der ganzen Erde, die Samen tragen, und alle Bäume mit samenhaltigen Früchten. Euch sollen sie zur Nahrung dienen". Aber so, wie es geschrieben steht, glauben das nur wenige Menschen. In anderen Religionen gibt es andere Geschichten vom Anfang der Welt. Dem Wissenschaftler beweisen sie lediglich, wie stark unser Kausalitätsbedürfnis ist. Auf die Frage nach der Entstehung der Welt antworten viele lieber mit einer Mythe als mit den Worten: das weiß ich nicht. Der skeptische Wissenschaftler jedoch ist sich darüber im Klaren, daß er vor den letzten Dingen halt machen muß, daß er viel erreicht, wenn er *vorläufige Einsicht in die letzten Dinge vor den letzten Dingen* (Kracauer 1971, S. 26) erlangt. Zu dieser Bescheidenheit sind viele nicht fähig, da beginnen sie halt zu glauben. Uns tut Skepsis not, vor allem Skepsis angesichts der Menschen, wie sie sind und offensichtlich immer waren.

Kann man überhaupt *so* vom *Menschen im Allgemeinen* sprechen? Das wird oft bestritten. Ich erwähne nur drei Gegenmeinungen, die in der deutschen Philosophie entwickelt wurden: die von Scheler, Heidegger und Schmitt (vgl. hierzu Löwith 1938). Vorher: Ist diese Frage überhaupt für Pädagogen interessant? Ich meine das schon. Wenn es darauf ankommt, die Grenzen der Erziehung zu erhellen und vielleicht zu erweitern, müssen wir fragen: Was haben wir mit allen Menschen gemeinsam? Was haben wir mit etlichen Menschen gemeinsam? Und schließlich: Was haben wir mit niemandem gemeinsam? Diese Fragen lassen sich nicht ein für allemal beantworten. Hier möchte ich auch nur auf die erste eingehen. Nun zu den Autoren, welche die These von der Einheit der Menschen bestreiten.

Max Scheler war ein einflußreicher und wandlungsfähiger Philosoph und Soziologe. Mich interessieren vor allem seine Schriften zur philosophischen Anthopologie und zur Wissenschaftssoziologie. Im Hinblick auf unser Thema geht es um seine Abhandlung „Die geistige Einheit Europas und ihre politische Forderung" (1915). Hier wendet er sich gegen die übernationalen, kosmopolitischen Ideen, wie sie im römischen Imperium, im katholischen Mittelalter, in der Gelehrtenrepublik zwischen Renaissance und Aufklärung und in der deutschen Klassik entwickelt wurden. Sie hätten, so Scheler, nie universelle Geltung gehabt, sich vielmehr nur auf den europäischen Umkreis bezogen. Gerade die Internationalität der Wirtschaft, Technik und Naturwissenschaft würde beweisen, daß es zwischen den verschiedenen Menschenrassen, Geistesarten und Kulturen unüberbrückbare Unterschiede gebe. An die Stelle universeller Humanität setzte Scheler einen *europäischen Patriotismus*. Dieser könne, so hoffte er 1915, nach dem Krieg Europa vereinheitlichen und regenerieren. Oswald Spenglers *Kulturkreislehre* knüpfte hier an. Ähnliche Gedanken tauchen heute in der Lehre S. Huntingtons vom „Zusammenprall der Kulturen" auf. In diesem würde sich entscheiden, welche Kultur überlebensfähig sei.

Mit der Philosophie Martin Heideggers habe ich Schwierigkeiten. Seine Fragen interessieren mich wenig. Dennoch versuchte ich wiederholt, seine Schriften zu lesen, weil mir immer wieder Menschen begegnen, die sich von ihnen faszinieren lassen. *Diese Menschen* möchte ich verstehen. Aber Faszination als Hörigkeit des Geistes ist mir fremd. Ich kann sie wahrnehmen, jedoch nicht mit- oder nachvollziehen. Außerdem stößt mich Heideggers raunende Sprache ab. Hierzu eine Anekdote, die mir ein Freund erzählte: Heidegger hielt seinen Vortrag „Über die Sprache" vor der Bayrischen Akademie der Wissenschaften. Unter den Gästen war der Romanist Curtius. Ihn fragte Heidegger nach seinem Urteil. Curtius antwortete mit einem jüdischen Witz:

> Kam einmal ein Jude zum Rabbi, um sich von seiner Frau scheiden zu lassen. Der Rabbi fragt nach dem Grund. Der Jude antwortet: „Meine Frau redt so viel". Der Rabbi will mehr wissen, aber der Jude wiederholt stets dieselbe Antwort: „Meine Frau redt so viel". Schließlich fragt der Rabbi: „Ja, was sagt sie denn?" Darauf der Jude: „Das ist eben das Schlimme, das was sie redt, das sagt sie nicht."

Das ist natürlich keine seriöse Heidegger-Kritik, verdeutlicht aber meine Abneigung, Heidegger zu lesen. Es gibt freilich eine hervorragende Kritik seiner Philosophie, nämlich Karl Löwiths „Heidegger – Denker in dürftiger Zeit" (1953). Soweit ich Heidegger verstanden habe, geht es bei ihm darum „daß jeder Mensch letzten Endes nichts anderes und besseres tun kann, als sich zu sich selbst entschließen und sich selbst behaupten" (Löwith 1938, S. 253). Das ist keine Philosophie, die über das Verhältnis des Menschen zu seinesgleichen und der Welt nachdenkt; das ist bei Heidegger eine Lebenshaltung, zu der man sich entscheiden kann oder nicht. Sie ist narzißtisch bis zur Selbstvergottung, und das auch dann, wenn sie vom *je eigenen Sein* – was immer das ist – auf das *deutsche Sein* – was immer das ist – übertragen wird. Die Anderen, das Fremde, die Menschheit, die Welt werden hier ausgeschlossen.

Narzißtisch und dezisionistisch ist auch die politische Philosophie Carl Schmitts. Er hat 1927 den *Begriff des Politischen* als *Freund-Feind-Verhältnis* definiert. Der Feind ist für ihn der existentiell Andere und Fremde, der im Kriegsfall physisch vernichtet wird. Einigung geschieht hier nicht durch Integration in ein vielfältiges Ganzes, vielmehr durch Ausmerzung der Andersartigen.

Die drei eben erwähnten Denker beantworten also die Frage nach der Einheit der Menschen negativ, „zunächst durch den Hinweis auf das Faktum einer unausgleichbaren *Verschiedenheit* (Scheler) und schließlich durch die Selbstbehauptung der *Eigenheit* des je eigenen, individuellen oder auch nationalen Daseins (Heidegger und Schmitt)." (Löwith 1938, S. 255) Wie aber kommt es, daß wir in offenkundig verschiedenen Menschen dennoch Menschen erkennen? Diese bestimmten Menschen müssen etwas allen Gemeinsames, also Allgemeines haben. Was ist das?

Eine Antwort darauf gab Helmuth Plessner, der als einer der Gründer der *philosophischen Anthropologie* gilt. Anders als z. B.

Max Scheler kam Plessner ohne Metaphysik aus. Er hatte erst Biologie, dann Philosophie studiert. Seine philosophische Anthropologie konzipierte er 1928 in seinem Buch: „Die Stufen des Organischen und der Mensch". 1933 mußte Plessner emigrieren. So blieb sein Buch lange unbeachtet. Später schrieb er zu diesem Thema noch weitere Beiträge (Ges. Schriften VIII). Der bekannteste von ihnen trägt den Titel: „Die Frage nach der Conditio humana" (1961). Plessner entwickelt seine anthropologische Philosophie aus der anthropischen Gegebenheit des aufrechten Ganges. Das Wort *anthropisch* gebrauchte Plessner noch nicht. Ich benütze es, weil es recht gut die Doppelstellung des Menschen zu sich und der Welt kennzeichnet. Einerseits ist der Mensch ein Säugetier, andererseits entfremdet ihn der aufrechte Gang von den Tieren. Mit seinem Denken und Phantasieren kann er sich über sie erheben. In seiner Instinktunsicherheit bleibt er aber auch oft hinter ihnen zurück. Kein Tier kann ‚vertieren', kein Pflanze ‚vegetieren', den Menschen vermag das zu überkommen. Einerseits ist also der Mensch ein Naturwesen, andererseits ein Kulturwesen, das sich, weil es anders in der ‚ersten Natur' verkommen würde, in der Kultur eine ‚zweite Natur' schaffen muß (s. a. Gottschalch 1984). So lebt der Mensch naturgebunden, aber er ist in der Natur nicht zu Hause. Vielmehr schafft sich der Mensch sein Zuhause in der Kultur.

Vertrautheit und Fremdheit

Der aufrechte Gang entfremdet den Menschen ein Stück von der Natur. Insofern ermöglicht er ein gewisses Maß Autonomie von ihr. Aber der Mensch fällt immer wieder in sie zurück. Durst, Hunger, Sexualtrieb und Müdigkeit zwingen ihn hierzu. Im Tode schließlich geht er ganz in ihr auf. Plessner spricht von der *Verschränkung zwischen Umweltgebundenheit und Weltoffenheit* (1950, S. 80f.). Das Tier hat eine seinem Bauplan entsprechende Umwelt „ein System von Sinnbezügen, in welchem von vornherein nur diejenigen Reize zugelassen sind, mit denen der Organismus etwas anfangen kann, d. h. die für ihn vitale Bedeutung besitzen" (a. a. O., S. 81). Stellt für das Tier die Umwelt gleichsam eine Ordnung von Sinnbezügen dar, ist diese Welt für den Menschen zuerst einmal weitgehend sinnfrei. Menschsein ist Sinngebung des Sinnfreien, so wandle ich ein Wort Theodor Lessings um. Die

Umweltbindung hat „beim Menschen ein erworbenes und bewahrtes Wesen, ist nicht mit der Natur seines Leibes einfach gegeben, sondern – weil kraft ihrer offengelassen – gemacht und nur im übertragenen Sinne natürlich gewachsen" (a. a. O., S. 84). Selbst den aufrechten Gang lernt das Kind an den Händen seiner Eltern.

Auch Plessner zitiert das „Beispiel von dem selben Wald, der für den Bauern Gehölz, für den Holzhändler so und soviel Kubikmeter Nutzholz, für den Jäger Jagdgebiet, für den Förster Forst und Gehege, für den Verfolgten Unterschlupf, für den Dichter Waldesweben, für den Spaziergänger und Bewohner Landschaft, für den Botaniker Mischwald usw. ist ..." (ebd.). Die vielfältig wechselnde Situiertheit des Menschen bringt viel mehr Verschiedenheit und Fremdheit hervor, als wir uns gewöhnlich vorstellen. Wir sprechen heute von der multikulturellen Gesellschaft und denken dabei an Arbeitsimmigranten und Flüchtlinge, die zu uns kommen. Dabei übersehen wir, daß eigentlich schon jede Ehe eine kleine multikulturelle Gesellschaft ist. Die Ehepartner kommen aus unterschiedlichen Familienkulturen mit unterschiedlichen Gewohnheiten, Wahrnehmungsweisen, Haltungen, Schweig- und Sprechgepflogenheiten. Diese Differenzen verzweigen sich weiter durch die außerfamiliale Sozialisation in verschiedenen Schul-, Arbeits- und Freizeitkulturen. So sind Verständigungsschwierigkeiten und Konflikte bereits am Tage der Eheschließung latent angelegt.

Ähnliches gilt auch für Freundschaftsbeziehungen. Ein frühere Studentin rief mich kürzlich an, um mich zu meinem Geburtstag zu beglückwünschen. Sie berichtete von ihrem Ergehen, auch von ihrer Arbeit. Ich fragte sie, ob sie auch etwas für sich tue. Pause. – Dann sagte sie, sie sei faul. Nun erst konnte ich ihre Verlegenheitspause interpretieren: „Was tust du für dich?" Das hörte sich für sie aus meinem Munde an wie: „Was liest du Wissenschaftliches?" Ich weiß, daß sie ihre Arbeit ernst nimmt, und deshalb meinte meine Frage: „Was tust *du dir* Gutes?" Das ist eine Frage, die wir nur zu oft vernachlässigen. Das Gebot „Du sollst deinen Nächsten lieben wie dich selbst!" setzt ja voraus, daß man sich selbst liebt. Das geschieht seltener, als man denkt.

Erlebnisse wie das eben erzählte, regen mich dazu an, über das Verhältnis von Vertrautheit und Fremdheit nachzudenken. Helmuth Plessner hat zu diesem Thema den schönen Aufsatz „Mit anderen Augen" (1953) geschrieben. Er geht in ihm von der unterschiedlichen

Haltung der Geisteswissenschaftler und Naturwissenschaftler zu ihren Objekten aus. Beide nehmen diese mit ihren Sinnesorganen wahr, aber die Funktion der Sinne ist in beiden Fällen verschieden: „Zwar bringen sie mit Dingen in Kontakt, wenn man lieber will: mit Erscheinungen, aber was im einen Fall, dem des Naturwissenschaftlers, selbst das Substrat der Beobachtung ist, bedeutet im Falle etwa des Kulturhistorikers ein Dokument für menschliches Können aus einer bestimmten Epoche. Selbst wenn die Analyse einer alten Handschrift das Dokument wie ein Natursubstrat behandelt, leistet sie für die Datierung seiner Abfassung nur einen, wenn auch vielleicht ausschlaggebenden, Hilfsdienst. Sie hat nichts mit der Welt menschlicher Gedanken zu tun, die in diesem Naturobjekt durch Sprachzeichen und Bilder investiert sind. Die Wahrnehmung des Naturobjektes vermittelt wohl in diesem wie in anderen Fällen den Kontakt mit der Schicht, worin menschlicher Geist sich ausgedrückt hat, aber sie trägt nicht die für sein Verständnis nötige oder – was wir mit unserer Umkehrung der klassischen Erkenntniselemente als möglich hinstellten – bezweckte Anschauung menschlich-geistiger Welt" (1953, S. 91f.).

Die Natur schweigt. Sie kommuniziert nicht mit uns, sondern überläßt es uns herauszufinden, ob wir ihre Gesetze entdecken, richtig oder falsch interpretieren und anwenden. Mit den Objekten der geistigen Welt ist das anders. Sie erzählen uns von anderen Menschen und Dingen. Die Sprachen, in denen das geschieht, müssen wir übersetzen und interpretieren. Erst dann wird Verstehen und Vertrauen möglich, denn was uns nahe ist, ist uns nicht immer vertraut. Vielleicht ist es uns nur gewohnt. Mit dem Gewohnten aber geht man oft achtlos, rücksichtslos um. Wir stoßen uns an ihm, *verwohnen* es gleichsam. Wer ganz dem Gewohnten verfällt, den nennen wir ein *Gewohnheitstier,* meinen also von ihm, daß er hinter seinen menschlichen Möglichkeiten zurückbleibt. Soll Vertrautheit nicht zur Gewohnheit verkümmern, sind mithin wiederholte Erfahrungen des Befremdens, der Entfremdung nötig: „Man muß der Zone der Vertrautheit fremd geworden sein, um sie wieder sehen zu können. Mit erfrischten Sinnen genießt man die Wiederbegegnung mit dem nun sichtbar gewordenen Umkreis, der uns zugleich freundlich umschließt und als Bild gegenübertritt. In verstärktem Maße erlebt diese Entfremdung, wer als Kind seine Heimat verließ und als reifer Mensch dahin zurückkehrt, vielleicht am intensivsten der Emigrant, der auf der Höhe des Lebens seine tausend in heimisches Erdreich und überkommenen Geist gesenkten Wurzelfasern bis zum Zerreißen gespannt fühlt, wenn er die ganze Überlieferung, aus der heraus er wirkt, nicht wie die Heimat glaubt, durch die Brille der ihn freundlich beschützenden Fremde, sondern *mit anderen Augen* wieder entdeckt" (a. a. O., S. 92f.).

Wir können auch sagen „daß sich die Funktion von Anschauung und Begriff im Aufbau der menschlichen Lebenserfahrung auf Fremdheit und Vertrautheit verteilen, so zwar, daß nur das Fremde (Entfremdete) zur Anschauung, nur das Vertraute zum Verständnis kommt" (a. a. O., S. 93). Für die Pädagogik ist das folgenreich, denn aus dieser Einsicht läßt sich eine *Kunst der Didaktik* entwickeln, die eine gute Lehr- und Lernhilfe sein kann. Gewiß ist der *fruchtbare Moment,* von dem Copei (1930) sprach, d. h. der Augenblick, in dem sich dem Lernenden eine neue Einsicht bzw. Erkenntnis erschließt, weder Ergebnis reiner Selbstentfaltung, noch Resultat eines bloß unterrichtstechnischen Arrangements, sondern eine eigene Leistung des Schülers; aber eine gute Didaktik kann sein Kommen fördern. Eine wichtige Voraussetzung hierfür ist, daß der Wißtrieb der Schüler nicht gehemmt wird. Viele haben das anders erlebt. Paul Valéry schrieb in seinen Cahiers: „Die Kinder fragen Warum? – Also bringt man sie in die Schule, die sie von diesem Instinkt kuriert und Neugier durch Langeweile besiegt ..." (1907-1908, Bd. V, S. 605). Was Pädagogen eigentlich sollten, formulierte er 1916: „Um jemanden etwas zu lehren, muß man bei ihm vor allem das Bedürfnis nach Wissen wachrufen. Das genügt. Das übrige folgt von selbst.

Man muß *Interesse wecken,* das heißt, glauben oder spüren lassen, daß es um eine ganz persönliche Angelegenheit geht – und daß also dieses Wissen eine entscheidende Rolle in der Geschichte und im Leben des Einzelnen spielen wird.

Was nützt mir dieses Latein, dieses Theorem – dieser Aorist? Natürlich gibt es die, die das alles ordentlich büffeln, *ohne sich dafür zu interessieren.* Aber man sollte aus dieser seltenen Spezies keine Folgerungen ziehen" (a. a. O., S. 606).

Und drei Jahre später schreibt er: „Die Kunst des Erziehenden besteht darin, Aufmerksamkeit zu schaffen, sie freiwillig werden zu lassen, ihren Aufbau zu ermöglichen; sobald sie vorhanden ist, sie zu bewahren, ihre Funktionsweise zu kontrollieren und ihre Anwendung zu begrenzen. Man muß ihr schonend die *entsprechende* Nahrung geben – nie zu viel, nie zu wenig, ihr ein Ziel stecken und sicherstellen, daß es angestrebt wird" (a. a. O., S. 607).

Interessanterweise finden sich ähnliche Gedanken, wie sie Helmuth Plessner in „Mit anderen Augen" formulierte, auch in Bert Brechts „Kleinem Organon für das Theater" (1949). Seine Hauptthese lautet „daß ein bestimmtes Lernen das wichtigste Vergnügen unseres Zeitalters ist, so daß es in unserem Theater eine große Stellung einnehmen muß". Man braucht nur das Wort Theater mit dem Wort Schule auszuwechseln, dann wird Brechts These zur Hauptthese eines noch ungeschriebenen „Kleinen Organons für die Schule". Ich wollte seinerzeit in Berlin seine Lehre von den Verfremdungseffekten auf die Didaktik der politischen Bildung übertragen. Meine Berufung nach Bremen führte dann dazu, daß ich mich seit 1971 anderen Aufgaben zuwandte. Überträgt man Brechts *Technik der Verfremdung* auf die Schule, muß man die Schüler aus einem schläfrigen „Zustand der Entrückung" in kritisches Mitdenken und Mittun versetzen und zu diesem Zwecke die Bedingtheit und Widersprüchlichkeit der Unterrichtsinhalte erhellen. Man muß dann „laufend fiktive Montagen" am Unterrichtsobjekt vornehmen und den Gegenstand so darstellen, daß man ihn „zwar erkennen, ihn aber doch zugleich fremd erscheinen läßt". So vermag man durch eine verfremdende Unterrichtsweise das Vertraute bzw. bereits Gewohnte als ungewöhnlich und in seinen Ursachen erkenn- und erklärbar darzustellen und umgekehrt im Fremden das Eigene und Vertraute zu entdecken.

Geschichte als Verhängnis und Auftrag

Aus seiner selbstgeschaffenen *zweiten Natur – der Kultur* – ergibt sich, daß der Mensch eine Geschichte hat. „Die Natur erklären wir, die Geschichte verstehen wir", sagte Wilhelm Dilthey. Ich zweifle daran, daß diese Entgegensetzung von Natur und Geschichte so eindeutig stimmt, wie sie hier von Dilthey postuliert bzw. von seinen Schülern verstanden wurde. Schließlich ist der Mensch nicht nur Kulturwesen, sondern auch Naturwesen. Sein Verhalten will also nicht nur verstanden, sondern auch erklärt werden. Geschieht Verstehen überhaupt so intuitiv und spontan, wie oft unterstellt wird? *Intuitives Verstehen* mag aus ‚Eingebung, ahnendem Erfassen, Erkenntnis ohne wissenschaftliche Einsicht' hervorgehen, ursachenlos ist es deshalb noch lange nicht. Das war auch nicht Diltheys Auffassung. ‚Verstehen' war für ihn kein geheimnisvolles Geschehen, das einen überkommt oder verweigert wird wie eine Liebe auf den ersten Blick – und auch diese hat immer zwei individuelle Vorgeschichten, die weitgehend ihren Ausgang bestimmen –, sondern ein *kunstvolles Vorgehen,* eine Methode bei der Interpretation von *Texten,* zu denen er auch die nicht verbalisierten Objektivationen der geistigen Welt rechnete (1900, S. 318f.). Dilthey wollte sich nicht mit der Evidenz des einfühlenden Verstehens begnügen. Er war sich darüber im Klaren, daß Evidenzerlebnisse täuschen können. Deshalb wollte er auf methodische Weise *„aus Zeichen, die von außen sinnlich gegeben sind, ein Inneres erkennen"* (ebd.). Verstehen war für ihn die Kunst der Interpretation bzw. Auslegung. „Nacherlebend" wollte Dilthey die Struktur eines Individuums oder einer Epoche zergliedern. *Nacherleben* ist etwas anderes als *Mitmachen.* Mitmachen kann ein regressiver Vorgang sein, der menschliche Errungenschaften wie „Denken als Probehandeln" und die Funktionen des Gewissens, des Überichs ausschaltet, z. B. bei einem Pogrom oder einer Massenpanik. Nacherleben setzt wie jedes Verhalten Distanz, hier zeitliche Distanz, voraus. Als „Via Regia des Verstehens" erschien Dilthey die biographische Methode (1894, S. 225). Individualität hielt er nicht für angeboren: Das Individuum ist historisch geworden. Folgerichtig sagt er: „Was der Mensch sei, das erfährt er ja nicht durch Grübelei, auch nicht durch psychologische Experimente, sondern durch die Geschichte" (a. a. O., S. 180).

Aber ist die Geschichte überhaupt eine Wissenschaft? In der Erörterung dieser Frage beziehe ich mich auf Karl Löwiths „Weltgeschichte als Heilsgeschehen" (1949/1953). Als sie – ursprünglich englisch geschrieben – im Deutschen erschien, empfahl mir ein politischer Freund, der Theologe Ernst Lange, sie zu lesen. Wenn ich ihn richtig verstanden hatte, bejahte er die von Löwith kritisierte Gemeinsamkeit der Heilserwartung im Christentum und bei Hegel und Marx. Das weckte bei mir ein Unbehagen. Eine Vermengung von Christentum und Marxismus wollte ich nicht. Mich zog die analytische Dimension im Denken von Marx so sehr an, daß ich übersah, daß seine Lehre ihre die

Massen bewegende Kraft nicht aus der Kritik der politischen Ökonomie und der Klassenkonflikte, sondern aus der Verheißung der klassenlosen Gesellschaft, in der es keine Entfremdung des Menschen von seinesgleichen und der Natur mehr geben würde, bezog. So las ich „Weltgeschichte und Heilsgeschehen" damals nicht. Erst als ich in seinen Büchern „Von Hegel bis Nietzsche" und „Jacob Burckhardt" den *Skeptiker* Löwith entdeckte, öffnete ich mich anfangs zögernd, schließlich überzeugt zustimmend seiner diesseitigen philosophischen Anthropologie. Auch er hatte wie Plessner erst Biologie und dann Philosophie studiert. Löwith versteht den Menschen als ein ‚menschliches' Naturwesen, dem jede transzendentale Erkenntnis versagt ist. Der Historiker Reinhart Koselleck schrieb über Karl Löwiths philosophische Anthropologie: „Es ist die Handschrift des Philosophen, der ein biologisches Studium zurückgelegt hatte. Die Nüchternheit und Prägnanz einer mikroskopischen Sicht wird mit der Unmittelbarkeit und Klarheit phänomenologischer Beschreibung verbunden" (1986, IX).

Karl Löwith befaßte sich weniger mit der Wissenschaftstheorie der Geschichte, die es als allgemein anerkannte gar nicht gibt, sondern mit ihren geschichtsphilosophischen Deutungen und deren theologischen Voraussetzungen in unserer Zeit. Er stellte das Denken der Griechen dem der Juden und Christen gegenüber. Die Antike erklärte sich die Geschichte als eine *zyklische Bewegung*, das Christentum als eine *eschatologische Ausrichtung*. In diesen beiden Konzeptionen erschöpften sich die Möglichkeiten des Geschichtsverständnisses. „Auch die jüngsten Versuche einer Deutung der Geschichte sind nichts anderes als Variationen dieser zwei Prinzipien oder ihrer Vermischung" (1949/53, S. 30). In der Geschichtsphilosophie Hegels, in Marxens Revolutionstheorie und im Fortschrittsglauben Comtes weist Löwith die Umformungen jüdisch-christlicher Heilserwartungen nach. Was sie mit dem Judentum und dem Christentum gemeinsam haben, ist die von ihnen angenommene, nicht umkehrbare Ausrichtung auf ein Ziel der Geschichte, auf ihre zukünftige Erfüllung. Trotz der von ihnen in Anspruch genommenen Philosophie bzw. ‚Wissenschaftlichkeit' sind ihre Geschichtsauffassungen ebenso wie die christliche Geschichtstheologie Angelegenheiten des Glaubens, nicht der Theorie. Was bei den Christen der göttliche Wille ist, das ist bei Hegel der *Geist* oder die *Vernunft*, die er sich als ein „absolut mächtiges Wesen" vorstellt, das sich „selbstverwirklicht".

Anstelle des „Geistes" tritt bei Marx das *Proletariat,* das den historischen Auftrag hat, die eschatologische Botschaft zu erfüllen. Freilich hielt Marx, insofern sind seine Heilserwartungen nicht so absolut wie die Hegels, ein Scheitern des Proletariats bei Strafe des Rückfalls in die Barbarei für möglich. Im Hinblick auf Marx gesteht Löwith zu, „daß die juristische, politische und geistige Geschichte in den ökonomischen Bedingungen ihre ‚geheime Geschichte' hat", weist aber auch darauf hin, daß man umgekehrt dasselbe von Marxens Materialismus sagen kann: „Denn die geheime Geschichte des Kommunistischen Manifestes ist nicht sein bewußter Materialismus und was Marx darüber denkt, sondern der *Geist des Prophetismus.* Das Kommunistische Manifest ist in erster Linie ein prophetisches Dokument, ein Urteilsspruch und ein Aufruf zur Aktion, keineswegs aber eine rein wissenschaftliche, auf empirischen Gegebenheiten gegründete Analyse" (a. a. O., S. 52). Das stimmt. Damit ist Marx aber nicht erledigt. Für den Wissenschaftler ist weniger der Marxismus der Frühschriften die eigentliche Herausforderung, als die kritische Gesellschaftsanalyse, die Marx nach der Niederlage der bürgerlichen Revolution 1848/49 erarbeitete. Daß sie sich dieser Herausforderung stellten, macht Nicht-Marxisten wie Max Weber und Joseph Schumpeter zu besseren „Marxisten" als jene, die sich von seinem alttestamentarischen Prophetentum mitreißen ließen.

Den meisten Bildungsbürgern war ebenso wie den Menschen der heutigen Angestelltenkultur Marx zu schwierig. Soweit sie nicht einem oft recht selbstbezogenem *Kulturpessimismus* verfielen, ging ihnen die *positive Geschichtsauffassung* Comtes eher ein als der Marxismus. Für August Comte war es ein „großes fundamentales Gesetz, daß unsere Zivilisation und unser Wissen nacheinander drei verschiedene Stadien durchläuft: das theologische oder fiktive (Kindheit), das metaphysische oder abstrakte (Jugend) und das wissenschaftliche oder positive (Mannesalter)" (a. a. O., S. 81). Das wissenschaftliche Stadium wird als eine Endzeit betrachtet, in der die Geschichte der Menschheit durch Anwendung der Naturwissenschaften auf die soziale Physik oder Soziologie zum Zwecke der gesellschaftlichen Neugestaltung ihre Erfüllung findet.

Den drei erörterten Geschichtsphilosophien ist der Fortschrittsglaube gemeinsam. Wie das Christentum ist auch das Denken von Hegel, Marx und Comte am „Prinzip Hoffnung" orientiert. Im Unterschied zum Christentum erwarten sie freilich nicht seine Erfüllung im Jenseits, sondern im Diesseits. Aber ihr „Mühen um immer neue Verbesserungen und Fortschritte wurzelt in dem *einen* christlichen Fortschritt zum Reiche Gottes, von dem das moderne Bewußtsein sich emanzipiert hat und von dem es doch abhängig blieb, wie ein entlaufener Sklave von seinem entfernten Herrn" (a. a. O., S. 95). Auch wenn sie nicht mehr an den Gott der Bibel glauben, bleiben sie der Forderung des Ersten Buches Mose treu und versuchen, sich die Erde untertan zu machen (Löwith 1963, S. 403). Paul Valéry hat die Menschen, die als Christen, Agnostiker oder Atheisten *so* handeln, eine „Spezies" genannt, „die zum Angriff auf die Natur angetreten ist" (1925, V, S. 246). Indem sie Heilsaufträge erfüllen, wird unter ihren Händen Fortschritt zum Verhängnis.

Die Griechen waren bescheidener als die christlichen und nachchristlichen Philosophen und Wissenschaftler. „Sie maßten sich nicht an, den letzten Sinn der Weltgeschichte zu ergründen. Sie waren von der sichtbaren Ordnung und Schönheit des natürlichen Kosmos ergriffen, und das kosmische Gesetz des Werdens und Vergehens war auch das Vorbild ihres Geschichtsverständnisses. Nach griechischer Weltanschauung bewegt sich alles in einer ewigen Wiederkehr des Gleichen, wobei der Hervorgang in seinen Anfang zurückkehrt. Diese Anschauung enthält ein natürliches Verständnis des Universums, das die Erkenntnis zeitlicher Veränderungen mit der von periodischer Regelmäßigkeit, Beständigkeit und Unveränderlichkeit vereinigt. Das Unveränderliche, wie es vor allem an der geordneten Bewegung der Himmelskörper erscheint, war für sie von größerem Interesse und von tieferer Bedeutung als alle progressive und radikale Veränderung. Die ‚Revolution' ist ursprünglich ein natürlicher, kreisförmiger Umlauf, aber kein Bruch in einer geschichtlichen Überlieferung" (1949/1953, S. 14).

Die Griechen fragten nach dem *Logos des Kosmos,* aber nicht nach dem *Herrn der Geschichte* (ebd.). In ihren Augen strebte die Geschichte nicht nach einer erwarteten Zukunft, vielmehr waren sie davon „überzeugt, daß was immer sich ereignen würde, nach dem gleichen *Logos* ablaufen und von gleicher Art sein wird wie vergangenes und gegenwärtiges Geschehen" (a. a. O., S. 16). Dennoch verhielten sich die Griechen gegen die Geschichte nicht resignativ jammernd, sondern stimmten vielmehr der Wandelbarkeit des Schicksals tapfer zu. Löwith weist auf Polybius hin, der aus der Erfahrung der Geschichte als eines Wechsels von Triumph und Erniedrigung die einfache und menschliche Lehre zog: „der Mensch solle niemals auf seine Erfolge pochen und sich erbarmungslos übernehmen, sondern mäßig bleiben in Zeiten des Glücks und weise werden durch das Mißgeschick anderer – eine Maxime, die ebenso vernünftig wie entfernt ist von einem epochalen Entscheidungsbewußtsein und von der christlich bedingten Erwartung einer Erfüllung des Sinnes in der Zukunft" (1950, S. 253).

In unserer Zeit hat Jacob Burckhardt an das griechische Geschichtsdenken erinnert. Seiner Auffassung nach ist die Geschichtsphilosophie ein Widersinn. Die Geschichtsschreibung koordiniere Beobachtungen, wogegen die Philosophie sie einem Prinzip unterwerfe. Auch von einer Theologie der Geschichte hielt er nichts. Die Aufbesserung der Geschichte durch die Religion ließ er auf sich beruhen. Die religiöse Lösung des Rätsels der Geschichte gehöre zu einem „besonderen inneren Vermögen", dem Glauben, den er für seine Person ablehnte. Er hielt sich an das bleibende Zentrum der Geschichte: *Der duldende, strebende und handelnde Mensch, wie er ist und immer war* (1903/1905). Keineswegs führte Burckhardts Geschichtsauffassung also zu einem affirmativen Ergebnis. Sein gelassener Pessimismus machte ihn hellsichtiger und kritischer als den Optimisten Comte, der vom Vorausgang der modernen Industrie die „Abschaffung des Krieges" erwartete. Burckhardt dagegen sagte das Zusammengehen der modernen Industrie mit der militärischen Macht und Autorität vorher, das, was wir heute den „militärisch-ökonomischen Komplex" nennen. Im Zeitalter des Imperialismus geschah das durch enge Verbindung zwischen Industrie und nationalstaatlicher Armee. Heute hat über die längst vollzogene Industrialisierung der Kriegsführung hinaus ihre Privatisierung bereits bedrohliche Fortschritte gemacht (vgl. Grill u. Dumay 1997). Das Streben nach Geld und der Wille zur Macht, die Burckhardt für die zwei Triebkräfte der neuen Geschichte hält, haben sich vereinigt. Ich stimme Karl Löwith zu, wenn er schreibt: „Die Geschichte ist, durch alle Zeiten hindurch, eine Geschichte des Handelns und Erleidens, der Übermächtigung und Erniedrigung, der Sünde und des Todes. In ihrer profanen Erscheinung ist sie eine beständige Wiederholung schmerzhafter Mißgeburten und kostspieliger Anstrengungen, die immer wieder fehlschlagen – von Hannibal über Napoleon bis zu den gegenwärtigen Führern. Die Geschichte ist der Schauplatz eines höchst intensiven Lebens, das immer wieder Trümmer hinterläßt. Es ist erschreckend, aber im Geist des Neuen Testaments, zu denken, daß diese Wiederholung von Handeln und Erleiden durch alle Zeiten hindurch erforderlich sein soll, um das Leiden Christi zu vollenden" (1949/1953, S. 205). Aus all dem erweist sich, daß eine *bloß* kontemplative Geschichtsauffassung durchaus kritisch ist, denn sie weigert sich, menschliches Handeln und Leiden im Dienste irgendeines Heilsgeschehens zu rechtfertigen.

3. Wissen, Glauben, Skepsis

„Verstehen läßt sich in gewisser Weise alles, wissen nur sehr weniges. Der vernünftige Unterschied von Meinen, Wissen und Glauben hat sich aufgelöst. Es gehört zur Signatur unserer Zeit, daß diejenigen, die der Skepsis des Wissens nicht standhalten können, für alle Spielarten des Religiösen empfänglich sind und die Philosophie als Religionsersatz benützen."
Karl Löwith, Wissen, Glaube und Skepsis, 1956, S. 202

Das Auge-Hand-Feld als Reich des Wissens

Der aufrechte Gang verbessert die Lebenschancen des Menschen. Er ermöglicht ihm, sich Ziele zu setzen und die Grenzen seiner Herkunftswelt zu überschreiten. Seine Lebenswelt erfährt und ordnet er als ein *Auge-Hand-Feld* (Plessner 1961, S. 169ff.), d. h. weite Sicht und Befreiung der Hand zum Werkzeug werden möglich. Im aufrechten Gang erlebt der Mensch die Natur als etwas anderes, als etwas Fremdes, als etwas, was ihm zuhanden sein kann. Mit den Händen ertastet er sie, greift er in sie ein. Die Hand ist das primäre, angewachsene Werkzeug des Menschen. Mit den Augen kann er beobachten, was sie tut. So kann der Mensch seine Hand gebrauchen wie ein Ding.

Der Mensch kann nicht nur Abstand nehmen von seiner Hand und mit ihr umgehen wie mit einem Werkzeug. Er kann auch Abstand nehmen von sich selbst. Er ist der Selbstbeobachtung und Selbstkonfrontation fähig. Plessner (a. a. O., S. 190ff.) spricht von der *exzentrischen Position* des Menschen, die ihn von den Tieren unterscheidet. Das Tier lebt im Zentrum, es erlebt sich aber nicht so. Immer im Gleichgewicht mit sich selbst, hat es Selbstbeobachtung und Selbstkonfrontation nicht nötig. Der Mensch lebt aber nicht instinktgesichert. Er ist vielmehr zur biologischen und folglich zur psychologischen und soziologischen Mehrdeutigkeit emanzipiert. Sein Verhalten ist nicht eindeutig, sondern vieldeutig.

Deuten heißt ‚zu erklären versuchen, auslegen, (mit dem Finger) auf etwas zeigen, hinweisen'. Es ist interessant, daß uns die Erklärung dieses Wortes auf das Auge-Hand-Feld verweist. Im Geistigen bleibt das Sinnliche aufgehoben. Das gilt übrigens auch für Freuds Definition des Denkens als Probehandeln. Denken ist hier der Versuch herauszufinden, wohin unsere Vorstellungen und Spekulationen führen würden, realisierten wir sie. Spekulieren stammt von lat. speculari ‚(umher)spähen, sich umsehen, auskundschaften, beobachten'. Aber ist das, was ich sehe, auch wirklich da, oder handelt es sich um eine Sinnestäuschung? Ist es ein Gegenstand, den ich ertasten und begreifen kann? Es sei daran erinnert: Das Wort Objekt ist eine Substantivierung des lat. Verbs ‚entgegenstellen, vornehmen, darbieten, vorwerfen'. Wir können sagen: *Was keinen Widerstand bietet, ist kein Objekt.*

Einer meiner akademischen Lehrer, Otto Heinrich von der Gablentz, versuchte einmal, uns Studenten die phänomenologische Methode zu erklären. Er erzählte von einer Wanderung mit Husserl im Schwarzwald. Dabei fragte er Husserl, was die phänomenologische Methode eigentlich sei. Husserls Antwort war einfach. Er zeigte zum Horizont und fragte: „Können Sie erkennen, ob das dort ein Baumstamm oder ein Telegraphenmast ist?" Von der Gablentz antwortete: „Nein". Husserl hierauf: „Dann müssen wir näher hingehen, um zu erkennen, was es ist". „Zu den Sachen hin" – das beabsichtigt die phänomenologische Methode. Als ich diese Anekdote hörte, hielt ich sie für naiv. Das ist sie auch, aber ihre Naivität ist eine reflektierte, eine *zweite Naivität* – nicht die, die das Kind noch hat, sondern die, die der Philosoph und Wissenschaftler als unbefangene Skepsis erst wiedergewinnen muß.

Es ist klar, daß ich in diesen Betrachtungen davon ausgehe, daß es eine vom Menschen unabhängige Realität gibt, aber auch, daß wir diese nur annähernd zu erkennen vermögen. In unseren Begriffen und Theorien rekonstruieren wir sie entsprechend unserem Erkenntnisvermögen. Dieses freilich bleibt weit hinter der Wirklichkeit zurück. Was wir tun, gleicht dem Tun des kleinen Kindes, von dem Winnicott sagt: „Das Kind erschafft die Mutter, aber die Mutter muß vorher dasein". So ist es mit der Realität: Wir erschaffen sie, aber sie muß vorher dasein. Anders gesagt: Was wir neu schaffen, schaffen wir, indem wir die Energien und Stoffe der äußeren Welt nur trennend und verbindend umformen (vgl. Simmel 1918, S. 11). Unsere Begriffe sind nicht mit der Wirklichkeit identisch, spiegeln sie auch nicht bloß ab, sondern legen sie für uns zurecht. Im günstigsten Fall schmiegen sie sich ihr an, machen sie uns für sie sensibel. Begriffe lassen sich also nicht ein für allemal definieren. Sie müssen dem Gegenstand, der begriffen werden soll, jeweils angepaßt werden. Hier möchte ich kurz auf die Begriffe: Wissen, Glauben und Skepsis eingehen.

Wissen: Kluges Etymologisches Wörterbuch (1989, S. 796) führt das Wort auf das indogermanische *woida* zurück, das den am Subjekt erreichten Zustand ausdrückt „der durch die Handlung *weid-* ‚finden (erkennen, erblicken)' erreicht wird, also ‚ich habe gefunden/erkannt = ich weiß'". Diese Grundbedeutung ist auch in gr. *éidon* ‚ich erblickte, erkannte' und lat. *video* ‚ich sehe' enthalten. Pfeifer (1993) weist nicht nur auf das lat. *videre* ‚sehen, wahrnehmen und kennen' hin, sondern auch auf *visere* ‚besichtigen, besuchen' eigentlich ‚zu sehen wünschen', was an eine psychische Voraussetzung des Wissens: die *Wißbegierde* erinnert. Zum Wortfeld gehören u. a.: gewiß, Gewissen, Visage, Vorwitz, weise, Weise, weisen, weissagen, Weistum, Witz. Im folgenden soll Wissen vor allem als ‚durch Forschung und Erfahrung erworbene Kenntnis' und Wissenschaft als ‚(organisierte) Form der Erforschung, Sammlung und Auswertung von Kenntnissen' verstanden werden.

Wissen ist also immer auf sinnliche Erfahrung angewiesen. Das gilt selbst für die Mathematik, deren Gegenstand in der Natur nicht vorkommt. Sie muß von Lehrern gelehrt werden. Nicht nur der *ganze Intellekt* erkennt, wie Kant lehrte, sondern bei der Erkenntnis müssen nach Goethes Überzeugung, die ich teile „*alle* Lebenselemente überhaupt tätig sein ... : die künstlerische Phantasie wie die Liebe, der Schönheitssinn wie die gar nicht zu rationalisierende Ahnung, das rein Intellektuelle wie das Menschlich-Allgemeine unserer Anlage nicht weniger als Sinnlichkeit und Verstand" (Simmel 1918, S. 28).

Glauben: Darüber lesen wir bei Kluge, daß es von *ga-laub-on* ‚vertraut, Vertrauen erweckend' abgeleitet ist. „Vermutlich gehört dieses Wort zu *Laub* in der Bedeutung ‚Laubbündel als Futter und Lockmittel für das Vieh' und bedeutet dann urprünglich ‚zutraulich, folgsam, handzahm' (wie das Vieh, dem ein Laubbündel hingehalten wird)" (a. a. O., S. 268). Im Deutschen Wörterbuch der Brüder Grimm erfahren wir, daß sich das Wort erst in christlicher Zeit als Bedeutungslehnwort entwickelt hat (Bd. 7, S. 7779). Das Wort Glauben wird dem Wort Wissen vor allem als religiöser Begriff gegenübergestellt. Als solcher gehört er zur biblisch-christlichen Sprachüberlieferung. Wir gebrauchen ihn auch in der Umgangssprache im Sinne von

‚vermuten' einerseits und ‚überzeugt sein' andererseits. Die Umgangssprache will ein problematisches Urteil fällen, die christliche ein behauptendes: „Jesus konstituierte durch Verkündigung und Verhalten den Anreiz zum Glauben. Wer sich auf ihn einließ, konnte das nur so, daß er sich auf den Glauben einließ" (Vorster 1974, S. 628). „Der Glaube ist auf das verheißende Wort bezogen und erwartet von Gott, daß er einlöst, was er verspricht" (a. a. O., S. 629).

In dem Artikel „Glauben und Wissen" von U. Dierse (1974, S. 654) lese ich, daß die neueste protestantische und katholische Theologie keinerlei Gegensatz zwischen Glauben und Wissenschaft sieht: „Während einige jedoch die Grenze zwischen beiden beobachtet wissen möchten, bemühen sich andere energisch um eine ‚Restitution des Und zwischen Glauben und Wissen, bzw. stellen fest, daß in jedem Glauben auch ein Wissen und eine Gewißheit, wenn auch nicht im Sinne der Mathematik und der Naturwissenschaft liegt, oder empfehlen den Glauben sogar als Korrektur an der Wissenschaft". Das erscheint mir als eine Absurdität, aber indem sie von vielen anerkannt wird, wird diese Ungereimtheit eine historische Tatsache.

Skepsis: Das Wort Skepsis stammt vom griech. *skeptesthai* ‚umherschauen, spähen' und meint eine von Bedenken und Zweifeln begleitete Betrachtungsweise. Die wissenschaftliche Haltung ist eine skeptische Haltung. Freud (1910, S. 194) hat sie an Leonardo da Vinci, der ja Künstler und Forscher zugleich war, veranschaulicht, von dem er schrieb: „Er glich nach dem schönen Gleichnis Meschkowskis einem Menschen, der in der Finsternis zu früh erwacht war, während die anderen noch alle schliefen. Er wagte es, den kühnen Satz auszusprechen, der doch die Rechtfertigung jeder freien Forschung enthält: *Wer im Streite der Meinungen sich auf die Autorität beruft, der arbeitet mit seinem Gedächtnis, anstatt mit seinem Verstand"*.

Skeptiker sind gleichsam Augenmenschen. Sie haben Vergnügen an der Kontemplation: halten sich zurück, um sehen zu können, aber sie sind keine Visionäre, sondern überprüfen, ob das Gesehene dem begrifflichen Denken stand hält. In ihren Urteilen sind sie bescheiden, denn sie wissen nicht nur, daß andere sich irren können, sondern sie selbst auch. Sie neigen dazu, den Zweifel zu loben, nicht das Verzweifeln (Bertolt Brecht), vielmehr können sie sich durchaus für oder gegen etwas entschließen. Sie sagen nicht: „Hier stehe ich und kann nicht anders" – wer diesem Postulat gehorcht, fällt schließlich um –, sondern sie gehen ihren aufrechten Gang. Der führt sie oft auf Umwegen dahin, wohin sie wollen, und manchmal auch statt nach Ostindien nach Amerika.

Die Gewißheit des Glaubens

Das Wissen setzt auf das bewußt zergliedernde und verbindende Denken, auf den Logos; der Glaube auf die Überlieferung, das Wort, die Rede, den Mythos. Man kann es auch so ausdrücken: Der Glaube vertraut Visionen, Traumgesichten, meist denen längst verstorbener Religionsstifter. Alles, was wir über Gott, die alten und die neuen Mythen erfahren, hören wir von Menschen, und angesichts der unterschiedlichen Glaubensbekenntnisse liegt die Frage nahe, warum wir den einen mehr vertrauen sollen als den anderen. Wer glaubt, erbaut sich an der Vision, verzichtet darauf, die Glaubenssachen prüfend zu untersuchen. Freilich befriedigt der Glaube – sicher der an Gott Vater – ein altes Kindheitsbedürfnis: dem nach einem starken, gütigen, schützenden und zugleich strafenden und rächenden Vater. So heißt es in einem von Dietrich Buxtehude vertonten Kirchenlied:

> Nimm von uns, Herr, du treuer Gott,
> die schwere Straf und große Rut,
> die wir mit Sünden ohne Zahl
> verdienet haben allzumal.
> Behüt für Krieg und teurer Zeit,
> für Seuchen, Feur und großem Leid.

Der Glauben bietet eine innere Sicherheit, die das Wissen nie geben kann. Der Glaube liefert Letztbegründungen, die die Wissenschaften verweigern müssen. Das scheint selbst für viele Wissenschaftler unerträglich zu sein. Sie entscheiden sich im Verhältnis zur Religion zu einem Denkstillstand, meist mit dem Resultat, daß sie weder ihr Wissen, noch ihr Glaube zu irgend etwas ernsthaft verpflichtet. Für sie gilt, was Karl Löwith vom deutschen Philosophieren seiner Zeit sagte: Es „will weder wissen, was wahr ist und der Ungewißheit der Skepsis den ihr gebührenden Raum geben, noch hält es sich an den überlieferten christlichen Glauben. Es flüchtet sich in eine unbestimmte Religiosität, die mit Vorliebe Dichter zitiert, und ersetzt den

Mangel an religiöser Substanz durch eine Überforderung der Philosophie. Man kann und will nicht mehr entscheiden, was bloße Meinung *(doxa)*, was wahres Wissen *(episteme)* und was echter Glaube *(pistis)* ist" (1956, S. 200). Was Löwith von der Philosophie sagt, gilt auch für die einzelnen Fachwissenschaften. Indem sie sich – Voltaires Candide ähnlich – auf ihren *Schrebergarten* beschränken, vermeiden sie die Auseinandersetzung mit dem Christentum. So kommt es, daß dieses im Zeitalter der Säkularisation als unverbindliche Verbindlichkeit, wie ich vermute, mehr das Handeln der Menschen beherrscht als in jenen Zeiten, in denen es mit Aberglauben, Ketzertum und bekennendem Atheismus offen konfrontriert war. Mit unverbindlicher Verbindlichkeit meine ich eine Haltung, die sich einerseits nicht mehr zum Christentum bekennt, andererseits an seinen zur Gewohnheit gewordenen Wertorientierungen festhält. Anstelle der jenseitigen Heilserwartungen treten diesseitige, anstelle der Kirche tritt die Nation, die Partei oder die Bewegung, anstelle Gottes das sich selbst verwirklichende Ich oder Kollektiv. Ausgewichen wird jedenfalls der Ungewißheit des vernünftig untersuchenden und also skeptischen Wissens, dem der religiöse Glaube ein Anstoß ist: „Die Ungewißheit des untersuchenden Philosophierens und die Gewißheit des christlichen Glaubens müssen sich einander ärgern und können sich nur dadurch fördern" (a. a. O., S. 199).

Es stehen sich also als unvereinbar gegenüber die Gewißheit des Glaubens und die Ungewißheit der Skepsis. Geglaubt wird nicht „auf Grund einer theoretischen Evidenz, sondern auf Grund eines unbedingten Vertrauens in Dinge, die sich nicht sehen und einsehen lassen" (a. a. O., S. 204). Das wird von den Christen für eine Tugend gehalten, die in letzter Konsequenz sogar den Opfertod fordert: „Wer der christlichen Lehre nicht völlig gewiß ist, wie sollte der, fragt Luther, sich für sie opfern können? Aber, muß man entgegnen, beweist solches sich Opfernkönnen für einen Glauben irgend etwas für die Wahrheit des Geglaubten? Die Menschen um Cromwell, Napoleon, Lenin und Hitler waren nicht minder ihres Glaubens gewiß und haben sich selbst, und vor allem andere, dafür geopfert, getötet und sich töten lassen. Andererseits ist es wohl kein Zufall, daß es keine philosophischen Märtyrer gibt. Auch Sokrates starb nicht als vorchristlicher Märtyrer, sondern als skeptischer Philosoph und als Bürger von Athen, der bis zuletzt ein

Ironiker blieb. Die Philosophen sind, wenn sie wirklich Wahrheitssuchende sind und nicht nur feststehende Überzeugungen haben, ihrer Sache nicht so völlig gewiß, daß sie sich für die Wahrheit totschlagen und Andersdenkende umbringen könnten" (a. a. O., S. 210).

Schließlich: „Weder konnte man es dem Menschen Jesus ansehen, ob er der Christus und Gottes Sohn ist, noch konnte man es Hitler ansehen, ob er ein vom Schicksal gesandter Führer und ein politischer Heiland oder ein heilloser Verführer ist. In jedem Fall muß man es glauben, Gläubige wie auch Ungläubige" (a. a. O., S. 214). Der Glaube legt den Menschen nicht nur auf, ihren Intellekt zu opfern, sondern auch ihr und anderer Menschen Leben. Das mag denen leicht fallen, für die das *wahre* Leben erst nach dem Tode beginnt. Andere aber haben an diesem Leben genug und bestehen auf ihrem Recht auf einen eigenen Tod.

Es ist klar, daß sich diese Kritik am Glauben nicht nur gegen das Christentum richtet, sondern gegen jeden Glauben, auch gegen den Glauben an zu Dogmen erhobenen wissenschaftlichen Einsichten. Wer anstelle des Wissenwollens und Wissenkönnens und seiner Grenzen Glaubensentscheidungen setzt, unterdrückt, verdrängt menschliche Wißbegierde. „Kein Mensch ist von Natur aus ein gläubiger Christ, wohl aber alles, was ist, bedenkend" (a. a. O., S. 197). „Das Unnatürliche des christlichen Glaubens und der christlichen Hoffnung liegt schon darin, daß beide geboten sind: wir *sollen* glauben und wir *sollen* hoffen, auch wenn es gegen unsere natürliche Ungläubigkeit ist, an so etwas wie eine einmalige Offenbarung zu glauben" (a. a. O., S. 214). Wer kleine Kinder beobachtet, weiß, daß diese nicht von Natur aus gläubig sind. Fragend und untersuchend wollen sie die Welt erobern. Sie fragen Warum, und unsre Erziehungssysteme funktionieren insofern das Bestehende befestigend, als sie den Kindern das Fragen austreiben. Damit werden diese entmutigt, über das nachzudenken, was sie eigentlich interessiert. Im Unterricht herrscht nach wie vor die katechetische Frage vor. Der Lehrer fragt nach etwas, was er schon weiß. Schulwissen muß abfragbar sein, sonst taugt es nichts für die Reproduktion des Vergangenen. Wie nützlich könnte es sein, wenn Lehrer Schüler nach dem fragen würden, was sie mit ihnen gemeinsam erkunden und wissen möchten! Theorien wären dann Anleitungen für forschende Suchbewegungen.

Die Ungewißheit der Skepsis

Der Gewißheit des Glaubens steht die Ungewißheit der Skepsis gegenüber. Aber im Alltag sind wir weder radikal skeptisch, noch radikal gläubig, sondern folgen unseren intellektuellen und sozialen Gewohnheiten. Erst im Zweifelsfall kommt es darauf an, wofür wir uns entscheiden, ob wir dann sagen: „Ich glaube Herr, hilf meinem Unglauben!" (Mk. 9, 24) oder „Laßt uns sehen und darüber nachdenken! Vielleicht finden wir eine Lösung".

Wenn ich von Skepsis spreche, dann denke ich mit Karl Löwith an die klassische Philosophie, für die „Skepsis soviel wie ausspähen, genau nachsehen, suchen, untersuchen" bedeutet. „Was von der Skepsis gesucht wird, ist aber nicht der Zweifel, sondern Wahrheit. Skepsis ist somit Wahrheitssuche, aber so, daß der Untersuchende auf der Suche bleibt, solange er nicht gefunden hat, was seinen Zweifel zweifellos beseitigt. Also eine sehr achtbare philosophische Schule oder, besser, Schulung" (1956, S. 219f.). Es handelt sich demnach nicht um jene absolute Skepsis, die alles Erkennen für illusionär hält, wohl hält sie Erkenntnis und Wissen für fragmentarisch und relativ, wobei *relativ* nicht, wie so oft mißverständlich, mit *beliebig* gleichgesetzt werden darf, sondern im wörtlichen Sinne *sich auf etwas beziehend* meint. Der skeptische Wissenschaftler und Pädagoge muß also immer berücksichtigen, von welchem Standort aus und in welcher Hinsicht er einen Sachverhalt so und nicht anders sieht. „Der Skeptiker erkennt, daß alles nur in einer vielfachen Bezogenheit auf anderes und auf ihn selbst als Wahrnehmenden und Erkennenden da ist. Die Welt ist unsere Welt und erscheint uns Menschen vermutlich ganz anders als den Tieren, und auch für verschiedene Menschen und Tiere ist sie jeweils eine andere Welt. Alles ist ‚in-bezug-auf'. Größe, zum Beispiel (physische, moralische, historische) ist relativ auf das, was uns als klein erscheint. Es läßt sich also nicht entscheiden, was etwa historische Größe an sich, in bezug auf sich selbst, ihrer eigenen Natur nach ist. Gesundheit ist relativ auf Krankheit, Güte auf Schlechtigkeit usw. Dieser skeptische Relativismus macht auch nicht Halt vor der Relativität theologischer Begriffe" (a. a. O., S. 220).

Es ist auch nicht so, daß der Skeptiker sich im täglichen Handeln gar nicht entscheidet. Nur in sich widersprechenden Ansichten und Reden hält er sein Urteil zurück. Als Skeptiker kann er nicht über Gottes Wesen oder Existenz entscheiden. Hier wird er Agnostiker sein. In seiner Lebenpraxis kann er sich den religiösen Gepflogenheiten seiner Kultur fügen, gleichsam Werkfrömmigkeit üben oder Atheist sein. Aber glauben und sich zu einer Religion bekennen, kann er nicht. Der Skeptiker braucht *Ambivalenztoleranz,* d. h. er muß unentschiedene Situationen aushalten können. Wer das nicht vermag, wer mit Zweifeln nicht leben kann, aber auch kein Gewohnheitstier ist, wird aus der Ungewißheit des Wissens in die Gewißheit einer Glaubensentscheidung springen. Diese kann eine lutherische sein wie bei Kierkegaard, eine nihilistische wie bei Nietzsche oder irgend ein anderer Dezisionismus, z. B. der, den Ernst Jünger und Werner Best zum *heroischen Realismus* stilisierten. Dieser ist in der deutschen Geschichte bereits vernichtungsmächtig gewesen. Er ermöglichte es einer durch und durch narzißtischen Machtclique, aus elitärer Distanz zu töten bzw. töten zu lassen.

Was den Skeptiker kennzeichnet, ist die Fähigkeit zur Unterscheidung einer unbedingt untersuchenden Theorie von einer faktisch bedingten, aber praktisch gültigen Praxis (a. a. O., S. 232). Selbstverständlich muß sich der Skeptiker in seiner Lebensführung so oder so entscheiden. Aber seine „Entschiedenheit bleibt immer hinter der Einsicht in das unentschiedene Für und Wider zurück, und man müßte sich schon dümmer stellen, als man ist, wenn man leugnen wollte, daß solche Entscheidungen nichts in der Sache entscheiden, sondern gerade aus der Ungewißheit der sachlichen Vernunftgründe entspringen. Sie beruhen so wenig auf einem zweifellosen Wissen um das Wahre und Rechte, daß sie vielmehr die Skepsis des Wissens entschieden beseitigen wollen" (a. a. O., S. 222). Anders als absolut begründete Entscheidungen sind praktische Entscheidungen korrigierbar, freilich nicht immer ihre Folgen. Deshalb ist eine skeptische Haltung, wie sie hier gemeint ist, häufig mit der Fähigkeit zur Besorgnis verbunden. Gerade weil der Skeptiker mit der Ungewißheit der Folgen menschlichen Handelns rechnet, fehlt ihm das Ungestüm des Dezisionisten. Er versucht vielmehr in jeder Situation, behutsam und besonnen zu bleiben. Wo andere sterile Aufgeregtheit stiften, geht von ihm Ruhe aus. Diese resultiert nicht aus Indifferenz, sondern aus Gelassenheit; d. h. er kann, wo es möglich oder nötig ist, sich und andere lassen, wie sie sind. Er ist gleichmütig, aber nicht gleichgültig. Weil er warten kann, braucht er keine ihn und andere beschämenden Konzessionen zu machen. Er ist, wie das Max Horkheimer einmal von sich sagte, in der Theorie pessimistisch, in der Praxis optimistisch. Anders gesprochen: In der Praxis ist der Skeptiker ein Optimalist. Er sucht nicht nach der bestvorstellbaren, sondern nach der bestmöglichen Lösung eines Problemes. Seine Sache ist nicht die Utopie, sondern die Realität. Er erkennt diese an, findet sich aber nicht mit ihr ab. Er gibt das Lustprinzip nicht auf, sondern sucht Wege, um es wenigstens dann und wann zu realisieren. Seine Phantasien sind nicht grenzenlos, sondern exakt sinnlich (Goethe), denn er prüft sie an den Bedingungen, sie zu objektivieren. In gewisser Weise ist der Skeptiker zugleich Wissenschaftler *und* Künstler.

Ein skeptischer Pädagoge war Bruno Bettelheim (z. B. 1979 u. Sutton 1995). In seinen jungen Jahren stand er der österreichischen Sozialdemokratie nahe. Später erkannte er, daß die Welt und die Menschen nicht auf Dauer zu verbessern sind. Gefragt, was er zur Bedrohung der Menschenwelt durch Atombombe und Milieuvernichtung sage, antwortete er, auch er sei äußerst besorgt. Wenn das aber alles so sei, müßten wir vor allem, solange wie möglich, um ein gutes Leben für unsere Kinder besorgt sein. Was Bettelheim unter einem *guten Leben* verstand, formulierte er in dem Buch „Freud und die Seele des Menschen" (1983, S. 122f.). Hier können wir lesen: „Das Ziel ist nicht ein unmögliches Utopia, wo es kein Unbehagen in der Kultur mehr gibt, sondern eine Kultur, die immer mehr den Preis des Unbehagens rechtfertigt, den wir für die Vorteile zahlen, die sie uns gewährt. Ein gutes Leben ... ist ein Leben, das sinnvoll ist durch die dauerhaften, uns aufrecht erhaltenden, wechselseitig befriedigenden Beziehungen, die wir mit denen, die wir lieben, aufzubauen vermögen, durch die Befriedigung, die wir aus dem Wissen ziehen, daß wir eine Arbeit tun, die uns und anderen zu einem besseren Leben verhilft. Ein gutes Leben leugnet weder seine realen und oft schmerzhaften Schwierigkeiten noch die dunklen Seiten unserer Psyche; es ist vielmehr ein Leben, das es unseren Nöten nicht gestattet, uns in Verzweiflung zu stürzen, und das es unseren dunklen Trieben nicht erlaubt, uns in ihre chaotische und oft zerstörerische Bahn zu ziehen". So erweist sich eine skeptische Haltung zugleich als eine menschliche Haltung.

4. Realität und Idealität in der Pädagogik

„Wenn die noblen Gefühle ins Absolute gesteigert werden, bewirken sie ähnliche Folgen wie die größten Laster".
Balzac, Tante Lisbeth, 1847. Zitiert nach: L. Würmser: „Die Masken der Scham", Berlin u. a. O. 1990, S. 387.

Die gesellschaftliche Geringschätzung der Erziehertätigkeit

Zu den Schwierigkeiten pädagogischer Berufstätigkeit gehört, daß sie sich so schwer von der Elternarbeit abgrenzen läßt. Jeder hat Erziehung selbst erfahren und fühlt sich berechtigt mitzureden. Das erschwert den Pädagogen ihre Arbeit. Erzogen wurde, seitdem es Menschen gibt. Erst die *Desintegration der Familie* aus dem gesamtgesellschaftlichen Prozeß (König 1946), d. h. ihre Ausgliederung aus für die Reproduktion der Gesellschaft wichtigen Bereichen, also die Abgabe von Funktionen an andere gesellschaftliche Einrichtungen (Kindergarten, Schule, Freizeitindustrie usf.) führten dazu, daß Erziehung und Lehren zum Beruf wurden. Aber auch professionalisiert, läßt sich, wie schon im ersten Kapitel gesagt, diese Arbeit nicht ganz vermarkten, denn den Tauschwert ihres Produktes – erzogene und gebildete Menschen – kann man nicht eindeutig quantifizieren. Ihre Ziele sind unklar und umstritten. Sie werden den Lehrern und Erziehern mehr oder weniger von den Geldgebern vorgeschrieben. Allenfalls können jene die Methoden selber wählen. Wer in einem pädagogischen Beruf arbeitet, ist widersprüchlichen Interessen ausgesetzt:

- denen der gesellschaftlichen Mächte, die ihn alimentieren,
- denen der Kinder und Jugendlichen, die er erziehen und bilden soll,
- denen ihrer Eltern, die ja nicht nur um das Wohl ihrer Kinder besorgt sind, sondern oft ihre eigenen unerfüllten Wünsche an diese delegieren,
- und schließlich hat er selbst auch noch eigene Bedürfnisse und Interessen.

So gehört eigentlich viel Ich-Stärke dazu, diesen unmöglichen Beruf zu wählen und es in ihm auszuhalten.

Der Begriff *Ich-Stärke* stammt aus der Psychoanalyse. Er bezeichnet die Fähigkeit des Ichs, im Interesse der Selbsterhaltung zwischen den Anforderungen des Es, des Überichs und der äußeren Realität vermitteln zu können. Wer über Ich-Stärke verfügt, vermag Angst und Versagungserlebnisse zu ertragen, kann mit seinen Phantasien spielen, ohne sich in ihnen zu verirren, ist fähig, unentschiedene Situationen zu ertragen, vermag gut gegen sich und andere zu sein, bleibt allein oder mit anderen *gelassen*, wahrt sein Gehvermögen auch in Phasen der Erfolglosigkeit, ist nicht nur leistungs- sondern auch genußfähig und hat schließlich auch Humor als Eigenschaft eines Überichs, das an seinen Forderungen festhält und dennoch versöhnlich sein kann, d. h. sich und die anderen nicht unbedacht aufgibt. Das war nicht nur ein langer Satz, sondern auch ein ausgedehnter Tugendkatalog. Hinschreiben ließ er sich leicht. Seine Erfüllung ist schwierig. Er sollte mit nachsichtigem Augenzwinkern gelesen und dennoch ernst genommen werden.

Meine Beobachtungen und Erfahrungen sprechen dafür, daß ichstarke Menschen in pädagogischen Berufen und übrigens auch anderswo nicht die Mehrheit bilden. Vielleicht ist schon viel erreicht, wenn Lehrer und Erzieher wenigstens ab und zu in pädagogischen Situationen ich-stark sind. Bert Brechts Vers: „Unglücklich das Land, das Helden nötig hat", gilt auch für die pädagogische Provinz. Eigentlich müßte diese so organisiert sein, daß mittelmäßige Pädagogen in ihr hinreichend gut erziehen, lernen und lehren können. „Doch die Verhältnisse, die sind nicht so". Schlimm ist, daß das den Machtcliquen unserer Gesellschaft wenig ausmacht. Anders kann man sich die *Vernachlässigung der pädagogischen Provinz* nicht erklären. Auf den ersten Blick haben die Mächtigen, von ihren Gruppeninteressen aus gesehen, auch recht. Um den Status quo zu konservieren – zu mehr sind sie offensichtlich nicht fähig –, scheint kein besseres als das bestehende Bildungssystem nötig zu sein. Aber in einer Gesellschaft ohne ausreichende Chancen für Entwicklung und Erneuerung wächst die *Entropie*. So nennt man das Maß der Unordnung eines Systems. Der Entropiebegriff stammt aus der klassischen Thermodynamik, deren zweiter Hauptsatz besagt, „daß die Entropie eines sich selbst überlassenen Systems immer zu-, nie dagegen abnehmen kann (und zwar, wie 1929 L. Szilard gezeigt hat, auch dann, wenn dieses System intelligente Wesen enthält)" (Stachowiak 1988, S. 158). Ein solches sich selbst überlassenes System ist heute der Kapitalismus, der sich nach dem Zerfall der Sowjetunion über die ganze Erde verbreitet hat, denn auch die Wirtschaft Chinas ist inzwischen dem Marktgesetz unterworfen. Es gibt kein nichtkapitalistisches Umfeld mehr, dem der Kapitalismus *Negentropie*, „Ordnung", entnehmen könnte. Sein Fließgleichgewicht erstarrt. Die Gefahr droht, daß er an einer Art sozialen Wärmetod oder Informationstod zugrunde geht. Nicht, daß er keine Informationen mehr bekäme, er erstickt beinahe an ihnen, aber er erhält kaum noch Informationen „von außen", d. h. er muß sich nicht mehr mit gesellschaftspolitischen Alternativen auseinandersetzen.

Marx sprach von der Alternative „Sozialismus oder Untergang in der Barbarei". Das von ihm unterstellte soziale Substrat des Sozialismus, die *Industriearbeiterschaft,* droht als Folge der Freisetzung menschlicher Arbeitskraft durch die Automation zu verschwinden. An ihre Stelle sind die *Dienstleister* mit ihrer Angestelltenkultur getreten. Wenig deutet darauf hin, daß sich diese zu einer politischen Klasse konstituieren, die den *sozialen Rechtsstaat* als Gegengewalt erfolgreich verteidigen und den Strukturveränderungen der Gesellschaft adäquat erneuern könnte. Der Kapitalismus bedarf des Rechtsstaates, weil er auf die Berechenbarkeit staatlicher Sanktionen angewiesen ist. Er bedarf sozialstaatlicher Regelungen, um des inneren Friedens willen. So kam es zur Konstitution des sozialen Rechtsstaates. Zerfällt dieser, dann tritt an seine Stelle eine Art *Industriefeudalismus,* in der die Macht des Geldes als Mittel des Faustrechtes das Minimum an staatlich garantierter Rechtssicherheit verdrängt, das der bürgerlich-kapitalistischen Gesellschaftsordnung noch immanent war. Ohne soziale Rechtsstaatlichkeit droht sich jene negative Utopie zu realisieren, die Doris Lessing in ihrem Roman „Die Memoiren einer Überlebenden" (1974) beschrieb. Um es mir einfach zu machen, zitiere ich aus dem Text, den der Fischer Taschenbuch Verlag der deutschen Ausgabe beigab: „Dieser Roman beschwört eine unbestimmte Zukunft. Das Leben in der Stadt ist zusammengebrochen. Die staatliche Verwaltung arbeitet nicht mehr. Die Menschen sind ständig unterwegs, unablässig mit der Organisation des Lebens beschäftigt und auf der Suche nach Überlebensmöglichkeiten. Viele haben ihre Häuser verlassen und ziehen aufs Land, wo es noch bessere Lebensbedingungen geben soll. In der Stadt greifen Anarchie und Mangel um sich. Jugendliche und Erwachsene besetzen leerstehende Häuser, plündern Geschäfte, und Horden von streunenden Kindern machen die Straßen unsicher." Aufmerksame Beobachter werden in der gegenwärtigen sozialen Realität jene Tendenzen bereits als wirksam erkennen, die sich im Roman schon durchgesetzt haben. Ob – wie in Doris Lessings Geschichte – ein Aufbruch zu einer vielleicht besseren Wirklichkeit möglich sein wird, ist ungewiß.

Idealisierung und Ichideal

Der Realität der Erziehung stellen viele ihre Idealität, also ihre ideale Seinsweise, gegenüber – der Schule, wie sie ist, die Schule, wie sie sein sollte. Tagträume sind ein Hilfsmittel, sich psychisch über Wasser zu halten. Ich hatte es darin als junger Mensch zu einer gewissen Meisterschaft gebracht, ersparte mir aber Spott, indem ich meine Phantasien für mich behielt, sofern ich sie nicht durch Arbeit objektivieren, d. h. zum Gegenstand nicht nur für mich, sondern auch für andere machen konnte. Von Jahr zu Jahr werden meine Zukunftserwartungen und damit meine Tagträume bescheidener. Dennoch: „Leben ohne Arbeit kann ich mir nicht recht behaglich vorstellen, Phantasieren und Arbeiten fällt für mich zusammen, ich amüsiere mich bei nichts anderem" (Freud an Pfister, 6. 3. 1910). Also: Ganz ohne Phantasien und Ideale geht es nicht.

Phantastische Überschätzungen der Wirklichkeit nennen wir *Idealisierungen*. Die Idealisierung ist ein notwendiger Vorgang in der Psychogenese des Kindes. Vor allem die Idealisierung der Eltern und die Identifizierung mit ihnen dient der Aufrichtung des Ichideals. Es ist der Erbe des primären Narzißmus, so wie das Überich der Erbe des Ödipus-Komplexes ist (Chasseguet-Smirgel 1975, S. 12). Die kindliche Überhöhung des Ichideals ist eine Reaktion auf das Auf und Ab des Schwankens zwischen Allmachts- und Ohnmachtsphantasien, eine Kompensation für den Verlust der Illusion primär-narzißtischer Vollkommenheit. Aber sie bedarf der Korrektur. Diese gelingt am ehesten, wo die Erziehung dem Autonomiebedürfnis des Kindes ausreichend entgegenkommt, indem ihm die Möglichkeit geboten wird, sich auch mit anderen Idealen und Werten als denen der Eltern auseinanderzusetzen, diese zu kosten und, wenn sie ihm als angemessen erscheinen, zu verinnerlichen. Sein Ichideal verliert dann den narzißtischen Heiligenschein und erwirbt dafür ein ausdrucksvolles Gesicht.

Melanie Klein präzisierte die psychoanalytische Auffassung der Idealisierung. Sie betrachtete die Idealisierung des Objektes als eine Abwehr gegen den Destruktionstrieb. Das Hin und Her zwischen Ohnmachts- und Allmachtsgefühlen beschrieb sie als Schwanken zwischen der depressiven und der manischen Position. Dieses ist ein wesentlicher Teil der normalen Entwicklung. Das schwache Ich des Kindes wird durch seine Ängste vor der Zerstörung des geliebten Objektes und des eigenen Selbstes dazu getrieben, Allmachtsphantasien aufzubauen, teils um die vermeintlichen gefährlichen Objekte zu kontrollieren und zu beherrschen, teils um das geliebte Objekt zu retten und wiederherzustellen. „Von den frühesten Anfängen an", so Melanie Klein (1940, S. 79) „regen diese omnipotenten destruktiven sowie reparativen Phantasien alle Tätigkeiten, Interessen und Sublimierungen des Kindes an ... Idealisierung ist ein wesentlicher Teil der manischen Position und eng mit einem anderen wichtigen Element dieser Position verbunden, nämlich Verleugnung. Ohne teilweise und zeitweilige Verleugnung der psychischen Realität kann das Ich während des Höhepunktes der depressiven Position das Unheil, durch welches es sich bedroht fühlt, nicht ertragen. Omnipotenz, Verleugnung und Idealisierung sowie die damit eng verbundene Ambivalenz befähigen das frühe Ich, sich selbst in einem gewissen Grade gegen seine inneren Verfolger und gegen eine Hörigkeit und gefährliche Abhängigkeit von seinen geliebten Objekten zu behaupten. Auf diese Weise macht es neue Fortschritte in seiner Entwicklung".

Was beim Kind unter günstigen Umständen die psychische Entwicklung fördert, kann beim Erwachsenen Merkmal der Retardation oder Regression sein. Sie tritt oft auf, wo man sich den Versagungen der Wirklichkeit konfrontiert sieht. Rechnen skeptische Pädagogen damit, daß die Ergebnisse ihrer Bemühungen immer ungewiß sind und oft ungewollte korrekturbedürftige Nebenwirkungen haben, also stets eine Spannung zwischen Idealität und Realität bleibt, erleben idealisierende Pädagogen ihre Unvollkommenheit als Ohnmacht und wenden sich Allmachtsphantasien zu. Sie kehren zum Glauben an die Zauberkraft der Worte zurück, vorausgesetzt, sie haben ihn je verlassen. Mit Hilfe von allenfalls kurzfristig wirkenden Moral- und Strafpredigten versuchen sie, das pädagogische Elend zu überwinden.

Zur Idealisierung neigen vor allem ichschwache Menschen. Wie das Kind die Mutter und den Vater braucht, so haben sie Götter und Heilige nötig, um sich an ihnen aufzurichten. Wehe, diese versagen sich ihnen! Das Geschrei: „Hosianna", das eigentlich „Hilf doch!" bedeutet, schlägt dann um in „Kreuziget ihn!" Das erfuhr der Mensch Jesus, als er sich nicht als der Wundertäter erwies, den seine Zeitgenossen erwarteten. In der Pädagogik läßt sich ähnliches am Beispiel Bruno Bettelheims zeigen, der, obwohl er nie Wunder versprach, gleich einem Wundertäter idealisiert wurde. Als sich nach seinem Tode erwies, daß er dem Idealbild, das seine Jünger sich von ihm gemacht hatten, nicht entprach, wurde mit dem Idealbild alles entwertet und verworfen, worum er sich bemühte, und was er unter schwierigen inneren und äußeren Umständen geschaffen hatte. So kann man freilich dem Realitätsprinzip ausweichen, sich ein neues Ideal suchen und sich in dessen Abhängigkeit begeben.

Ähnlich der Politik ist auch die Pädagogik eine *Kunst des Möglichen* und steht vor der „Grundfrage: ob der Eigenwert des ethischen Handelns – der ‚reine Wille' oder die ‚Gesinnung', pflegt man das auszudrücken – allein zu seiner Rechtfertigung genügen soll, nach der Maxime: ‚Der Christ handelt recht und stellt den Erfolg Gott anheim', wie christliche Ethiker sie formuliert haben. Oder ob die Verantwortung für die als möglich oder wahrscheinlich vorauszusehenden *Folgen* des Handelns, wie sie dessen Verflochtenheit in die ethisch irrationale Welt bedingt, mit in Betracht zu ziehen ist" (Weber 1917, S. 505). Die *Krankheit der Idealität* (Chasseguet-Smirgel 1975) neigt gewöhnlich zur *Gesinnungsethik,* die Skepsis zur *Verantwortungsethik* (vgl. Weber 1919, S. 551). Beide Ethiken sind Risiken ausgesetzt. Der Gesinnungsethiker muß sich in letzter Konsequenz entweder von der Welt zurückziehen oder Gesinnungstäter werden. Der Verantwortungsethiker wiederum darf sich nicht dazu verführen lassen, die Grenze zu einem leichfertigen Opportunismus zu überschreiten. Es kommt darauf an, die Ambivalenz zwischen Gesinnung und Verantwortung auszuhalten. Das ist nicht leicht.

Max Weber war kein religiöser Mensch. Er sagte einmal, daß ihm für die Religiösität gleichsam die *Musikalität* fehle. Aber sein Denk- und Lebensstil ist deutlich vom Calvinismus geprägt; daher vermutlich seine rigide Konfrontation von Gesinnungsethik und Verantwortungsethik. Übrigens gibt es auch unter Christen Verantwortungsethiker. Ich erinnere an Erasmus von Rotterdam, Johannes Ludovicus Vives und Johannes Amos Comenius, deren Humanismus freilich bereits die Grenzen christlicher Gläubigkeit überschritt.

Wo eine strenge Gesinnungspädagogik hinführen kann, wird bei der Lektüre des Romans „Een hollandsch drama" von Arthur van Schendel (1935) deutlich. Die zwei Brüder Gerbrand und Frans Werendonk, kleine Kaufleute, nehmen ihre Schwester und deren Sohn Floris in ihr Haus, nachdem ihr Schwager sich nach einem betrügerischen Bankrott das Leben genommen hatte. Sie bezahlen seine Schulden und versuchen, den Jungen entsprechend dem calvinistischen Sittenkodex zu erziehen. Ihr Glaube an die Erbsünde macht die Brüder, vor allem den älteren Gerbrand, zutiefst mißtrauisch gegen Floris. Seine Mutter verzehrt sich in dieser düsteren Familienkultur in Gewissensnot und stirbt bald. Die geringsten Fehltritte des Jungen führen zu schlimmen Befürchtungen, Einschränkungen und Strafen. Diese nehmen dem Jungen, der sich zum Versager verurteilt fühlt, jede Lebensfreude. Er stiehlt und treibt sich nachts herum. Auch die Liebe eines jungen Mädchens kann ihm nicht mehr helfen. Schließlich legt er Feuer im Haus seiner beiden Onkel. Gemeinsam mit Gerbrand, der ihn zu retten versuchte, verbrennt er. Die calvinistische Prädestinationslehre erweist sich hier als sich selbst erfüllende Voraussage: Bedingungslose Gläubigkeit führt zur Vernichtung; Täter und Opfer vereinigen sich im Flammentod.

Gewiß: solche Tragödien sind selten, aber viele Erzieher und Lehrer sind einem *terroristischem Überich* unterworfen (Gottschalch 1988a, S. 186-207). In ihrer Gestik und Mimik drücken diese Menschen vor allem Leid und Überlastung aus. Sie laufen herum, als trügen sie eine Dornenkrone auf dem Haupt und ein schweres Kreuz auf der Schulter. Oft prägt eine herausfordernde Mischung von Demut und Hochmut ihre Gesichtszüge. Gute Erzieher und Lehrer sind sie kaum. Sie leiden an ihrem Überich und lassen andere daran leiden. Wo sie versagen, suchen sie leicht beim Alkohol und anderen Drogen Zuflucht; bekanntlich ist das Gewissen im Alkohol löslich (Freud). Freilich verfliegt der Alkohol, und dann kristallisiert sich das Überich mit schneidenden Kanten wieder heraus. Das unerbittliche Überich rächt sich am schwachen Ich mit einem moralischen Kater.

Ein einigermaßen realistisches *Ichideal* kann vor idealisierendem Überschwang schützen und den Druck des Überichs mindern. Es ist nach Freud (1914) der Erbe des primären Narzißmus, der Vorstellung des kleinen Kindes von seiner narzißtischen Vollkommenheit. Ob es einen primären Narzißmus im Sinne eines „objektlosen" oder mindestens „undifferenzierten" Zustandes gibt, wie viele Psychoanalytiker annehmen (Laplanche/Pontalis 1967, S. 322), bezweifle ich. Vermutlich erlebt das Kind den Zustand narzißtischer Vollkommenheit in zwei Situationen: einmal in dem Augenblick, in dem es sich der nährenden Brust bemächtigt; dann, wenn es gesättigt stilles Wohlbehagen empfindet. Dem Erlebnis der Bemächtigung entspricht das Allmachtsgefühl, dem stillen Wohlbehagen das Gefühl wunschloser Befriedigung. Ihnen stehen gegenüber die Gefühle der Ohnmacht und inneren Leere. Vor diesen rettet sich das Kind, indem es seine mehr oder weniger flüchtige narzißtische Vollkommenheit zuerst auf die Mutter, dann auch auf den Vater und andere überlebenswichtige Bezugspersonen projiziert. Wenn es gut geht, sorgen diese zuverlässig für das kleine Kind, schützen es und lehren ihm den aufrechten Gang. In liebevollen Ablösungskämpfen (Stierlin 1975) erringt es nicht nur relative Autonomie, sondern lernt es auch sein überhöhtes Ichideal realistisch zu korrigieren. So heranwachsend, gewinnt es die Chance, die Spannung zwischen dem Ich und seinem Ichideal zu mindern. Ein guter Mensch zu werden, setzt mithin die Erfahrung von Güte voraus.

Ich-Lust in der Schule

Für das Zusammenwirken von Wißtrieb, Schaffensdrang und Schaffenslust schlage ich den Ausdruck *Ich-Lust* vor. Er ist in der Psychoanalyse nicht geläufig und sollte nicht mit dem Begriff *Lust-Ich* verwechselt werden. Freud verstand unter letzterem das frühe Ich, das noch nichts anderes als Lust sucht, nach Lustgewinn trachtet und der Unlust ausweicht, was zur Verdrängung und schließlich zur Einengung der Lebensmöglichkeiten führen muß. Aus dem Lust-Ich entwickelt sich das Real-Ich. Dieses prüft, ob das Begehrte und Gewünschte in der Realität überhaupt vorhanden bzw. schaffbar ist. Das Real-Ich orientiert sich am Realitätsprinzip. Es gibt das Lustprinzip nicht auf, sondern bindet frei flottierende Triebenergien und leitet dazu an, auf Befriedigung zu warten. Zwischen dem Triebimpuls und der Befriedigungshandlung fügt es das *Denken als Probehandeln* (Freud 1911, S. 233) ein. So kann es Hindernisse umgehen und Bedingungen erfüllen, um dennoch ein Optimum an Lust zu erlangen (a. a. O., S. 236).

Freud erörtert in dem hier zitierten Aufsatz: „Formulierungen über die zwei Prinzipien des psychischen Geschehens" auch den Beitrag der großen Kulturleistungen: Religion, Wissenschaft, Erziehung und Kunst zur Einsetzung des Realitätsprinzips (S. 236f.). Der *Religion* spricht er die Überwindung des Lustprinzips ab. Diese versuche, zum absoluten Lustverzicht im Leben mit Hilfe einer Entschädigung im Jenseits zu verführen. Am ehesten gelinge die Überwindung des Lustprinzips der *Wissenschaft,* die aber auch intellektuelle Lust während der Arbeit biete und praktischen Gewinn verspreche. Die *Erziehung* beschreibt er „ohne weitere Bedenken als Anregung zur Überwindung des Lustprinzips zur Ersetzung desselben durch das Realitätsprinzip". Sie wolle „jenem das Ich betreffenden Entwicklungsprozeß eine Nachhilfe bieten, bedient sich zu diesem Zwecke der Liebesprämien von Seiten der Erzieher und schlägt darum fehl, wenn das verwöhnte Kind glaubt, daß es diese Liebe ohnehin besitzt und ihrer unter keinen Umständen verlustig werden kann". Die *Kunst* bringe auf einem eigentümlichen Wege eine Versöhnung der beiden Prinzipien zustande: „Der Künstler ist ursprünglich ein Mensch, welcher sich von der Realität abwendet, weil er sich dem von ihr zunächst geforderten Verzicht auf Triebbefriedigung nicht befreunden kann, und seine erotischen und ehrgeizigen Wünsche im Phantasieleben gewähren läßt. Er findet aber den Rückweg aus dieser Phantasiewelt zur Realität, indem er dank besonderer Begabungen seine Phantasie zu einer neuen Art von Wirklichkeit gestaltet, die von den Menschen als wertvolle Abbilder der Realität zur Geltung zugelassen werden" (ebd.).

In der Zuversicht, Erfüllung zu finden, vermag das Real-Ich die Umwege zur Lust, die ja oft mühsam sind, lustvoll zu gehen. Die Ich-Lust ist eine das Real-Ich stärkende Eigenschaft. Sie meint das gute Leben als diesseitiges. Sie verbindet den Wißtrieb mit der Schaulust. Etwas anderes ist die Überich-Lust des moralischen Masochisten, die einem Glück nachjagt, das nicht das eigene individuelle Leben bereichert, dieses vielmehr negiert und statt dem guten Leben einem vermeintlich absolutem Gut – Gott, Nation, Partei, Bewegung z. B. – dient, sich also gegen das Selbst des Subjektes parasitär verhält.

Vorbedingungen der Ich-Lust scheinen mir Interesse an der Welt der Objekte, gelassene Selbstachtung, ein versöhnliches Überich, vernünftige Skepsis und Optimalismus zu sein. Wer Interesse an der Welt der Objekte hat, pflegt nicht nur Beziehungen zu ihm wichtigen Personen, sondern, wie Schuhmacher (1977, S. 116) über Leonardo da Vinci sagt, auch „Beziehungen zu besonders schwierigen Aufgaben und Gedankengängen". Der gerät also nicht gleich in Verzweiflung, wenn eine Beziehung zu einer wichtigen Person zerbricht, denn ihm bleibet ja noch die zu den selbstgewählten Aufgaben und Gedankengängen. So erweist sich das Schaffen, die schöpferische bzw. problemlösende Tätigkeit als ein zuverlässiges und befriedigendes Band zur Realität. Der Optimalismus ist schließlich mit jener „weltlichen Weisheit" identisch, die folgende Eigenschaften umfaßt: „ruhiges Akzeptieren dessen, was unvermeidlich ist; Kraft zur Antizipation dessen, was objektiv möglich ist; Distanz zu seinem eigenen Leben und möglichen Ruhm; unpathetisches Zurückkehren, nach Niederlage oder Erfolg, in das Laboratorium seiner Werke und Pläne" (ebd.).

An zwei Zitaten möchte ich diese Haltung erläutern. Von Michelangelo ist das Gebet bekannt: „Möge mir Gott gewähren, immer das Unmögliche zu wollen!" Das ist das Gebet des moralischen Masochisten. Leonardo dagegen sagte: „Man soll nicht das Unmögliche begehren, wohl aber das optimal Mögliche zu realisieren versuchen und zwar kraft präziser Phantasie" (zit. a. a. O., S. 279).

Damit kommen wir zu einem weiteren Schlüsselbegriff, zum Begriff *präzise Phantasie*. Phantasieren nennen wir die Tätigkeit, sich etwas auszudenken, also das schöpferische Denken. Dieses soll, so Leonardo, nicht ausschweifend sein, sondern genau, der Wirklichkeit angemessen. Diese Wirklichkeit kann, so ergänze ich, auch die der inneren Welt sein. Präzise Phantasie ist mimetisch. Indem sie die Wirklichkeit nachahmt, fügt sie ihr etwas hinzu. Goethe sprach übrigens von „exakter Phantasie". Was sie in der Kunst leistet, brauche ich hier nicht zu erklären. In der Wissenschaft bedürfen wir ihrer zum Bilden von Hypothesen, die sich von wilden Spekulationen eben durch präzise Phantasie unterscheiden. Aber auch beim Deuten oder Interpretieren ist sie vonnöten. Was ist eine Interpretation wert, in der wir den vorliegenden Text, die Textur der objektiv gegebenen Wirklichkeit, nicht wiedererkennen? Schließlich haben wir präzise Phantasie bei der Bildung wissenschaftlicher Begriffe nötig. Hierin war z. B. Freud ein Meister. Man vergleiche einmal seine Begriffsbildungen mit den scheußlichen Neologismen vieler Wissenschaftler heute! „Wann immer Freud es für möglich hielt, versuchte er einen neuen Gedanken mit den gebräuchlichen Ausdrücken wiederzugeben, mit Worten, die seine Leser seit ihrer Kindheit gebrauchten; seine große stilistische Leistung lag darin, daß er diese Worte mit Nuancen, Bedeutungen und Einsichten zu füllen vermochte, die über ihren Alltagsgebrauch hinausgingen" (Bettelheim 1983, S. 20).

Die Definition des *Wißtriebs* gebe ich in Freuds Worten wieder. Er schreibt in seinen „Drei Abhandlungen zur Sexualtheorie" (1905a, S. 95): „Der Wißtrieb kann weder zu den elementaren Triebkomponenten gerechnet noch ausschließlich der Sexualität untergeordnet werden. Sein Tun entspricht einerseits einer sublimierten Weise der Bemächtigung, andererseits arbeitet er mit der Energie der Schaulust". Es lohnt sich das Kapitel, an dessen Beginn diese Definition steht, weiterzulesen. Es trägt den Titel „Die infantile Sexualforschung". Freud spricht in ihm vom „typischen Mißlingen der kindlichen Sexualforschung", die regelmäßig „in einem Verzicht endet, der nicht selten eine dauernde Schädigung des Wißtriebes zurückläßt. Die Sexualforschung dieser frühen Kinderjahre wird immer einsam betrieben; sie bedeutet einen ersten Schritt zur selbständigen Orientierung in der Welt und setzt eine starke Entfremdung des Kindes von den Personen seiner Umgebung, die vorher sein volles Vertrauen genossen hatten, voraus" (a. a. O., S. 97).

Dem werden viele entgegenhalten, das habe sich in den inzwischen vergangenen Jahrzehnten geändert. Davon bin ich nicht überzeugt. Abgesehen davon, daß die Sexualität immer noch stark abgewehrt und abgewertet wird, was u. a. zu einer neuen Form der Sexualabwehr, nämlich zur Verstümmelung der Sexualität zu einer Art Leistungssport führte, geben die in der Sexualberatung üblichen Gebrauchsanweisungen zwar Antwort auf die Frage, wie man *das* macht, gehen aber kaum auf die psychischen Beweggründe, Gefühle und Folgen ein. Das kann beinahe auch nicht anders sein, denn Affekt läßt sich nicht lehren (Adorno). Man muß zärtliche Liebe und freundliche Sexualität erfahren, bevor man sie weitergeben kann. Außerdem setzt die pädagogische Sexualunterweisung in der Regel in einem Lebensalter ein, in dem die Kinder ihre ersten Sexualforschungen bereits aufgegeben haben. Dennoch bleibt sie notwendig. Freilich vermute ich, daß wir auch in Zukunft unsere Kinder bei ihren Bemühungen, Verständnis für die Sexualvorgänge zu erlangen, nur unzureichend unterstützen können. Als ein älterer Freund von mir als junger Mensch Otto Rühle das von ihm geliehene Buch „Sexualanalyse" (1929) zurückgab, sagte dieser zu ihm: „Das ist nur der Stadtplan. In die Stadt hineingehen mußt Du selber". Es ist schon viel, wenn es uns gelingt, Kinder in ihren Orientierungsversuchen nicht zusätzlich zu entmutigen. Letzteres geschieht auch dann, wenn wir ihnen Sexualität als bloße körperliche Notdurft darstellen. Der kindliche Wißtrieb verdient jedenfalls unsere Förderung, nicht nur aus Karrieregründen (Karriere-Chancen sind heute ungewisser denn je), sondern, weil Wissen eine Form der Aneignung der Wirklichkeit ist, die uns bereichert und die das Angeeignete nicht nur relativ unbeschädigt läßt, sondern auch mitteilbar macht: Ich kann mein Wissen mit anderen teilen, ohne dadurch ärmer zu werden. Das Gegenteil geschieht: Ich werde im Mitteilen reicher, wissender. Auch das ist ein Privileg des Lehrerberufes, das für viele unbelohnte Mühen wenigstens ab und zu zu entschädigen vermag.

Freud sagte, der Wißtrieb arbeite mit der Energie der Schaulust. Damit komme ich zum Ästhetischen in der Lehrerarbeit. Was ich zum Thema „Jenseits des Schuftens, dieseits des Schaffens" (1988 b) über das Ästhetische in der Wissenschaft schrieb, gilt auch für die Pädagogik (vgl. auch das Kapitel: Die Schule als Übergangsraum). Eigentlich ist die *Ästhetik* die Wissenschaft der sinnlichen Erkenntnis, also ein wichtiges Moment skeptischer Pädagogik, fühlt sich doch der Skeptiker *Zum Sehen geboren, zum Schauen bestellt* (Faust II. V.). Aber der skeptische Pädagoge will nicht nur sehen, er will auch das Sehen lehren. Insofern ist seine Tätigkeit im Sinne des altgriechischen Wortes auch *poetisch*.

Das Wort *Poesie* stammt von dem gr. Verb *poiesis* ‚machen, verfertigen, schöpferisch tätig sein'. „Poesie, ein zweideutiges Wort, meint einmal: Gemütsbewegung, die zum Schaffen strebt; und ein anderes Mal: die Leistung, die danach strebt, unser Gemüt zu bewegen" (Valéry 1928, S. 7). In diesem Sinne sollte die Dialektik von Schaffensdrang und Schaffenslust – Erikson sprach von *Werkfreude* – nicht nur in der

Wissenschaft, sondern auch in der Pädagogik sich poetisch entfalten. Valéry wendet sich in seiner „Rede über die Dichtkunst" (1927) gegen jene, die sich in der Poesie mit Freude ohne Erkenntnis begnügen, und polemisiert gegen die Auffassung, der poetische Akt gehe aus Inspiration hervor. Dann, so sagt er, wäre „das Dichten ein reiner Zufallseffekt" oder ginge „aus einer Art übernatürlicher Kommunikation" hervor; „beide Hypothesen beschränken den Dichter auf eine kläglich passive Rolle. Sie machen aus ihm entweder eine *Urne*, in der Millionen Kugeln durcheinander geschüttelt werden, oder einen *klopfenden Tisch*, in dem ein *Geist* wohnt" (a. a. O., S. 61).

Zugegeben: Manche Lehrer begnügen sich in ähnlicher Weise damit, „nur ein Instrument zu sein, ein momentanes *Medium*". Das ist auch nicht schwer, nur befriedigt das weder die Ich-Lust des Lehrers noch die seiner Schüler. Wie Gedichte sind auch gute Unterrichtsstunden „Meisterwerke des Fleißes". Freilich reicht Fleiß nicht aus. Wie die Meisterwerke der Dichtkunst nur zustande kommen, wenn sich der Dichter nicht von den Mühen und Freuden der Erkenntnis isoliert, so setzen die Meisterwerke der Pädagogik voraus, daß Erzieher und Lehrer offen bleiben für die Welt der sinnlichen Wahrnehmungen, daß sie nicht nur den ganzen Umfang ihrer Denktätigkeit ins Spiel bringen, sondern auch den ihrer Empfindungsfähigkeit. Geschieht das, dann arbeitet der Pädagoge im eigentlichen Sinne des Wortes *theoretisch*. Die Etymologie des griechischen Wortes *Theorie* verweist auf Anschauung. Theorie soll, so meine ich, Unsichtbares sichtbar machen. Mithin kann Theorie auch als kunstvoll inszenierte Erfahrung begriffen werden. Das erinnert an Bert Brechts „Kleines Organon für das Theater", an Gottfried Hausmanns „Didaktik als Dramaturgie des Unterrichts" (1959).

Ein solches theoretisches Arbeiten setzt voraus, daß man, wie Schuhmacher an Leonardos Werk zeigt, das Subjekt-Objekt-Problem nicht nur von der Subjektseite, sondern auch von der Objektseite her anfaßt. Diese muß ins rechte Licht gesetzt werden. Was Leonardo vom Maler meint, sollte man auch vom Pädagogen und Wissenschaftler sagen können: „Alles, was es in der Welt gibt, sei es ein greifbares Objekt oder ein Phantasieprodukt, hat er erst in der geistigen Vorstellung und dann in seinen Händen. Diese Hände sind von solcher Fähigkeit, daß sie die gleichzeitige Einheit der Beziehung darstellen können, zusammengefaßt in einer Komposition" (zit. bei Schuhmacher, S. 76). Erst erkennen, dann handeln, lehrt er. Freud verstand Denken als Probehandeln, als ein Erkennen, das zum Handeln drängt. Brecht sprach von einem Begreifen, das zum Eingreifen führt. Es kommt also auf den Dreischritt von Wahrnehmen, Verstehen und Handeln an.

Im Laufe der Jahre habe ich oft unter sehr ungünstigen Umständen lernen und lehren müssen. Meine Ich-Lust, diese Kombination aus Wißbegierde, Schau- und Zeigelust, Entdeckerfreude, Mitteilungsbedürfnis und Gestaltungsvermögen haben mir geholfen, das einigermaßen gut zu machen. Insofern fühlte ich mich vom Schicksal begünstigt. Was mir zufiel, wollte und konnte ich mit anderen teilen. Dazu braucht man Geduld, Phantasie und Respekt: *Geduld*, weil man mit Widerstand rechnen und warten muß, bis eine Lösung möglich wird; *Phantasie*, weil die Beschränktheit der menschlichen Kräfte und Mittel dazu nötigt, sie immer wieder trennend und verbindend umzuformen, bis wir die Kombination geschaffen haben, die wir brauchen; *Respekt* schließlich nicht nur vor den Schülern, ihren Eltern, unseren Mitarbeitern und Unterrichtsgegenständen, sondern auch vor unserer eigenen inneren Welt und der äußeren Realität, denn was wir ändern wollen, müssen wir erst einmal als das anerkennen und würdigen, was es ist.

Wer mit dem Sprichwort übereinstimmt: „Allein schon wegen der Neugierde ist es wert zu leben", dem bietet die Lehrertätigkeit eine unerschöpfliche Energiequelle, vorausgesetzt, er interessiert sich nicht nur für die Unterrichtsgegenstände, für die „dritte Sache" sozusagen, sondern vor allem auch für die Schüler. Diese verhalten sich immer wieder anders als erwartet, laden zur Entdeckung, Förderung und manchmal auch Hemmung ihrer Eigenschaften und Möglichkeiten ein. Aber viele Lehrer denken darüber anders als ich, sind allenfalls an den Lehrinhalten interessiert und eben nicht an den Schülern. Der Kunstpädagoge Gunther Otto legte ihnen einmal den Ausruf unter: „Die Schule wäre ja ganz schön, wenn nur die Schüler nicht wären!" Diese Haltung ist verständlich. Unter den Schülern sind nicht wenige, die antisoziale Tendenzen in die Schule tragen. Außer einer gewissen Tapferkeit und anderen guten Lehrereigenschaften gehört viel Neugier oder Wißbegier dazu, sich diesen zu stellen, sich an ihnen zu erproben und sie zur Mitarbeit zu bewegen. Besonders schlecht sind hierauf jene vorbereitet, die ihre Lehrerrolle so mißverstehen, daß sie sagen: „Ich habe einen Lehrauftrag und keinen Erziehungsauftrag". Das gilt ähnlich auch für Hochschullehrer. Diese haben es zwar mit jungen Erwachsenen zu tun, aber oft ist auch hier etwas Nacherziehung notwendig.

Unter *Nacherziehung* verstehe ich nicht jene Versuche, Studenten in kindlich abhängiges Verhalten zurückzudrängen; Erziehung – also auch Nacherziehung – soll vielmehr fördernde Wachstumsbedingungen vermitteln: physisch, psychisch und intellektuell. So gesehen, ist Erziehung immer etwas Sinnliches. Im Niederländischen gebraucht man hierfür das Wort ‚opvoeden' – aufziehen, großfüttern. Die Lehrer haben keine „apostolische Funktion" (Michael Balint) und sollten diese, wo sie ihnen zugemutet wird, ablehnen. Es ist nicht ihre Aufgabe, ethische Normen zu predigen. Wohl dürfen sie diese prüfend erörtern – analysieren, um zu erhellen, wohin unter jeweils gegebenen Umständen ihre Befolgung führen kann. Es genügt, wenn Lehrer und Hochschullehrer eine das Lernen fördernde Umwelt bereitstellen und die Schüler und Studenten in sie hineinführen. Mein Vater tat das in seiner Weise. Lange dachte ich, er sei für meine Sozialisation nicht besonders wichtig gewesen, da mir ein manifester Vater-Sohn-Konflikt erspart blieb. Innerlich setzte ich mich schon mit ihm auseinander, indem ich oft mit meinem Vater in der Form eines inneren Monologs einen Als-ob-Dialog führte. Später erkannte ich, daß er uns Kinder den Weg in die äußere Realität öffnete und erleichterte. Wanderungen mit ihm, Zeichenpapier, Stifte und vor allem Bücher, die er mir gab, halfen mir, ihr zu begegnen und sie mir gleichsam symbolisch zu erobern. Er weckte mein Interesse an Kunst, Literatur, Geschichte, Politik und Wissenschaft, weniger, indem er mich belehrte, als indem er mich an seiner Umwelt teilhaben ließ. So wurde seine Umwelt meine fördernde Umwelt. Das können auch Lehrer versuchen. Manchmal gelingt das. Oft scheitert man. Auch das meine ich, wenn ich den Lehrerberuf einen der letzten Abenteuerberufe nenne.

5. Vom Es zum Ich

„Die funktionelle Wichtigkeit des Ichs kommt darin zum Ausdruck, daß ihm normaler Weise die Herrschaft über die Zugänge zur Motilität eingeräumt ist. Es gleicht so im Verhältnis zum Es dem Reiter, der die überlegene Kraft des Pferdes zügeln soll, mit dem Unterschied, daß der Reiter dies mit eigenen Kräften versucht, das Ich mit geborgten. Dies Gleichnis trägt ein Stück weiter. Wie dem Reiter, will er sich nicht vom Pferd trennen, oft nichts anderes übrig bleibt, als es dahin zu führen, wohin es gehen will, so pflegt auch das Ich den Willen des Es in Handlung umzusetzen, als ob es der eigene wäre".
Sigmund Freud, Das Ich und das Es, GW XIII, 1923, S. 253

Triebnatur und Ichstruktur

In gewisser Weise enthält diese Skeptische Pädagogik auch eine Einführung in die Theorie der Psychonalyse. Ihre Einsichten helfen uns im Umgang mit Kindern, Heranwachsenden und mit uns selbst. Als Pädagogen wenden wir uns vor allem an das Ich der Mädchen und Jungen, das sich, so Freud, bemüht, „den Einfluß der Außenwelt auf das Es und seine Absichten zur Geltung zu bringen", und danach strebt „das Realitätsprinzip an die Stelle des Lustprinzips zu setzen, welches im Es uneingeschränkt regiert" (1923, S. 252f.). Aber *das Ich ist ein armes Ding*. Es leidet unter drei Gefahren: „von der Außenwelt her, von der Libido des Es und von der Strenge des Überichs" (a. a. O., S. 286). Diese beschränken auch den Erfolg der pädagogischen Arbeit. Vorerst möchte ich auf die *Gefährdung durch die Libido des Es,* also durch die menschliche Triebnatur, eingehen. Diese wird gern geleugnet, denn es verletzt unser Selbstwertgefühl, daß wir nicht immer Herr im eigenen Leibe sind. Dabei ist unsere *Triebnatur eine Erfahrungstatsache*. Bei unbefangener Selbstkonfrontation vermag man leicht zu erkennen, wie einerseits unser *Sexualtrieb* uns zu Handlungen treibt, die oft alles andere als vernünftig sind, und andererseits der *Todestrieb*, oder, wie Jean Améry (1976, S. 82) zu sagen vorzieht, unsere *Todesneigung* unseren Willen zum Leben hemmt und fehlleitet.

Nach Freud ist der *Trieb ein Grenzbegriff zwischen Seelischem und Somatischem*. Er entspringt innerorganischen Reizquellen und richtet sich auf Objekte der äußeren Welt, beim Hunger z. B. auf Nahrung, bei der Sexualität auf Liebesobjekte. So lesen wir es in der ersten Triebtheorie (1915), in der Freud noch zwischen Selbsterhaltungstrieb und Sexualtrieb unterschied. In seiner zweiten Triebtheorie (1920) setzte er dem Lebenstrieb den Todestrieb entgegen. Seinem Selbstverständnis entsprechend, waren es weniger tragische äußere Ereignisse (Erster Weltkrieg, Tod der Tochter Sophie), die ihn dazu brachten, einen Todestrieb als Kontrahenten des Lebenstriebes anzunehmen, sondern der *Wiederholungszwang,* der den Fortgang vieler Analysen erschwert oder gar erfolglos bleiben läßt. Der Wiederholungszwang drängt die Menschen dazu, immer wieder Situationen aufzusuchen und zu schaffen, in denen sie bereits gescheitert sind. Die ihm unterworfenen Subjekte laufen gleichsam ihren Niederlagen nach. Sie begehren Lust, suchen diese aber in einem Irrkreis, in dem sie schließlich untergehen.

Freuds Theorie vom Todestrieb ist umstritten. Er selbst kennzeichnete sie als eine Spekulation und bekannte, er wisse nicht, wie weit er sie glaube (1920, S. 64). Ich neige dazu, Wiederholungszwang und Todestrieb im Zusammenhang mit dem *desintegrierten bzw. pathologischen Narzißmus* zu sehen. Dafür sprechen auch die Mythen von Narziß, die seine verzehrende Selbstliebe alle mit dem Tod enden lassen. In der Tat geht ja jede ausschließliche Selbstliebe leer aus, geht also an Auszehrung zugrunde, denn Liebe, die nichts gibt, bekommt am Ende auch nichts mehr. Narziß tanzt in sich selbst verliebt vor dem Spiegel, bis er zusammenbricht. Er verweigert sich sowohl der Proliferation seiner Art als auch der Reproduktion der Gesellschaft. Er tut das nicht freiwillig. Von seinem Schicksal wird er in die narzißtische Position gezwungen, wobei sich innerpsychische und intersubjektive Konflikte gegenseitig verstärken können (Gottschalch 1988b, 1992a, b.).

Die Leugnung der Triebnatur der Menschen ist auch in der rein hermeneutischen Richtung der Psychoanalyse, die nur „verstehen" und nicht „erklären" will, weit verbreitet. Sie mag sich nicht abfinden mit jenem „Erdenrest, zu tragen peinlich" (Goethe): unserer Tiernatur, die wir nicht abstreifen können, so gern wir uns auch für Gott gleich oder wenigstens für gefallene Engel halten möchten (vgl. Grunberger 1985, S. 190). Dabei macht uns unsere Triebnatur nicht nur mit den anderen Tieren gemein, sie unterscheidet uns auch von ihnen, denn Trieb ist nicht gleich Instinkt. Der Instinkt ist ein rein biologischer Begriff. Er bedeutet ein angeborenes Verhaltensschema, das von einem Artgenossen zum anderen nur wenig wechselt. Dagegen ist das Drängen des Triebes relativ unbestimmt. Seine Objekte und Ziele können wechseln. Als Grenzbegriff zwischen Somatischem und Psychischem ist er auch ein Grenzbegriff zwischen Natur und Kultur.

Daraus läßt sich schließen, daß Triebe keine elementaren Gegebenheiten sind. Mit Otto Kernberg (1976, S. 85f.) verstehe ich sie als *komplexe hierarchische Verhaltensorganisationen,* die durch Integration von Erfahrung determiniert werden. Allerdings leben diese Triebe nicht nur mit der äußeren Realität, dem Ich und dem Überich häufig im Widerstreit, auch gleichsam innerorganisatorische Konflikte, d. h. Konflikte zwischen den unterschiedlichen Trieben, vor allem zwischen Lebens- und Todestrieb, stören das seelische Gleichgewicht. Kernberg hält die *Affekte* für *Bausteine oder Bestandteile der Triebe* und meint, daß sie „in dem Sinne das primäre Motivationssystem sind, daß sie im Mittelpunkt jedes der unzähligen befriedigenden und frustrierenden Ereignisse stehen, die der Säugling mit seiner Umgebung erlebt. Affekte verbinden eine Reihe von undifferenzierten Selbst-Objekt-Vorstellungen, so daß allmählich eine komplexe Welt von internalisierten Objektbeziehungen aufgebaut wird, von denen manche lustvoll, andere unlustvoll gefärbt sind" (1984, S. 342). Ähnlich versteht auch A. H. Modell (1987, S. 168, zit. n. Wurmser 1989, S. 306) Affekte als „Primärdaten der Psychoanalyse".

Man kann nun erwägen, den Triebbegriff durch den Affektbegriff zu ersetzen. Aber, so entgegnet Kernberg, Triebe manifestieren sich nicht nur durch Affekte, sondern durch Aktivierung einer spezifischen Objektbeziehung: „Zu den unbewußten Phantasien, deren wichtigste ödipaler Natur sind, gehört ein spezifischer, auf ein Objekt gerichteter Wunsch. Der Wunsch leitet sich aus dem Trieb her und ist präziser als der Affektzustand; dies ist ein zusätzlicher Grund, eine Konzeption abzulehnen, derzufolge eher Affekte als Triebe das hierarchische übergeordnete Motivationssystem bilden" (a. a. O., S. 344). Gegen Heinz Kohut (1977), der die Triebtheorie ablehnt und dazu neigt, psychische Störungen etwas einseitig aus Mangel an liebevoller empathischer Zuneigung abzuleiten, trägt er drei Einwände vor – Erstens: Die Triebe – Liebe und Haß – sind primär, die Objektbeziehungen sind sekundär. Der Trieb treibt zum Objekt. Zweitens: Die Natur aggressiver Regungen resultiert aus einem gegen die Konsolidierung von Objektbeziehungen gerichteten Kampf gegen Objektbeziehungen, also aus dem Ringen um Autonomie. Drittens: Verschiebungen in der Qualität der Libido unter dem Eindruck ödipaler Entwicklungen werden unterschätzt, wo man die Beziehung zum Objekt als hierarchisch den Trieben übergeordnet begreift (vgl. a. a. O., S. 345). Das ist konsequent psychoanalytisch, denn die Psychoanalyse ist primär eine Konflikttheorie, keine Defizittheorie. Das ist aber auch für die Pädagogik und für helfende Berufe folgenreich, denn die psychischen Schwierigkeiten können nur beschränkt durch die Beseitigung von Mängeln, also durch pädagogische, therapeutische und soziale Interventionen behoben werden:

> Zuerst den Hunger abgetan –
> Dann fangen die Probleme an.
> *Arthur Schnitzler*

Georg Simmel sagte einst: „Was man sich unter der Einheit der Seele konkret zu denken habe, weiß kein Mensch" (1890, S. 128). Ähnlich dachte auch Sigmund Freud. Ihm war die Seele eine Fiktion im Sinne des Philosophen Hans Vaihinger (1911). Ihre Substanz ist der Leib. Um sich ihr Funktionieren klar zu machen, benutzte er die *Hilfsvorstellung eines psychischen Apparates* (1926, S. 221), dessen drei Instanzen das Ich, das Es und das Überich sind. Das *Ich* stellte er sich als eine innerseelische Organisation vor, „die zwischen seine Sinnesreize und die Wahrnehmung seiner Körperbedürfnisse einerseits, seine motorischen Akte andererseits eingeschaltet ist und in bestimmter Absicht zwischen ihnen vermittelt" (a. a. O., S. 221f.). Es ist aus dem *Es* hervorgegangen, einem anderen ursprünglichem Gebiet „umfangreicher, großartiger und dunkler als das Ich" (a. a. O., S. 222). Freud faßte das Es als ein Reservoir auf, das alles enthält, „was ererbt, bei Geburt mitgebracht, konstitutionell festgelegt ist, vor allem also die aus der Körperorganisation stammenden Triebe, die hier einen ersten uns in seinen Formen unbekannten Ausdruck finden" (Freud 1938, S. 67f.). Aus dem Ich differenziert sich schließlich das *Überich,* das einerseits die kontrollierende und strafende Funktion des Gewissens vollzieht, andererseits als Ichideal, gleichsam als Figuration der verinnerlichten Ideale seiner Eltern und anderer Sozialisatoren, dem Streben des Subjektes ein Vorbild für seine

Selbstentfaltung gibt. In diesem Abschnitt erörtere ich vor allem die Frage, wie sich das Ich in Wechselwirkung mit dem Es und mit der Außenwelt strukturiert.

Das Es und das Ich bilden zu Beginn eine beinahe undifferenzierte Einheit. Freud schildert die Entstehung des Ich als die Herausbildung einer dünnen Haut, sensibel nach außen und innen. Das Ich ist also ursprünglich ein Organ und Helfer des Es mit der Funktion, die Realität zu verkosten, wobei das Gute aufgenommen, das Böse zurückgewiesen bzw. ausgespieen wird. Die Frühform des Ichs – das Lust-Ich – „will ... alles Gute sich introjizieren, alles Schlechte von sich werfen." (1925, S. 13). Schon das Lust-Ich urteilt: „das will ich essen oder will es ausspucken, und in weitergehender Übertragung, das will ich in mir einführen und das aus mir ausschließen" (ebd.). Damit hat die Entwicklung des Ichs bereits die erste Stufe des Real-Ichs erreicht. Das Interesse des Ichs ist es schließlich, nicht mehr bloß zu entscheiden, „ob etwas Wahrgenommenes (ein Ding) ins Ich aufgenommen werden soll oder nicht, sondern ob etwas im Ich als Vorstellung Vorhandenes auch in der Wahrnehmung (Realität) wiedergefunden werden kann. Es ist ... eine Frage des *Außen und Innen*. Das Nichtreale, bloß Vorgestellte, Subjektive ist nur innen; das andere, Reale, auch im *Draußen* vorhanden" (ebd.).

Es kommt zu einem Kampf zwischen Ich und Es um die Steuerung des Denkens und Handelns. Das Es will Lust und immer wieder Lust, denn „Lust will tiefe, tiefe Ewigkeit" (Nietzsche). Aber Ewigkeit ist nur im Tod zu finden, gegen den sich das Ich als Anwalt des Lebens und des Realitätsprinzips wehrt. Im vierten Kapitel habe ich bereits gesagt: das Realitätsprinzip verneint nicht die Lust, aber es zügelt sie im Interesse der Selbsterhaltung.

In einem Diskussionsbeitrag „Die Wechselwirkungen in der Entwicklung von Ich und Es" (1952) ging Anna Freud auf die *Gründe des Zurückbleibens des kindlichen Ichs* ein. Sie „erwähnt zuerst angeborene oder erworbene Defekte der motorischen oder sensorischen Apparate"; dann „Fehlbildungen der Triebe, mit der Folge ungenügender oder übermäßiger Stimulierung der Apparate"; schließlich „die Unfähigkeit, die Apparate unter die Herrschaft des Ichs zu bringen, die auf eine ernsthafte Blockierung in der Entwicklung des Wirklichkeitssinns hinweist" (a. a. O., S. 1237). In der Regel wirken diese Gründe in einer „Ergänzungsreihe" zusammen; monokausale Erklärungen für Fehlentwicklungen des kindlichen Ichs führen fast immer in die Irre.

Als erfolgreiche Methoden, zurückgebliebenen oder retardierten Kindern zu helfen, nennt Anna Freud die *Förderung der Sublimierung* und die *Verbesserung der Objektbeziehungen* (a. a. O., S. 1238). Das aber sind *zwei Hauptaufgaben der Erziehung.*

Sublimierung

Das Wort *Sublimierung* ist von dem lat. *sublimis* ‚hoch, emporstehend, emporragend' abgeleitet; sublimieren heißt also ‚etwas ins Erhabene steigern, verfeinern, veredeln'. Im Deutschen wurde es zuerst im 15. Jh. als Fachwort der Alchimie bzw. der Chemie für den unmittelbaren Übergang aus dem festen in den gasförmigen Aggregatszustand bzw. aus dem gasförmigen in den festen gebraucht. Im 18. Jh. wird es in die Literatursprache übernommen. Goethe z. B. wendete es beinahe im Sinne der Psychoanalyse. Bei einigem Nachdenken, so meinte er, käme man zu der Einsicht, „daß menschliche Zustände, Gefühle, Ereignisse in ursprünglicher Natürlichkeit sich nicht in dieser Art aufs Theater bringen lassen; sie müssen schon verarbeitet, zubereitet, sublimiert sein; und so finden wir sie auch hier: der Dichter steht an der Schwelle der Überkultur, er gibt eine Quintessenz der Menschheit" (Schriften zur Literatur: Die Tochter der Luft von Calderon).

Bernfeld (1931, S. 557) betont Freuds Neigung zu vagen Begriffen; Freud verstand seine Begriffe eher als „Wegweiser der Forschung" denn als definitorische Festlegungen. „De facto", so schreibt Bernfeld am Ende seines Aufsatzes „Zur Theorie der Sublimierung", „wird mit Sublimierung nicht ein tatsächlicher Mechanismus scharf bezeichnet, sondern das Wort dient (in dieser Bedeutungsschicht) der Bequemlichkeit. Es weist kurz auf jene reichhaltige Gruppe von Prozessen hin, die eine gewisse Distanz zu den üblichen Triebzielen haben, im Gegensatz zur direkten Triebbefriedigung, und im allgemeinen den Normen und der Normalität nahestehen" (a. a. O., S. 569).

In seinen „Drei Abhandlungen zur Sexualtheorie" verstand Freud die Ablenkung sexueller Triebkräfte von sexuellen Zielen als „Sublimierung" und hielt diesen Vorgang für eine „mächtige Komponente" aller kulturellen Leistungen (1905, S. 79). In „Das Ich und das Es" (1923,

S. 274) nannte er die hierfür nötige Energie „desexualisierte Libido". Das ist eine unklare Formulierung, die von manchem Psychoanalytiker so verstanden wurde, als ob bei der Sublimierung nicht nur eine Zielverschiebung der Libido stattfände, sondern auch eine qualitative Veränderung in eine „indifferente Energie". Mit Kurt Eissler bezweifle ich „die Existenz von so etwas wie indifferente Energie" (1963, S. 1545). Das, was er in seinen „Bemerkungen zum Problem der Umwandlung von Triebenergie" (a. a. O., S. 1545-1579) schreibt, entspricht auch meiner Auffassung, die ich freilich nicht in der psychoanalytischen Praxis, sondern, sozusagen, aus der Wahrnehmung und Untersuchung meiner und anderer Menschen Psychopathologie des Alltagslebens gewann. Ich gehöre zu den Menschen, die, der Ich-Lust fähig (s. voriges Kapitel), bestimmte Tätigkeiten mit Libido und Mühe zugleich besetzen können, z. B. Denken, Lernen und Lehren, Schreiben, sofern diese meinen Ich-Interessen entsprechen. Zwischen meinem Ich und meinem Es besteht ein relativ freier Grenzverkehr. So fällt es mir leicht, Freud zuzustimmen, wenn er sagt, daß alle „Denkarbeit durch Sublimierung erotischer Triebkraft bestritten" wird (1923, S. 274).

Kurt Eissler geht es in seinen „Bemerkungen" um das Verständnis der genialen Schöpferkraft Goethes. Nun ja, wir sind keine Genies, und in den Schulen treffen wir sie auch kaum; und wenn schon, erkennen wir sie nicht. Aber was Eissler von Goethes Schöpferkraft sagt, gilt in begrenztem Maße auch für uns. Schöpferische Tätigkeit ist ein Triebvorgang. Sie bezieht ihre Kraft und Leidenschaft tief aus dem Es. Das Ich verfeinert und reinigt die Triebkraft und faßt sie auf ein Ziel hin zusammen: das zu schaffende Werk, die Schöpfung. Die schöpferische Funktion erfordert Ich-Ausdehnung. Je mehr Es-Triebe verwandelt werden können, desto größer die schöpferische Leistung. Es kommt also darauf an, ein möglichst großes Maß von Trieb mit einem möglichst großen Maß von Vernunft zu verbinden. Dem Genie gelingt das, weil es versteht, ein Übermaß an Leidenschaft in den schöpferischen Akt einzubringen. Eissler stellt die Frage, welche Bedeutung die Diskrepanz zwischen dem Überfluß an Leidenschaft beim Genie und dem Mangel daran beim Nicht-Genie hat. Er weist auf den Dämpfungseffekt psychischer Verletzungen hin. Diese Antwort reicht nicht aus, denn man kann unter günstigen Umständen auf solche Verletzungen kompensatorisch reagieren. Wie dem auch sei, soll es wenigstens dann und wann bei uns gewöhnlichen Menschen zu schöpferischen Momenten kommen, muß eine Wechselwirkung zwischen Reifungsprozessen und fördernder Umwelt (Winnicott 1965) erfolgen. Dieses Wechselspiel in den Schulen, wie sie sind, zu beleben, ist gewiß schwer, aber doch nicht unmöglich. Die pädagogische Kunst besteht darin, die Grenzen des Ichs zum Es und zum Überich kontrolliert zu öffnen.

Hier sei an die Etymologie des Wortes Schule erinnert. Das lat. *schola* stammt vom griech. *schole* Muße, d. h. frei sein von Berufsgeschäften. Schulen sollten also eigentlich auch Orte der Muße sein, die Kinder zu spielendem Lernen zusammenführen und Jugendlichen ein psychosoziales Moratorium – Schonzeit für Füchse – bieten, „während dessen der Mensch durch freies Rollen-Experimentieren sich in irgendeinem Sektor der Gesellschaft seinen Platz sucht, eine Nische, die fest umrissen und doch wie einzig für ihn gemacht ist" (Erikson 1956, S. 137f.). Davon sind sie weit entfernt. Schon die Schularchitektur verrät das: Die meisten Schulen sind von Industriebetrieben und Verwaltungsgebäuden kaum zu unterscheiden. Sie laden selten zum Beschauen und Begehen ein. Man verläßt sie lieber, als daß man in ihnen verweilt.

Es sind vor allem prägenitale Triebe, die sublimiert werden. Anna Freud spricht von „Ichinteressen, die in narzißtischen, exhibitionistischen, aggressiven etc. Tendenzen wurzeln" und „ein Leben hindurch als wertvolle ‚Sublimierungen'erhalten bleiben können, unabhängig vom Partialtrieb, der ihre Bildung ursprünglich veranlaßt hatte" (1952, S. 1239). Hierzu gehören auch jene homosexuellen Anteile, die von ihrem ursprünglichen Ziel abgelenkt werden. „Ihre Sublimierung", so Eissler (1963, S. 681), „führt zu den besten und altruistischsten Taten des Mannes; ihre mißlungene Verdrängung kann zu Sadismus oder Psychose führen". Das Gleiche gilt für Frauen.

Nicht nur, was Es ist, soll, so weit wie möglich, Ich werden; auch Anteile des Überichs sollten vom Ich aufgenommen werden. Das gelingt relativ gut, wenn das Überich einen freundlichen und versöhnlichen Charakter hat, gewissermaßen einem gütigen Beichtvater gleicht. Mir fällt hier nicht ohne Grund der Beichtvater ein; ich denke an die religiöse Kunst von der Renaissance bis zum Rokoko, die die Kunst der Sublimierung in hohem Maße beherrschte. Auf mich übten und üben die weiblichen Heiligen, die sie darstellte, eine durchaus erotische Anziehungskraft aus. Ich gestehe, daß ich als junger Mann, wäre es möglich gewesen, ganz gern der Einen oder Anderen von ihnen den Heiligenschein abgenommen und sie in mein Bett gelockt hätte. Eissler (a. a. O., S. 1567f.) spricht vom *Prinzip des Maßes des zurückgelegten Weges,* den das Ich bei der schöpferischen Tätigkeit geht, und zeigt das am Beispiel des Witzes, der nur das Es, nicht aber das Überich in das Ich hineinzieht. Bei anderen schöpferischen Produktionen gelingt es auch Teile des Überichs libidinös zu besetzen. Es gibt aber auch Kunstwerke, die vom Terror des Überichs verzerrt sind.

In der Schule kann die Fähigkeit zur Sublimierung durch den Gebrauch von Bildern, Dingen und Begriffen gefördert werden, die die Gefühle der Kinder ansprechen. Die Schaffung eines freundlichen Ambientes kann das sinnliche Wahrnehmen – Sehen, Riechen, Fühlen – anregen und differenzieren. Gut eingerichtete Schulräume vermögen nicht nur das kognitive Lernen und Lehren, sondern das Leben in der Gruppe überhaupt zu fördern. Das gilt nicht nur für die Klassenzimmer, sondern auch für Erholungsräume, Eßzimmer und ganz bestimmt auch für die Flure und Treppenhäuser. Im Hinblick auf Lehr- und Lernmittel sollte auch an jene gedacht werden, die heute in dem familialen Zuhause verdrängt werden: Gemeinschaftstische, Bücher, Staffeleien, Spiel- und Ruheecken. Ich stimme Johannes Beck und Heide Wellershoff gerne zu, wenn sie sich in ihrem Buch (1989) über die Sinne und die Dinge im Unterricht für einen *SinnesWandel* der Schule aussprechen und hierfür viele gute Anregungen geben. Das erfordert nicht nur Sinneswandel bei Lehrern und vor allem bei Politikern, sondern auch bei vielen Eltern. Als meine Frau, unsere Tochter Hannah und ich 1996 einige höhere Schulen in unserer Umgebung daraufhin prüften, welche wohl für Hannah die geeignetste sein würde, richteten wir unsere Augen vor allem auf die sichtbaren Zeichen der jeweiligen Schulkultur. Ein wichtiges Kriterium für die Wahl waren schließlich die Resultate des Kunstunterrichts, die wir sahen. Viel kann man in dieser Hinsicht von der Milieutherapie Bruno Bettelheims (1974) und aus seinen Büchern „Kinder brauchen Märchen" (1975) und „Kinder brauchen Bücher" (gemeisam mit Karen Zelan 1982) lernen. Anregungen gibt es jedenfalls genug, um Schulen von „Untertanenfabriken" (Leibfried) in Stätten der Sublimierung zu verwandeln. Freilich muß man nicht nur wollen, sondern auch können. Das setzt einigermaßen erfolgreiche Teilnahme am politischen Streit voraus.

Objektbeziehungen

Die psychoanalytische Objektbeziehungstheorie erforscht die Beziehungen der Subjekte zu ihren Objekten, wobei der Begriff Objekt eigentlich menschliche Objekte meint, die wiederum selbst Subjekte sind. Die Subjekt-Objekt-Beziehung ist immer eine wechselseitige Beziehung. Kann man die Psychoanalyse entsprechend dem ersten Strukturmodell (unbewußt – vorbewußt – bewußt) noch als eine Ein-Personen-Psychologie begreifen, so wandelt sie sich durch das zweite Strukturmodell (Es – Ich – Überich) in eine Mehr-Personen-Psychologie; denn Freud leitet ja die Entstehung von Ich und Überich aus dem „Niederschlag aufgegebener Objektbeziehungen" (1923, S. 257) ab. Ich und Überich entstehen durch die Internalisierung von frühen Beziehungen, vor allem zur Mutter, dem Vater und anderen nahen Menschen der kindlichen Lebenswelt; Objektbeziehungen also, „die von einem bestimmten Affekt, einer bestimmten Objektvorstellung und einer bestimmten Selbstvorstellung repräsentiert werden" (Kernberg 1976, S. 25).

Mit Kernberg unterscheide ich drei Ebenen der Internalisierung: die Introjektion, die Identifizierung und die Ichidentität (a. a. O., S. 24-31).

Die *Introjektion* ist die früheste Form der Internalisierung. Sie geschieht durch Reproduktion und Fixierung einer Interaktion, deren primäres Objekt in unserer Kultur meist die Mutter ist. Hierbei kommt es zu einem strukturierten Bündel von Gedächtnisspuren, das mindestens drei Bestandteile enthält: „1. ein Objektbild, 2. ein Selbstbild in Interaktion mit diesem Objekt und 3. die affektive Färbung sowohl des Objektbildes als des Selbstbildes unter dem Einfluß der Triebrepräsentanz zum Zeitpunkt der Interaktion" (a. a. O., S. 25). Die Introjektion hängt nicht nur von einer komplexen und spezifischen Organisation von Wahrnehmungen und Gedächtnisspuren ab, diese müssen auch mit Affektzuständen verbunden sein, die Triebabkömmlinge repräsentieren. Als Beispiel kann man sich das „Antwortlächeln" des drei Monate alten Säuglings vorstellen, der schon einigermaßen zwischen sich und seiner Mutter unterscheiden kann (Spitz 1965, S. 125). Wichtig ist die affektive Färbung dieser Interaktionen. Sind sie liebevoll, so neigen Introjektionen dazu, zu einem „guten inneren Objekt" zu verschmelzen, herrschen in ihnen feindliche Triebabkömmlinge vor, so kommt es zur

Bildung „böser innerer Objekte". Man kann Introjekte als Valenzen begreifen, die ihresgleichen „auffordern", sich mit ihnen zu verbinden. Introjektionen lösen also Selektionsvorgänge aus, die zu erklären vermögen, warum die einen vorzugsweise gute, die anderen häufig böse Erfahrungen machen. Die Menschen haben hierbei keine „freie Wahl", vielmehr determinieren gute innere Objekte gute Erfahrungen und böse innere Objekte schlechte. So gesehen, kann man das Ich des kleinen Kindes als einen Kampfplatz zwischen guten und bösen inneren Objekten verstehen. Menschen, in denen dieser Widerstreit selten oder nie beschwichtigt werden kann, bleiben ihr ganzes Leben lang innerlich zerrissen.

Der Prozeß der Fusion der Introjektionen derselben Valenz führt zur Entwicklung komplexer Selbst- und Objektbilder, zur weiteren Differenzierung von Selbst und Objekt und zur Festlegung der Ichgrenzen. Wenn das Kind die Rollenaspekte zwischenmenschlicher Interaktionen kennenlernt, kommt es zur höchsten Form der Introjektion, zur *Identifizierung*. „Die Rolle impliziert das Vorhandensein einer sozial anerkannten Funktion, die vom Objekt oder beiden Teilnehmern an der Interaktion erfüllt wird" (a. a. O., S. 27). D. h. die Mutter hilft dem Kind nicht zufällig beim Anziehen, sondern sie zeigt verläßlich ihre Fähigkeit zur Besorgnis (Winnicott 1965, S. 93ff.), indem sie es regelmäßig nährt, kleidet, beschützt und belehrt, also die sozial anerkannte Mutterrolle erfüllt. Das wird der Mutter freilich schwer gemacht, denn in einer am Profitprinzip orientierten Gesellschaft erfährt die Muttertätigkeit noch geringere Wertschätzung als die Lehrertätigkeit. Lehrer bekommen wenigstens noch Gehalt. Wenn nicht, wie häufig, immer noch durch Not, so sehen sich aus Mangel an sozialer Anerkennung viele Mütter dazu gezwungen, ihre Arbeitskraft zu verkaufen. Das geht nur auf Kosten der Muttertätigkeit. Zwar identifizieren sich viele Kinder – auch Jungen – mit der sorgenden Rolle ihrer Mutter, aber die Gesellschaft bringt ihnen doch bald bei, daß diese nicht hoch geachtet wird. So halten sie ihre Fähigkeit zur Besorgnis zurück oder betätigen sie nur verschämt und befangen.

Wie in der Introjektion werden auch in der Identifizierung die psychischen Abkömmlinge von Trieben in Objektbeziehungen integriert. „Das Bündel der der Identifizierung inhärenten Gedächtnisspuren umfaßt dann: 1. das Bild eines Objektes, das in einer Interaktion mit dem Selbst eine Rolle übernimmt, 2. das Bild des Selbst, das deutlicher vom Objekt differenziert ist als bei der Introjektion (und das möglicherweise eine komplementäre Rolle spielt), und 3. eine affektive Färbung der Interaktion" (Kernberg ebd.). Im Vorgang der Identifizierung erlernt das Kind „seine eigenen, zunächst aber ganz passiv erfahrenen Rollen als Teil seiner Selbstbild-Komponenten der Identifizierung. Es erlernt auch die Rollen der Mutter (als Teil des mütterlichen Objektbildes) und kann zu Zeiten diese Rollen ‚wieder in Szene setzen'. Langfristige Speicherungen und Organisation sind typisch für die Rollenaktualisierung in der Ichidentität" (a. a. O., S. 28).

Damit kommen wir zur höchsten Ebene in der Organisation der Internalisierungsprozesse: zur *Ichidentität.* Ähnlich wie Erikson (1956) definiert Kernberg Ichidentität als „umfassende Strukturierung von Identifizierungen und Introjektionen unter dem steuernden Prinzip der synthetischen Funktion des Ichs" (ebd.). Sie ist an folgende Voraussetzungen gebunden:

1. die Ichstrukturen müssen gefestigt sein. Das Kind muß ein Gefühl für die Kontinuität seines Selbst entwickelt haben und sowohl den Unterschied der Geschlechter als den der Generationen anerkennen können;
2. es muß ein konsistentes, umfassendes Konzept der „Welt der Objekte" haben und sich in ihr an Hand der internalisierten Verhaltensmuster zurechtfinden können;
3. seine eigenen Wahrnehmungen, sein Verhalten und Handeln muß von seiten seiner menschlichen Umgebung, so oder anders, als bedeutsam anerkannt werden (vgl. a. a. O., S. 28f.).

Man kann die Entwicklung von den ersten Introjekten über die Identifizierung zur Ichidentität auch anders beschreiben, als ich das am Vorbild von Kernberg getan habe. Erikson (1956, 1968) sei hier erwähnt, der besonders die psychosozialen Krisen der Ich-Entwicklung hervorgehoben hat. Sofern diese Entwicklungsmodelle mit Hilfe psychoanalytischer Erfahrungen konstruiert sind, wird an ihnen immer wieder deutlich, wie bestimmend die affektive Färbung von Erziehung und Sozialisation ist. Von der Familienerziehung und – umfassender – von der primären Sozialisation spreche ich nur soweit, wie das zur Erhellung der Vordergrund- Hintergrunddialektik (Treurniet 1995) der pädagogischen Praxis nötig ist.

Was aber kann in den Schulen zur Verbesserung der Objektbeziehungen getan werden? Bert Brecht sprach einmal vom Kommunismus als dem Einfachen, das schwer zu machen ist. Ich zögere, dieses Wort auf die Schule zu übertragen, denn das mit dem Kommunismus ist ja verunglückt. Dennoch: eine Voraussetzung für die Verbesserung der Objektbeziehungen ist einfach zu nennen: kleine Klassenfrequenzen. Diese sind notwendig, soll überhaupt ein hinreichendes Maß an freundlichen Interaktionen in der Schule möglich werden. Aber auch in der Schule, wie sie ist, kann in dieser Hinsicht mehr getan werden, als in der Regel geschieht. Ich mußte stets in Klassen mit 30-40 Schülern und an der Universität nur zu oft in überfüllten Seminaren und Vorlesungsräumen unterrichten. Aber überall versuchte ich, zumindest in Blickkontakt mit den Schülerinnen und Schülern, den Studentinnen und den Studenten zu kommen. Und in der Regel gelang das auch. Das begann ich schon, als ich das erste Mal vor meiner Klasse stand, damals durch einen Überraschungseffekt. Ich trat in das Klassenzimmer und fand dort etwa 35 sechzehn-bis siebzehnjährige Mädchen vor, die eigentlich, biopsychisch gesehen, mir, ich war damals einundzwanzigjährig, gleichaltrig waren. Es gab auch ein paar Jungen in der Klasse. Niemand stellte mich vor. Die meisten dachten wohl, ich wäre ein neuer Mitschüler. Was sollte ich tun? Mit lauter Stimme mitteilen, ich sei der Lehrer, erschien mir komisch. Also tat ich etwas anderes: ein Mädchen, das mir ansprechbar schien, bat ich, den anderen mitzuteilen, daß ich der neue Lehrer sei. Verwundert tat sie das. Die anderen gingen in die Bänke und schauten mich ebenfalls verwundert an. Ich blickte jeder kurz, etwas unsicher, aber freundlich in die Augen, und schon hatten wir einen ersten, noch fragilen Kontakt miteinander. Von nun an suchte ich bei Beginn jeder Unterrichtsstunde die Augen der Schülerinnen und Schüler. Nicht, daß alle immer zurückblickten, aber sie gewöhnten sich daran, dann und wann Blickkontakt mit mir aufzunehmen und fühlten sich von mir angenommen und bestätigt. Mit einiger Phantasie kann man entsprechend dem eigenen Lehrstil immer wieder Chancen schaffen, die Lehrer-Schüler-Beziehung im Sinne der Theorie der Objektbeziehungen zu verbessern. Vielleicht fallen mir beim Weiterschreiben des Buches noch andere Beispiele ein. Freilich will ich keine Rezepte geben. Jeder Pädagoge muß seinen eigenen Stil für den Umgang mit Schülern und seine eigene Lehrweise entwickeln. Aber einige Anregungen hierzu können schon hilfreich sein.

6. Inneres Muß und äußerer Zwang

> „Freiheit ist *eine Form der Herrschaft:* diejenige nämlich, in der die vorgegebenen Mittel die Bedürfnisse des Individuums mit einem Minimum von Unlust und Entsagung befriedigen".
> *Herbert Marcuse,* Trieblehre und Freiheit, 1957, S. 402

Zwang und Freiheit in der Erziehung

Die Worte für die Überschrift zu diesem Kapitel habe ich intuitiv gewählt. Aber Intuitionen fallen nicht vom Himmel, tauchen auch nicht aus dem Nichts empor. Sie haben eine Geschichte, die aus Gefühlen und Erfahrungen besteht. Eine Intuition entsteht, denke ich, so ähnlich, wie Stendhal (1822) sich das Zustandekommen einer Liebe vorstellte, nämlich als eine Art Kristallbildung: Wir geben Salz ins Wasser, bis die Lösung gesättigt ist. Dann bedarf es nur noch eines Kristallisators, eines auslösenden Momentes, und das Kristall, die Intuition bildet sich heraus. *Müssen,* so ahnte ich mehr als ich wußte, hat etwas mit engagiertem Handeln zu tun, *Zwang* weist eher auf Enge und Angst hin. Und heute, wo ich dieses Kapitel zu schreiben beginne, vergewissere ich mich bei den Etymologen, ob meine Vermutungen zutreffen. In der Tat heißt es bei Pfeifer (1993, S. 909): *müssen* meine ‚gezwungen sein, etwas zu tun, nicht anders können' stammt vom ahd. *muozan* ‚in der Lage sein, können, mögen, dürfen'. Es besteht auch eine Verwandtschaft zur ie. Wurzel *med-* ‚messen', was erlaubt, von einer Grundbedeutung ‚frei zugemessener Besitz an Raum, Zeit, Gelegenheit und Kraft haben' auszugehen. Dagegen bedeutet *zwängen* ‚gewaltsam einengen, quetschen' und *zwingen* ‚gewaltsam zu etwas nötigen, zu etwas veranlassen, mit etwas fertig werden, meistern'. Mein Sprachgefühl trügt mich also nicht, wenn ich *Muß* mit Autonomie und Handlungsfreiheit assoziiere und *Zwang* mit Heteronomie und Unterdrückung. Aber beide Begriffe haben auch etwas Gemeinsames: Das innere Muß und der äußere Zwang schließen die Willensfreiheit aus. Ist es so, wie Schopenhauer sagt? „Du kannst *thun,* was du *willst:* aber du kannst, in jedem Augenblick deines Lebens, nur ein Bestimmtes *wollen* und schlechterdings nicht Anderes, als dieses Eine" (1839,

S. 412). Die zweite Bedeutung dieses Satzes stimmt gewiß, so schwer es vielen Pädagogen auch fällt, das einzusehen. Anders könnte man der Zauberkraft der Worte trauen, und all' die moralischen Appelle und Predigten wären nicht so vergeblich, wie sie sind. Aber die *allgemeine* Richtigkeit der ersten Behauptung Schopenhauers bezweifle ich, denn um den eigenen Willen durchzusetzen, bedarf es der *Handlungsfreiheit*, und die ist aus physischen, psychischen und sozialen Gründen doch häufig arg begrenzt. Ich denke nicht nur an das früher oft zitierte katholische Arbeitermädchen vom Lande, das, obwohl begabt, dennoch nicht studieren konnte, weil Armut und soziale Vorurteile das bis in die sechziger Jahre unseres Jahrhunderts verhinderten. Ich denke vielmehr auch an ein Beispiel, in dem jeder von uns etwas wiedererkennen kann, nämlich an jene zwei Herren Kurt Tucholskys, die *Nachher* (1932, S. 1101f.) in einem „Herrenbad" im Himmel auf den Wellen schaukelnd über ihr verflossenes Leben räsonieren:

> „Haben Sie schwimmen gelernt, damals, als Sie lebten?" fragte ich ihn. Wir ruderten durch den endlosen Raum, in farblosem Licht, es hatte eigentlich keinen Sinn, sich zu bewegen, weil jeder Maßstab fehlte, wohin die Fahrt ging. Planeten waren nicht zu sehen – sie rollten fern dahin.
> „Nein", sagte er. „Ich kann nicht schwimmen. Ich hatte einen Bruch. Mein Leib hatte einen Bruch."
> „Ich habe es auch nicht gelernt", sagte ich. „Ich wollte es immer lernen – ich habe drei-, viermal angefangen –; aber dann ist es immer nicht geworden. Nein, Schwimmen nicht. Englisch auch nicht – damit war es ganz dasselbe. Haben Sie alles erreicht, was sie sich einmal vorgenommen hatten? Ich auch nicht. Und dann, an stillen Abenden, wenn man einmal aufatmen konnte und das ganze Brimborium des täglichen Klapperwerks verrauscht war, dann kamen die nachdenklichen Stunden und die guten Vorsätze. Kannten Sie das?"
> „Wie oft!" sagte er. „Wie oft!"
> ....
> „Haben Sie das Leben geführt, das Sie führen wollten?" fragte er und wartete die Antwort nicht ab. „Natürlich nicht. Sie haben das Leben geführt, das man von Ihnen verlangt hat – stillschweigend, durch Übereinkunft. Sie hätten alle Welt vor den Kopf gestoßen, wenn Sie es nicht getan hätten, Freunde verloren, sich isoliert, als lächerlicher Einsiedler dagestanden. ‚Er kapselt sich ein', hätte es geheißen. Ein Schimpfwort. Nun, das ist vorbei. Und wenn Sie jetzt zur Welt kämen: wie würden Sie es machen?" Er hielt mit seinen Schwimmbewegungen inne und sah mich gespannt an.
>
> „Genau noch einmal so", sagte ich. „Genau so."

Dennoch gibt es so etwas wie ein *inneres Muß*, das Hindernisse überwindet und von dem Schöpferkraft ausgeht, das aber auch in Niedergang und Tod zu führen vermag. Goethe hat die Ambiguität des inneren Muß als *dämonisch* bezeichnet. Am 24. 3. 1829 sprach er zu Eckermann: „Je höher ein Mensch strebt, desto mehr steht er unter dem Einfluß der Dämonen, und er muß nur immer aufpassen, daß sein leitender Wille nicht auf Abwege gerate". Vom *dämonischen Wesen* schrieb er in *Dichtung und Wahrheit:* „Alles, was uns begrenzt, schien für dasselbe durchdringbar; es schien mit den notwendigen Elementen unseres Daseins willkürlich zu schalten; es zog die Zeit zusammen und dehnte den Raum aus. Nur im Unmöglichen schien es sich zu gefallen und das Mögliche mit Verachtung von sich zu stoßen. Dieses Wesen, das zwischen alle übrigen hineinzutreten, sie zu sondern, sie zu verbinden schien, nannte ich dämonisch ...".

Es sind äußere Zwänge, an denen sich das innere Muß, wenn es gut geht, formt, oft aber auch verbiegt und scheitert. Dem Kind begegnet Zwang vor allem in der Erziehung, von der Freud, ich erinnere noch einmal daran, sagte, daß sie hemmen, verbieten, unterdrücken müsse und dies „auch zu allen Zeiten reichlich besorgt" habe. Das bringe die Gefahr psychischer Erkrankung mit sich. Um diese zu mindern, habe die Erziehung „ihren Weg zu suchen zwischen der Scylla des Gewährenlassens und der Charybdis des Versagen" (1932, S. 160).

Der *Zwang in der Schule* beginnt mit der *Schulpflicht.* Sie gilt als eine kulturelle und soziale Errungenschaft, ist aber nicht unbestritten. Das Für und Wider dieser Sache ist ein weites Feld. Darüber möchte ich hier nicht diskutieren. Gerade wenn man die Schule als eine Erfahrungstatsache betrachtet, kommt man zu keinem allgemeingültigen Urteil. Ich kann mich nicht daran erinnern, daß ich zwischen 1935 und 1945 die Schule gern besucht hätte. Ich erlebte sie als einen Ort, an dem viele Zwänge sich gegenseitig verstärkten, eher als einen Ort der Furcht als des Lernens. Mein Vater dagegen blickte dankbar auf seine Schulzeit zurück, wenn auch nicht ohne Ambivalenz. Der Lehrer, der ihn für die klassische deutsche Literatur begeisterte, solche gab es damals an sächsischen Volksschulen, war zugleich ein Prügelpädagoge. Meine Mutter war traurig, daß sie so früh die Schule verlassen mußte. Meine Frau ging zumindest gern zur Realschule und zum Gymnasium; und meine Kinder erlebten und erleben die Schule als eine unvermeidliche Notwendigkeit, in der es dann und wann auch Sternstunden gibt. Es hängt von ihrem Umgang mit den jeweiligen Schulkameraden und Lehrern ab, wie weit sie sich dort wohlfühlen.

Die meisten Kinder gehen wohl mit einer bangen Erwartungshaltung das erste Mal zur Schule. Nun tun sie etwas, dem auch von den Erwachsenen Ernstcharakter zugemessen wird. Das macht schon ein bißchen stolz. Aber eine Zuckertüte muß ihnen dennoch den ersten Schulgang versüßen. Was zu denken gibt, ist die Beobachtung, daß die Kinder oft in den ersten drei Schuljahren noch recht *lerneifrig* sind, dann aber, wenn sie die Elementarfertigkeiten: Lesen, Schreiben, Rechnen sich angeeignet haben, häufig Lernhemmungen und *Schulunlust* entwickeln. Ich jedenfalls werde das Gefühl nicht los, daß die Schule nur allzu oft ein Ort ist, wo Wißbegierde, Phantasie und Schaffensdrang eher gedämpft als angeregt werden. Nicht zu verkennen ist, daß gewisse Zwänge unvermeidbar sind. Dazu gehören Mitarbeit am Unterricht und Verhaltensformen, die diese Zusammenarbeit fördern, zumindest nicht stören. Auch müssen die Schüler lernen, ihre Affekte zu dämpfen und zu zügeln, was nicht heißt, sie ganz zu unterdrücken und zu verdrängen. Hier können Spiel, Musik und Kunst Sublimierungsmöglichkeiten bieten, sofern die Lehrer nicht ihre Vorstellungen, was sie für schön und gut halten, den Schülern regelsüchtig aufdrängen. Leider geben viele Lehrer ihrem *furor prohibindi,* ihrer Neigung zum Bevormunden, Eingreifen und Verbieten (Freud 1926, S. 268), allzu obszön nach.

Es muß Kindern auch die Möglichkeit geboten werden, ihre Nöte offen und doch vertraulich auszudrücken. Hans Zulliger gebrauchte hierfür *freie Aufsätze.* Seine Schüler konnten, wenn sie wollten, in ihnen über ihre Probleme schreiben. Nur er las sie. Auch wurden sie nicht benotet. Er hat mit ihnen gute Erfahrungen gemacht. Mit ähnlichen Ergebnissen erfolgten die Sprechstunden mit meinen Studenten. Als ich als Hochschullehrer zu unterrichten begann, störte mich die Schlange der Wartenden vor meinem Zimmer. Mit niemanden konnte ich ruhig sprechen, denn ich fühlte mich unter dem Druck der wartenden Studenten. Ich änderte das Verfahren. Die Studenten mußten sich zur Sprechstunde anmelden. Sie konnten angeben, wie lange sie mich sprechen wollten. Nicht selten waren das 30 oder 60 Minuten. Natürlich stieg die Zahl meiner Sprechstunden. Es waren nicht mehr zwei, sondern häufig sechs pro Woche. Andererseits waren die Ergebnisse befriedigender und produktiver als vorher. Die zuweilen kathartische Wirkung war von mir übrigens nicht beabsichtigt. Sie ergab sich aus der ruhigen Atmosphäre der Sprechstundensituation. Die zusätzliche Belastung für mich war nicht allzu groß. Da die Studenten mit mir rechnen konnten, wenn sie mich brauchten, kamen sie auch nicht unnötig zu mir.

Über eine Sprechstunde möchte ich hier berichten. Es handelte sich um eine junge Frau, die vor dem Examen stand. Sie meldete sich an. Es ergab sich, daß sie nur sonnabends am Vormittag Zeit hatte. Also verabredeten wir die Stunde von 10-11 Uhr. Ich saß zur verabredeten Zeit in meinem Zimmer und wartete. Die Zeit verstrich. Etwa 10:40 Uhr kam die Studentin und entschuldigte sich nervös für ihre Verspätung. Freundlich antwortete ich ihr, das sei nicht schlimm, ich hätte inzwischen andere Arbeiten erledigt, müsse aber, wie verabredet, das Gespräch um 11 Uhr beenden. Sie erzählt mir nun eigentlich belanglose Dinge, währenddessen sie unruhig einen kleinen Zettel in ihrer Hand drehte. Ich unterbrach sie und sagte: „Sie haben vielleicht auf dem Zettel notiert, was sie mir eigentlich erzählen wollen. Fangen Sie doch bitte mal damit an!" Dann berichtete sie mir von ihrem Problem: Sie sei mit einem Pfarrer verheiratet, damals und vermutlich heute noch ein aufgabenreiches Eheschicksal. Ihr Mann, so klagte sie, lasse ihr keine Zeit für die Prüfungsvorbereitungen. Sie müsse ihm so viel in der Gemeinde helfen. „Haben Sie ihn schon einmal darum gebeten, Ihnen mehr Zeit zu lassen?" fragte ich sie. Erwartungsgemäß antwortete sie „Nein". Dann konfrontierte ich sie mit ihrem Verhalten. Lächelnd sagte ich ihr: „Sie haben mich ja auch nicht so benutzt, wie Sie eigentlich konnten. Vierzig Minuten der Sprechstunde haben Sie für etwas anderes gebraucht, und dann haben Sie aus Verlegenheit noch über Dinge gesprochen, die für Sie nicht wichtig sind. Vielleicht machen Sie es mit Ihrem Mann ähnlich, und der weiß gar nicht, in welcher Not Sie sind. Sie nehmen Rücksicht auf ihn und verweigern ihm die Chance, Ihnen zu helfen." Überrascht und erleichtert schaute sie mich an und verließ, nachdem wir noch einen anderen Termin verabredet hatten, dankbar die Sprechstunde.

An diesem Beispiel wird deutlich, wie man die Dialektik von Zwang und Freiheit in der Sprechstundensituation produktiv machen kann. Der Zwang meinerseits lag in der Begrenzung der Zeit, an der ich festhielt, auch nachdem sie zu spät gekommen war, die Freiheit ihrerseits in der Chance, sie so zu benutzen, wie es ihr möglich war. Wenige Wochen später bestand sie ihre Prüfung zu aller Zufriedenheit.

Die normative Kraft der Gruppe

Norbert Elias hat in seinem *Prozeß der Zivilisation* (1939) zu zeigen versucht, wie Fremdzwang zu Selbstzwang wird. Meiner Auffassung nach ist der Ausdruck Fremdzwang nicht gut gewählt, denn *fremd* heißt ja ‚von auswärts stammend, nicht zugehörig, unbekannt'. Genauer ist es, statt von Fremdzwang von *Außenzwang* zu reden oder, wenn man die emotionale Färbung wiedergeben will, vom *Liebeszwang*. Jedenfalls hängt die Entstehungsweise der Moral mit äußerem Zwang zusammen. Aber dieser geht eben nicht vom Fremden, vom Unbekannten aus, sondern vom Nahen, vom *unheimlich* Vertrauten. Zuerst, so Georg Simmel im 1. Band seiner *Einleitung in die Moralwissenschaft* (1892, S. 119), „war es ein enger Kreis, der nur darauf hielt, daß sich ein Individuum sittlich betrug; dann erfolgten Vergrößerungen, welche diese Kreise als Sozialindividuen in sich schlossen und sie einem Zwang unterstellten, der zur moralischen Gerichtsbarkeit auswuchs usf. Und da nun der früheste Zustand der am festesten vererbte ist und zudem die äussere Verpflichtung sich auch jetzt noch in demselben Maasse abschwächt, in dem der Kreis, den sie betrifft, grösser ist; so ist es begreiflich, dass das moralisch-altruistische Verhalten in dem Maasse schwächer wird, in dem es statt von Einzelnen von Gruppen ausgeht und statt auf Einzelne sich auf grössere Kreise richtet."

Für unzureichend halte ich freilich Simmels Erklärung für die „unbedingte persönliche Hingabe an den größten Kreis, an das Vaterland." Er meint, „dieser Altruismus zu gunsten der politischen Gruppe" habe schon in jenen frühesten Zeiten bestanden, die erst das Fundament bildeten, „auf dem der Altruismus den Einzelnen gegenüber zur sittlichen Forderung wurde" (a. a. O., S. 120). Ich erkläre mir das anders: In der Bereitschaft – bei vielen auch Lust – zur Hingabe ans Vaterland wirken mehrere Vektoren zusammen: kollektiver Narzißmus, Regression vom Ich in Form von Freigabe von Aggression gegen Fremde – man kann auch von *kollektiver Infantilisierung* (Klaus Horn) sprechen – Sadomasochismus, Todestrieb bzw. Todesneigung u. a. Hinzu kommt noch etwas, worauf auch Simmel hinwies: Je allgemeiner und umfassender eine Idee ist, z. B. die von der Nation, je allgemeiner und umfassender die Masse der Menschen ist, die von ihr angezogen wird, desto unklarer und verschwommener sind die Vorstellungen und

Beziehungen der Einzelnen, die sich in ihr vereinigen. „Je massenhaftiger, mannigfaltiger und verschlungener die Theilvorstellungen einer Vorstellung sind, desto eher tritt bei ihr jene phantastische Verklärung, jene reizvolle und ahnungsreiche Verschwommenheit ein, welche auch das körperliche und geistige Ueberblicken grosser Raum- und Zeitmaasse charakterisiert. Wo wir nicht mehr das Einzelne in seiner Bestimmtheit unterscheiden können, fängt sofort der Optimismus unserer Natur zu wirken an, der alles Undeutliche, Unbekannte, Unbegrenzte zu idealisieren pflegt" (a. a. O., S. 32f.). Daraus ergibt sich: Nicht nur im Alkohol, auch in großen Idealen ist das Gewissen löslich. Eben das macht den Gruppennarzißmus für ich-schwache Menschen so anziehend: Man kann den Druck des individuellen Überichs im Sog des Gruppen-Überichs, das als Wir-Gefühl stilisiert wird, aufgeben. Nur dann, wenn wir einerseits die Allgemeinheit in unsere Vorstellungen aufnehmen, andererseits die Ichidentität tiefer und weiter wird, vermögen wir sozialverantwortlich zu handeln und zugleich Eigner unseres Selbst zu bleiben.

Die Stärke, die *Spanne zwischen Solidarität und Ichidentität* aushalten zu können, haben Kinder und Jugendliche allenfalls passager. Auch bei Erwachsenen begegnen wir ihr nur selten. Die meisten Menschen fürchten doch, daß ihre Abweichungen vom Denken und Verhalten der Gruppe zu sittlichen Verurteilungen führen. Für sie nimmt die Gruppe „ungefähr die Stellung ein, die für den Frommen Gott, für Machiavelli und Hobbes der Fürst einnimmt: es giebt nicht ein an sich bestimmtes Rechtes und Gutes, dem ihr Wille gemäß wäre, sondern ihr Wille bestimmt vielmehr, was recht und gut sein soll; die Majorität will das Richtige, weil ihr Wille das Kriterium für dasjenige bildet, was wir das Richtige nennen" (a. a. O., S. 85). Offen ist, ob das, was die Gruppe für gut und richtig hält, über oder unter dem Niveau des Ichs ist, das die Mitglieder der Gruppe jeweils einbringen. In der Regel wird man wohl damit rechnen müssen, daß eine Gruppe desto weniger von der Ich-Fülle ihrer Mitglieder braucht, je größer sie ist (Kracauer 1922).

Für sensible Menschen, vor allem wenn sie psychisch noch so wenig wehrbar sind wie Kinder und Jugendliche, ergeben sich da große Schwierigkeiten. Sie fühlen die Gruppenstimmung und merken, wo diese ihnen fremd ist. Aber sie können der Gruppenmitgliedschaft nicht ausweichen, möchten vielleicht auch ganz gern dazugehören. Das zwingt sie oft, ihren Eigensinn und ihr Feingefühl aufzugeben und zu verraten. Für solche Schüler kann die Schulzeit eine Leidenszeit werden. Wie sie sich auch verhalten, sie fühlen sich selten wohl. Kompensieren sie ihre Weichheit mit Härte und Kälte, wirken sie besonders roh und zynisch; versuchen sie, ihr Selbst zu bewahren, dann bleiben sie einsam; haben sie die Fähigkeit zum Alleinsein nicht wenigstens in Ansätzen erworben, gehen sie unter. Erzieher und Lehrer können ihnen helfen, wenn sie ihnen in den Gruppen Funktionen und Positionen zuweisen, in denen sie sich nicht gleichschalten müssen, sondern als *Unterschiedswesen,* denn das sind wir Menschen eben auch, bewähren können.

Über die *Fähigkeit zum Alleinsein* hat Winnicott (1958) einen anregenden Aufsatz geschrieben, in dem er davon ausgeht, „daß diese Fähigkeit eins der wichtigsten Zeichen der Reife in der emotionalen Entwicklung ist" (a. a. O., S. 36). Sie besteht darin, das Alleinsein als einen höchst kostbaren Besitz genießen zu können und kommt durch die Erfahrung zustande, *„als Säugling und kleines Kind in Gegenwart der Mutter allein zu sein.* Die Grundlage der Fähigkeit, allein zu sein, ist also ein Paradox; es ist die Erfahrung, allein zu sein, während jemand anderes anwesend ist" (a. a. O., S. 38). Voraussetzung hierfür ist, „daß das Individuum die Möglichkeit gehabt hat, durch ‚ausreichend gute Bemutterung' einen Glauben an eine wohlwollende Umgebung aufzubauen. Dieser Glaube wird durch eine Wiederholung lustvoller Triebbefriedigung aufgebaut" (a. a. O., S. 40). Das Kind muß also die Mutter als gutes Objekt erleben und verinnerlichen können. Die Mutter selbst kann sich aber nur dann als ein hinreichend gutes Objekt erweisen, wenn sie selbst über verinnerlichte gute Objekte verfügt und eine befriedigende Beziehung zu einem erwachsenen Menschen hat. In günstigen Fällen wird das oft der Vater des Kindes sein.

Im Zusammenhang mit der Fähigkeit zum Alleinsein verwendet Winnicott den Ausdruck *Ich-Bezogenheit.* Verglichen mit der *Es-Beziehung* meint die Ich-Bezogenheit eine Beziehung, in der die Affekte einigermaßen beruhigt sind. Ich-Bezogenheit ist gleichsam von stillem Wohlbehagen erfüllt, mindestens von Gelassenheit. Man kann sie beim Säugling zuweilen nach dem Stillen beobachten, bei Intimpartnern nach einem gelungenen Geschlechtsakt: „Ich-Bezogenheit", so Winnicott, „bezieht sich auf die Beziehung zwischen zwei Menschen, von denen mindestens einer allein ist; vielleicht sind auch beide allein, aber die Gegenwart des einen ist jeweils für den anderen wichtig." Mit ihm finde ich, „daß man beim Vergleich der Bedeutung des Wortes ‚gernhaben' *(like)* mit dem Wort ‚lieben' *(love)* sehen kann, daß gernhaben eine Sache der Ich-Bezogenheit ist, während lieben mehr eine Sache von Es-Beziehungen ist, entweder in roher oder in sublimierter Form" (a. a. O., S. 38).

Nach Winnicott wird die Fähigkeit zum Alleinsein vor allem in guten Mutter-Kind-Beziehungen gefördert. Sie kann auch *nach* der Herstellung von Dreierbeziehungen entstehen, also z. B. nach der Einbeziehung des Vaters. Die Frage ist, ob auch Lehrer und Erzieher etwas zur Stärkung der Fähigkeit zum *Alleinsein in Lerngruppen* beitragen können. Die Schwierigkeit besteht darin, daß Erzieher und Lehrer nur unvollständig nachreichen können, was in der Mutter-Kind-Dyade bzw. in der Vater-Mutter-Kind-Triade nicht gegeben wurde. Aber das Wort ‚unvollständig' bedeutet nicht ‚gar nicht', sondern weist auf die Möglichkeit eines ‚mehr oder weniger'. Ich sagte ja schon im vierten Kapitel, wir Lehrer sollten Optimalisten sein, woraus sich das Bemühen um das ‚Mehr oder Weniger' der Förderung der Fähigkeit zum Alleinsein ergibt.

Das setzt vor allem einen tragfähigen emotionalen Untergrund voraus. Wir sollten unsere Schüler gernhaben, was etwas anderes ist als lieben. Die *Liebe* meint, wo man das Wort weder zu einem Allerweltswort entwertet, noch zu überirdischer Geistigkeit aufbläst, eine intime Es-Beziehung, die Dritte ausschließt. Ihre Spanne kann sehr weit reichen. Sie ermöglicht Regression im Dienste des Ichs. Das Lust-Ich findet in ihr wenigstens dann und wann seine Befriedigung. Man ist einander nicht nur Sexualpartner, sondern zuweilen unabhängig vom Geschlecht zugleich Mutter und Kind. Auf der anderen Seite kann jeder des anderen Hilfsich sein: Man fühlt sich füreinander verantwortlich und ist mit dem Partner viel tiefer verbunden als in anderen Solidaritätsbeziehungen. Das *Gernhaben* meint Ich-Bezogenheit. Liebe ist eine exklusive Paarbeziehung. Gernhaben kann man sich auch in Gruppen. Die Öffnung der Mutter-Kind-Dyade zum Vater, zur Familie kann als eine Übergangsphase von der Liebe zum Gernhaben betrachtet werden. Das Verhältnis zwischen Eltern und Kindern ist vom Inzestverbot bestimmt. So ist es auch in der Schulklasse. Indem wir unsere Beziehungen zu den Schülern nicht zur Liebe überströmen lassen, sondern im Bereich des Gernhabens und der sublimierten Sexualität halten, geben wir ihrer und unserer Ichlust Raum zur Entfaltung. Ob sie und wir ihn auch hinreichend gebrauchen, hängt freilich noch von anderen Umständen ab.

Zu diesen gehören auch unsere didaktischen Fähigkeiten. Geben wir unseren Schülern überhaupt während des Unterrichts die Gelegenheit, allein zu sein? Haben sie Chancen zur Stillarbeit? Hier kann man von Reformpädagogen wie Dewey, Montessori, Geheeb, Oestreich, Petersen u. a. lernen.

Ich berichte eine eigene Erfahrung: Als ich während meines Studiums zwischen 1953 und 1958 Leiter einer Ausbildungsstätte für Stenokontoristinnen war – eine Ganztagsschule für achtzehn- bis fünfundzwanzigjährige junge Frauen – konnte ich den Stundenplan selbst bestimmen. Ich richtete ihn so ein, daß täglich zwischen 14 und 16 Uhr Stillarbeit war. Während dieser Zeit zog ich mich in mein Arbeitszimmer zurück. Die Tür zum Lehrraum blieb offen. Die Kursusteilnehmerinnen waren mit ihren Kameradinnen und mir allein. Sie konnten, wenn nötig, zu mir kommen und mit mir sprechen, nahmen mich aber auch als einen Menschen wahr, der während ihrer Anwesenheit allein arbeitete. Diese Erfahrung ist wichtig. Daran scheitert ja oft die Arbeit an den Hausaufgaben, daß man sie tun muß, während die anderen Familienmitglieder Freizeit haben.

Nun befinden sich die meisten Lehrer nicht in der günstigen Position, die ich damals inne hatte; sie können ihren Stundenplan nicht selbst bestimmen. Doch meine ich, daß auch in den gewöhnlichen Schulen den Schülern Phasen des Alleinseins ermöglicht werden können. Freilich müssen die Lehrer selbst die Fähigkeit zum Alleinsein haben und dürfen keine Betriebsnudeln sein. Unruhe in der Klasse ist nur zu oft Folge der inneren Unruhe des Lehrers.

Die Entstehung des Gewissens aus dem Liebeszwang

Zu Beginn des vorigen Abschnittes schlug ich vor, das Wort Fremdzwang im Hinblick auf die Gewissensbildung durch das Wort Außenzwang, genauer noch: *Liebeszwang* zu ersetzen. In diesem Abschnitt möchte ich skizzieren, wie es bei Kindern unserer Kultur unter günstigen Bedingungen zur Gewissensbildung kommt. Gewissen nennen wir das ‚Vermögen des Menschen, sein Verhalten sittlich einzuschätzen'. Wir stellen es uns als eine innere Stimme vor, die zu uns spricht, wenn wir etwas Schlimmes getan haben. Insofern definiert es H. Reiner als „begleitendes Bewußtsein bei meist negativem Verhalten" (1974, Sp. 575), wobei es die soziale Wirkung unseres Handelns oder Unterlassens ist, die entscheidet, ob dieses zustimmend oder ablehnend beurteilt wird. Die Frühform des Gewissens ist ein *Gewissen der Folgsamkeit* (a. a. O., Sp. 580). Diese achtet vor allem auf das, was von den sozialen Autoritäten vorgeschrieben wird. Sein Gehorsam ist äußerlich. Man hält sich an die Konventionen und erfüllt die Riten. Man tut so, als ob man religiös, national, oder was sonst verlangt wird, wäre, und wählt opportunistisch aus der Vielfalt der vorgeschriebenen Normen und Werte jene aus, mit denen man leben kann. So verhalten sich die meisten Menschen. Sie können im Privatleben anständige Bürger sein; dort aber, wo es von mächtigen Autoritäten verlangt wird, funktionieren sie als grausame Inquisitoren, Geheimpolizisten, Soldaten oder gehorsame Glieder paramilitärischer bzw. terroristischer Cliquen. Diesen Menschen ist das Gewissen allenfalls Sprachrohr eines externalisierten Überichs. „Mein Gewissen ist Adolf Hitler!" sagten viele Nazis.

Die entwickelte Form des Gewissens nennen wir *autonomes Gewissen.* Das autonome Gewissen gibt sich seine Gesetze selbst, natürlich nicht spontan, sozusagen aus eigener Quelle, sondern nach dem Vorbild der Eltern bzw. nach dem ihres Überichs. Ihr *inneres Gesetz* „erfüllt sich mit dem gleichen Inhalt, es wird zum Träger der Tradition, all der zeitbeständigen Wertungen, die sich auf diesem Wege über Generationen fortgepflanzt haben" (Freud 1932, S. 73). Das folgsame oder autoritätsgebundene Gewissen dagegen richtet sich nach dem, was *man* gerade tut, nach dem Zeitgeist, über den Goethe sagte:

> Was ihr den Geist der Zeiten heißt,
> Das ist im Grund der Herren eigner Geist,
> In dem die Zeiten sich bespiegeln.

Der Mensch mit einem autonomen Gewissen aber wird Cicero zustimmen, der einst sagte: „Mein Gewissen bedeutet mir mehr als aller Leute Gerede." Nicht immer freilich kann man alles, was Menschen mit einem autonomen Gewissen tun oder unterlassen, gut heißen. Ich erinnere an das, was ich im vierten Kapitel über Gesinnungs- und Verantwortungsethik sagte. Man muß verantworten können, welche Folgen das eigene Tun oder Lassen hat; d. h. man muß eine vernünftige Antwort geben können, warum und wozu man sich in einer gegebenen Situation so oder anders verhalten hat.

Aus dem, was ich hier schreibe, geht hervor, daß ich das Gewissen weder für Gottes Stimme halte, wie viele religiöse Menschen, noch wie Kant (1797, A102) „als subjektives Prinzip einer vor *Gott* seiner Taten wegen zu leistenden Verantwortung" betrachte. Das Gewissen bildet sich vielmehr soziogenetisch und psychogenetisch heraus. Soziogenetisch werden die Gebote und Verbote des Gewissens von den normsetzenden Gruppen der Gesellschaft auferlegt, dann von den Massen selektiv rezipiert und ihren Lebenswelten angepaßt. Wie das geschieht, welche soziopsychischen Abwehr- und Anpassungsmechanismen hierbei angewendet werden, hat Heinz Kittsteiner in seiner mentalitätshistorischen Studie *Die Entstehung des modernen Gewissens* (1991) vor allem im Hinblick auf das lutherische Deutschland differenziert und einsichtig dargelegt. Was Pädagogen nachdenklich stimmen kann, ist die Tatsache, daß Gewissenspredigten, gleichgültig ob sie religiös, philosophisch oder sozial begründet werden, in allen Zeiten nur äußerst geringe Erfolge hatten. Zuwenig beachten die Prediger die Schwächen der menschlichen Natur, die dazu führen, daß die Ethik solange vergeblich predigt, solange sich die Tugend nicht schon auf Erden lohnt (Freud 1930, S. 504). Vielleicht können Erkundungen über die Genese des Gewissens einige Hinweise geben, wie der „leisen Stimme des Intellekts" ab und zu in Fragen der Ethik Gehör verschafft werden kann. In einem Brief an Oskar Pfister vom 24. 2. 1928 wies Freud die Forderung, die Wissenschaft solle eine Ethik herstellen, als *unbillig* zurück: „die Ethik ist eine Art Fahrordnung für den Verkehr unter Menschen" – mehr nicht. Das ist eine Tatsachenfeststellung, kein Imperativ. An die Möglichkeit einer universell gültigen Moral glaubte Freud nicht. Man kann also diesen Satz nicht so auslegen, als ob er für die Herstellung eines gleichsam kybernetischen Systems der Ethik gewesen sei. Freud meinte vielmehr – so interpretiere ich ihn –, man sollte über die sittlichen Fähigkeiten der Menschen bescheidener und realistischer denken als all die Sinnstifter und Weltverbesserer. Es wäre schon viel erreicht, den Forderungen des Tages (und nicht der Ewigkeit) genügende „Fahrordnungen" bzw. *Moralen* zu entwerfen und diese immer wieder den sich ändernden Verhältnissen so anzupassen, daß Menschen eine brauchbare Orientierungshilfe erhalten, sich im Umgang miteinander so wenig Leid und Unrecht wie möglich anzutun.

Soll eine solche Fahrordnung verinnerlicht werden, muß man wissen, wie diese zum Gewissen werden kann. Das ist nur durch die Erfahrung guter Objektbeziehungen möglich. Das Gewissen, hier als *inneres Muß* verstanden, entwickelt sich aus dem Liebeszwang. Das Kind ist auf die Liebe seiner Eltern angewiesen. Früh entdeckt es, daß die Milchquelle der Mutter nicht immer fließt; daß der Vater nicht immer seine Hand bereit hält, damit man an ihr laufen lernt; daß auch Eltern müde und überfordert sein können und sich dem Kinde entziehen. Dann muß es etwas tun, um sie wieder zu gewinnen. Es muß *lieb sein.* Das heißt in der Kinderzeit meist: *folgsam sein.* Sehr früh erweist sich, daß die Liebe nicht nur das *Schönste* ist, was es gibt, sondern auch etwas sehr *Schwieriges,* wenn man sie behalten will. Deshalb meine ich, daß Liebeszwang zur Gewissensbildung führt, wobei der Liebeszwang mit der *Strafangst* eng verlötet ist, denn die größte Strafe, die es für das Kind gibt, ist die, verlassen zu werden. Das gilt in gewisser Weise auch für Erwachsene. Sie wissen, daß Trennungen unvermeidlich sind, daß dichte Nähe bedrückend werden kann; aber wenn sie sich trennen, dann wollen sie einander doch gern ohne Ressentiments wiederbegegnen können. Diese Absicht vermag ihr Gewissen wach zu halten.

Zwei Beispiele zur Gewissensbildung möchte ich geben. Das eine zeigt, wie ich die Gewissensbildung bei einem kleinen Jungen beobachtete; das zweite, wie ich in einer bestimmten Situation mit dem Gewissen meiner Schülerinnen umging.

Das erste Beispiel: Ich war zu Besuch bei einem alten Freund meines Vaters. Seine Tochter war mit ihren zwei Kindern, einem zweijährigen Jungen und einem etwa halbjährigen Mädchen, anwesend. Sie gab dem Säugling die Brust. Dem kleinen Jungen stiegen die Tränen in die Augen. Man sah ihm seine Eifersucht, seinen Neid an. Hilfe suchend schaute er mich an und sprach beschwörend: „Schwesterchen ist lieb! Schwesterchen ist lieb!" Dabei liefen ihm die Tränen über die Wangen. Es kostete ihn viel Mühe, die Eifersucht und den Haß gegen das Schwesterchen, das ihn von der Mutterbrust verdrängt hatte, zu bekämpfen. Aber er tat es, denn er fürchtete, die Liebe seiner Mutter, von der er in seiner Vorstellung schon so viel der Schwester abtreten mußte, ganz zu verlieren, würde er seinen ablehnenden Gefühlen nachgeben. Noch spielte sich der Widerstreit seiner Emotionen, der Kampf gegen seinen Geschwisterneid nicht ganz in seinem Inneren ab. Die Mutter war ihm während des Stillens unzugänglich. Sie war dem Säugling zugewandt. Er fühlte sich von ihr verlassen. Er wußte, wie er sich verhalten mußte, um sie wieder zu gewinnen. Aber er wußte nicht, ob er so lange durchhalten konnte. Da suchte er in mir ein anderes gutes Objekt, das ihn bestätigen und unterstützen sollte. Einige Augenblicke lang war ich sein Hilfsich. Ernst und lieb erwiderte ich seinen Blick. Bald beruhigte er sich.

Dieses Beispiel bietet mir Gelegenheit, auf den Zusammenhang von *Überich und Zeit* hinzuweisen, den Hans Loewald 1962 behandelt hat. Psychische Strukturen, so schreibt er, sind ihrem Wesen nach zeitlich. Sie existieren in der Zeit und entwickeln sich in ihr. Aber es geht bei diesem Zeitbegriff um psychische Zeit, nicht um ein lineares Kontinuum von Dauer oder vom Ablauf der Ereignisse im physikalischen Sinn von Zeit und Raum. Psychische Zeit setzt vielmehr „eine aktive Beziehung zwischen den zeitlichen Modalitäten Vergangenheit, Gegenwart und Zukunft voraus" (a. a. O., S. 36). Psychische Vergangenheit spielt sich in der Gegenwart ab. Der kleine Junge will *jetzt* Wiederherstellung der Mutter-Kind-Dyade. Sein noch schwaches Ich klärt ihn darüber auf: „Dort, wo ich sein möchte, befindet sich jetzt das Schwesterchen". Sein Überich weist ihn in die Zukunft: „Wenn Du jetzt lieb bist, wird sich die Mutter Dir bald wieder zuwenden und Dich in ihre Arme nehmen." Die Zeitform des Ichs ist die Gegenwart, die des Überichs die Zukunft. Aber das Überich repräsentiert auch das Es, nicht nur mit seiner Aggressivität in seinen Geboten und Verboten, sondern auch mit seinen Verlockungen (a. a. O., S. 40f.). Es verspricht dem Kind bei Wohlverhalten die Wiederkehr des *Golden Zeitalters*. Im Sinne der psychischen Zeit ist die Beziehung zwischen Ich und Überich eine Wechselbeziehung zwischen psychischer Gegenwart und psychischer Zukunft; ihr heimliches Substrat ist das Es.

Inzwischen ist der kleine Junge ein erwachsener Mann geworden und hat vermutlich begriffen: *„die Absicht, daß der Mensch ‚glücklich' sei, ist im Plan der ‚Schöpfung' nicht enthalten.* Was man im strengsten Sinne Glück heißt, entspringt der eher plötzlichen Befriedigung hoch angestauter Bedürfnisse und ist seiner Natur nach nur als episodisches Phänomen möglich" (1930, S. 434).

Das zweite Beispiel: Ich trat eines Tages in meine Klasse. Wie schon gesagt, war ich damals, biopsychisch gesehen, meinen Schülerinnen gleichaltrig. Kurz nach der Begrüßung meldete sich ein Mädchen – Tochter von Bekannten meiner Eltern. Als ich ihr das Wort gab, sprach sie: „Herr Gottschalch, ich will Ihnen nur sagen, daß wir keinen Respekt vor ihnen haben." Die Klasse schaute mich überrascht und erwartungsvoll an. Abgesprochen war das also nicht. Es handelte sich vielmehr um eine Mutprobe, die sich die Schülerin selber auferlegt hatte. Ich schaute sie ebenfalls überrascht, aber ruhig an und antwortete ihr: „Das ist schade. Ich habe nämlich Respekt vor Euch. *‚Respekt haben' heißt Rücksicht nehmen*". Mehr sagte ich nicht. Die Schülerin errötete und setzte sich. Die Konfrontation war überstanden. Die Spannung in der Klasse löste sich, und der Unterricht begann.

Was war hier geschehen? Die Schülerin war von ihren, wie mir bekannt, strengen Eltern zur Folgsamkeit erzogen. Ihr Vater saß als früherer Nazi – später wurde er SED-Mitglied – in einem russischen Straflager. Sie mußte sich von einem jungen Lehrer, der noch nicht einmal studiert hatte und auch sonst nicht dem Bild entsprach, das sie von Autoritätspersonen hatte, unterrichten lassen. Das kränkte sie und brachte sie zugleich in einen Loyalitätskonflikt. Hinzu kamen vielleicht noch unbewußte sexuelle Unterströme. Dem Alter nach war ich ja ein potentieller Geschlechtspartner für sie. Jedenfalls fühlte sie sich herausgefordert. Waren ihre Werte und meine Werte die Gleichen? Konnte sie sich mit mir in eine relativ desexualisierte und deaggressivierte Beziehung einlassen? Das mußte sie erproben. Mit meiner Bemerkung machte ich ihr und der Klasse ein Identifikationsangebot, handelte ich als Hilfs-Ich. Ich zeigte ihnen, daß Respekt auf Gegenseitigkeit beruht und nicht auf einer einseitigen Beziehung von unten nach oben.

Von Psychoanalyse wußte ich damals noch nichts. Ich weiß auch nicht, was ich getan hätte, wenn mir nicht eingefallen wäre, was das Wort Respekt eigentlich bedeutet. Auch gelangen mir nicht immer solche Lösungen. Immer wieder gab es Schülerinnen und Schüler, Studentinnen und Studenten, deren antisoziale Tendenz (s. Kap. 12) so stark war, daß ich an ihnen scheiterte. Aber auch dann ging ich mit ihnen so rücksichtsvoll wie möglich um. Das hat dann wenigstens den anderen und mir geholfen.

7. Liebe, Haß und Schuldgefühl

„Die Macht der Liebe, in der sich die lebenserhaltenden Kräfte offenbaren, ist in dem Kind ebenso vorhanden wie die destruktiven Regungen. In der Verbindung zur Mutterbrust, aus der sich die Liebe zur Mutter als Person entwickelt, findet sie ihren elementaren Ausdruck. Ich bin durch meine psychoanalytische Arbeit zu der Überzeugung gelangt, daß immer, wenn im Kind Konflikte zwischen Liebe und Haß entstehen und die Befürchtung, das geliebte Objekt zu verlieren, aktiv werden, ein sehr wichtiger Entwicklungsschritt gemacht ist. Zu der Liebesempfindung treten nun Gefühle von Schuld und Verzweiflung als neues Element hinzu. Sie werden zu einem Bestandteil der Liebe, die sie nach Qualität und Quantität tiefgreifend beeinflussen.
Schon beim Kleinkind kann man Besorgnis um den geliebten Menschen beobachten, die nicht nur, wie man meinen möchte, Zeichen der Abhängigkeit von einer freundlichen und hilfreichen Person ist. Neben den destruktiven Impulsen im Unbewußten des Kindes wie des Erwachsenen besteht ein großer Drang, Opfer zu bringen, um geliebte Menschen, die in der Phantasie beschädigt oder zerstört worden sind, wieder ganz zu machen und ihnen zu helfen. In der Tiefe ist das Verlangen, Menschen glücklich zu machen, verknüpft mit einem ausgeprägten Gefühl der Verantwortung für und der Sorge um sie. Es offenbart sich in einem echten Mitgefühl mit anderen Menschen und in der Fähigkeit, sie so zu verstehen, wie sie sind und fühlen".
Melanie Klein, Liebe, Schuldgefühl und Wiedergutmachung, 1937, S. 113f.

Das Hin und Her von Liebe und Haß

Das menschliche Leben beginnt mit einer herben Enttäuschung. Dem Fötus wird es im Mutterleib zu eng. Es drängt ihn hinaus ins Freie. Das gelingt, und aus dem Fötus wird ein Säugling, ein kleiner Mensch, der in eine Welt gerät, in der er zuerst Atemnot und Kälte empfindet. Er reagiert darauf mit Schreien, entleert Blase und Darm ihres Inhalts. Ein starkes Angstgefühl überfällt ihn, worauf er mit maßloser und ungerichteter Wut antwortet. Kann man von *Urhaß* reden? Wenn es gut geht, wird das Baby von seiner Mutter mit Wärme empfangen, zuverlässig gehalten, gepflegt und genährt. Erschöpft schläft es an ihrer Brust ein. Wacht es auf, verlangt es nach ihr als seinem ersten Wunschobjekt.

Aber wie geht es der Mutter? *Mutterliebe* ist nicht so selbstverständlich, wie sie von vielen erwartet und gefordert wird. Zumindest beim ersten Kind ist die Mutter noch ziemlich unsicher. Mit bangem

Hoffen erwartet sie es. Hat sie sich überhaupt das Kind gewünscht, oder ergab sie sich einfach ihrem Schicksal? Und was meint der Kinderwunsch alles? Janine Chasseguet-Smirgel (1986, S. 37) nennt ihn den „am wenigsten menschlichen Wunsch". Als ich dies das erste Mal las, war ich überrascht, aber beim Nachdenken fiel mir einiges ein, was mich ihr zustimmen läßt: Den Drang, uns fortzupflanzen, haben wir mit allen Tieren gemeinsam. Der ist also nicht spezifisch menschlich. Fragen, ob sie leben und uns als Eltern haben wollen, können wir unsere Kinder auch nicht. Nicht einmal hinreichend für ihre Zukunft vermögen wir zu sorgen. Und wie muß es sie belasten, wenn wir die unerfüllten Wünsche unserer Eitelkeit an sie delegieren! Nein – besonders rücksichtsvoll ist der Kinderwunsch nicht. Da kann es einer Mutter schon unheimlich werden, wenn sie ihr Neugeborenes im Arme hält. „Werde ich eine gute Mutter sein und mein Kind lieben können?" mag sie sich dann fragen.

Als ich nach den Niederlanden kam, lernte ich in Vught die mir bis dahin unbekannte Sprache unseres Nachbarvolkes. Täglich konversierte ich zwei Stunden mit einer alten Dame. Von ihr erfuhr ich viel über die bürgerlich-katholische Lebenswelt, aus der sie kam. Mit achtzehn Jahren hatte sie geheiratet. Von den Mühen der Schwangerschaft und den Schmerzen des Gebärens wußte sie noch nichts. Neun Monate nach dem Hochzeitstag kam ihr erster Sohn zur Welt. „Bringen Sie den Jungen bloß weg! Der hat mir so weh getan", rief sie spontan aus, als ihr die Hebamme den Kleinen zeigte. Sie wurde später dennoch eine gute Mutter. Aber leicht fiel es ihr nicht. Eine andere Schwierigkeit tritt auf, wenn die mehr oder weniger verständlichen, aber doch eitlen Wünsche der Mutter nicht in Erfüllung gehen, statt des begehrten Jungen ein Mädchen geboren wird oder auch umgekehrt, oder das Kind nicht so schön und makellos ist, wie gewünscht. Bruno Bettelheims Mutter soll bei seiner Geburt geschrien haben: „Gott sei Dank, es ist ein Junge!" Das kann vieldeutig interpretiert werden. Bettelheim, der wohl ein problematischeres Verhältnis zu seiner Mutter hatte als zu seinem Vater, bezog diesen Ausruf auf sein, wie er meinte, häßliches Aussehen, an dem er sein Leben lang litt (Sutton 1996, S. 67f.). Ich kam mit einer kleinen Platzwunde am Schädel zur Welt. Meine Mutter erzählte mir, daß sie, als ich ihr das erste Mal mit einem Kopfverband gezeigt wurde, sagte: „Das ist nicht mein Kind. Mein Bub hat kein Loch im Kopf!" Sie konnte mir das unbefangen mitteilen, denn ich war ihrem Selbstverständnis nach ihr „Wunschkind" – allerdings eines, von dem sie Erfüllung ihrer Wünsche erwartete. Wie auch immer, die Gefühle der Mutter für ihr Kind – sicher für ihr erstes – sind ambivalent. Winnicott meint sogar, die Mutter hasse ihren Säugling von Anfang an (1947, S. 87). Er nennt eine ganze Reihe von Gründen hierfür, die durchaus einsichtig sind. Warum sollte auch kein Haß in einem aufkommen, wenn man so rücksichtslos ausgebeutet wird wie eine Mutter von ihrem Säugling? Winnicott zeigt nicht nur tiefes Verständnis dafür, daß die Mutter das Baby haßt, sondern hält diesen Haß auch für nötig. Ohne ihn könnte das Kind das ganze Ausmaß seines eigenen Hasses nicht ertragen. „Es braucht Haß, um zu hassen" (a. a. O., S. 89). Anders gesagt: Der Haß der Mutter auf das Kind mindert die Schuldgefühle, an denen es wegen seines Hasses auf die Mutter leidet. Aber die Mutter haßt nicht nur das Baby, vielmehr ist das Bemerkenswerteste an ihr „ihre Fähigkeit, sich von ihrem Baby so verletzen zu lassen und so sehr zu hassen, ohne es dem Kind zu spüren zu geben, und ihre Fähigkeit, auf spätere Belohnungen zu warten, die eintreffen werden oder auch nicht" (ebd.). Es ist jedenfalls nicht leicht, eine hinreichend gute Mutter zu werden und zu sein. Sie muß ja nicht nur ein Verhältnis zu dem kleinen Kind finden, sondern auch ein neues zu dessen Vater. Manche Frauen versuchen heute, die damit verbundenen Schwierigkeiten zu umgehen, indem sie sich vornehmen, ihr Kind allein aufzuziehen. Aber dann treten andere Schwierigkeiten auf. Ich meine, Mutter und Kind brauchen einen nahen Menschen, der sie dazu verlockt, sich aus ihrer Zweieinheit zu befreien. Anders geraten sie in eine schmerzliche Haß-Liebe zueinander, die schließlich auf gegenseitigen Seelenmord hinausläuft.

In seinem Kommentar zu dem hier zitierten Aufsatz weist Jochen Stork (1997, S. 56) auf das hin, was Winnicott vernachlässigt, „daß nämlich der Haß der Mutter auf ihr Baby in hohem Maße durch die Individualität und die Individuation des Säuglings – von seinen Eigenheiten und Besonderheiten, die es wie seine Persönlichkeit verteidigt – hervorgerufen wird. Es ist die Individuation, die durch den Haß der Mutter und die daraus resultierenden primären Identifizierungen entscheidende psychopathologische Verformungen und Entgleisungen erfahren kann und oft am Anfang krankhafter Entwicklungen steht" (vgl. auch Stork 1991). Einen ähnlichen Haß findet man auch bei vielen Vätern, Erziehern und Lehrern. Sie wollen das Beste für ihren Nachwuchs, aber sie wollen ihn nach ihren eigenen Vorstellungen formen und verweigern ihm so die Entwicklung eines eigenen Selbst.

Nein ist das erste selbstbestimmte Wort, das Kinder sagen. René Spitz (1957, S. 83) bezeichnet die Nein-Geste als die „auffälligste intellektuelle und semantische Leistung der Frühkindzeit. Sie spielt in den Beziehungen des Kindes zu seiner Umwelt eine große Rolle. Und, was wichtiger ist, sie ist das manifeste Signal dafür, daß das Kind die Urteilsfunktion ausübt. Sie ist wahrscheinlich die erste Errungenschaft des mimischen und sprachlichen Symbols eines abstrakten Begriffs". *Die Fähigkeit, nein zu sagen, ist also eine wertvolle Errungenschaft.* Nach Auffassung vieler Erzieher sollen sie jedoch lernen, zu den unmöglichsten Zumutungen, die ihnen aufgedrängt werden, „ja" zu sagen.

In seiner *Ansprache zu Schulbeginn* hat Erich Kästner (1949-1952, S. 180) das so ausgedrückt: „Früchtchen seid ihr, und Spalierobst müßt ihr werden! Aufgeweckt wart ihr bis heute, und einwecken wird man euch ab morgen! So, wie man's mit uns getan hat. Vom Baum des Lebens in die Konservenfabrik der Zivilisation, – das ist der Weg, der vor euch liegt. Kein Wunder, daß eure Verlegenheit größer ist als eure Neugierde". Die Ursache ist natürlich – vielmehr gesellschaftlich – die Tatsache, daß bereits diesen Erziehern weitgehend Individuation versagt wurde. Nun erlegen sie ihren Zöglingen das gleiche Schicksal auf. Soviel über den Haß der Mütter und der anderen Erzieher auf ihre Kinder.

Winnicott lehnt die These ab, daß das Seelenleben des Kindes mit dem Urhaß beginnt. Seiner Auffassung nach setzt die Fähigkeit zu hassen, bereits eine frühe psychische Integration voraus. Er schreibt: „Es gibt immer ein theoretisch früheres Stadium, in dem alles, womit der Säugling Schmerz zufügt, nicht im Haß getan wird" (ebd.). Für die Beschreibung diese Stadiums hat er den Ausdruck *erbarmungslose Liebe* benutzt. Für mich ist dieser Ausdruck annehmbar. Die maßlose und ungerichtete Wut des Säuglings wird erst dann zum Haß, wenn der Säugling fähig wird, sich als ganze Person zu fühlen und die Mutter ebenfalls als Person wahrzunehmen. Sie ist für ihn das erste Objekt der Wunscherfüllung, das er durch und durch selbstsüchtig liebt. Ähnlich geht er auch mit den anderen Objekten der Außenwelt um. Diese sind für das Baby entweder lustspendend – also gut, oder leidbringend – also bös. Da die Mutter der erste Mensch ist, der dem Säugling Lust spendet, aber auch verweigert, ist sie zugleich Liebes- und Haßobjekt. Das kleine Kind hat die Mutter nötig, aber die Mutter braucht nicht unbedingt das Kind. Der Mutter gegenüber wird sich der Säugling von Allmachts- und Ohnmachtsgefühlen hin- und hergerissen fühlen. Mal genügt die Zauberkraft des Schreis, und der Säugling wird an die Brust gelegt und gestillt, mal schreit er, und die Mutter läßt ihn *eine Ewigkeit* – physikalisch gesehen, mögen das vielleicht wenige Minuten sein – warten. So erlebt das Baby die Mutter abwechselnd als gute Brust und als böse Brust. Aus der guten Brust wird die *gute* Mutter, aus der bösen Brust die *böse* Mutter. Mal repräsentiert die Mutter die schützende Madonna, mal die vernichtende Hexe. Es dauert lange, bis diese Vorstellungen sich allmählich zum Bild der realen Mutter verbinden. Und vielen Menschen gelingt diese Vereinigung der beiden Bilder nie.

Ein großer Anteil der Frauenfeindschaft der Männer und des Selbsthasses der Frauen ist wohl darauf zurückzuführen, daß wir in der ersten Phase unserer Entwicklung auf Leben und Tod von unseren Müttern abhängig sind. Diese gänzliche Abhängigkeit erlebt das Kind nur zu oft als schwere narzißtische Kränkung, auf die es zuweilen mit rasender Feindseligkeit reagiert. So gerät es in einen Teufelskreis von Zerstörung und Angst. Es möchte die Mutter vernichten, verschlingen. Aber es kann ohne die Mutter nicht leben und fürchtet die endgültige Trennung von ihr. Weil es die Mutter haßt, fühlt sich das Kind als böse. Das Böse in sich vernichten, heißt in diesem Alter noch: sich selbst vernichten. Es möchte von seiner Bosheit nicht zerstört werden, also bleibt ihm nichts anderes übrig, als das eigene Böse auf die Mutter, später auch auf den Vater und andere Menschen zu projizieren und in ihnen zu bekämpfen. Dabei findet schrittweise eine problematische Erweiterung des Selbst zum Wir statt. Die Mutter, der Vater, die Familie, die Kirche, die Nation, die Partei oder Bewegung verschmelzen gleichsam mit dem Selbst zu Pseudogemeinschaften, in denen die Individualität weitgehend verloren geht. Diese schließen das Andere nicht nur aus, sondern erklären es in Krisenzeiten zum Feind, der ausgemerzt werden muß (Carl Schmitt 1932).

Die andere Lösung wäre, das eigene Böse, die eigene Destruktionsneigung anzuerkennen und zu verurteilen. Die *Verurteilung* bzw. die

Verneinung ist etwas anderes als die Verdrängung und die anderen Abwehrmechanismen. Bei der Verdrängung bleibt das Verdrängte unbewußt wirksam. Auch bei der Verurteilung bleiben die Triebimpulse lebendig, aber sie werden, da bewußt, kontrollierbar und müssen nicht ausagiert, sondern können z. T. sublimiert werden. Währenddessen die Verdrängung das Ich schwächt, wenn die tabuierten Objekte immer zahlreicher und bedrohlicher werden, stärken der Gebrauch der Urteilskraft und die gelungenen Sublimierungen das Ich.

Schuld, Trauer und Wiederherstellung

Freud betrachtete das Überich als Erben des Ödipuskomplexes, das sich durch Verinnerlichung der elterlichen Gebote etwa zwischen drei und fünf Jahren bildet. Melanie Klein (1933, 1945) setzt die Entstehung des Überichs früher an als Freud. Sie betont, daß das Überich nicht so sehr den Werten der realen Eltern entspricht als den Vorstellungen, die das Kind von ihnen hat. Sie erklärt das phantastische Bild des Kindes von seinen Eltern mit der panischen Angst, die es vor allen erdenklichen Angriffen hat, und der Stärke der gegen sie gerichteten verdrängten aggressiven Impulse (1933, S. 9). Die Gewaltsamkeit des frühen Überichs stellt in ihren Augen „ein Produkt äußerst intensiver Destruktionstriebe" dar, das „neben einem gewissen Maß an libidinösen zugleich sehr große Quantitäten aggressiver Strebungen enthält" (a. a. O., S. 10). Béla Grunberger (1972, S. 69) unterscheidet ein frühes Überich vom „ödipalen" Überich im Sinne Freuds. Er betont vor allem die tiefreichenden *triebhaften* prägenitalen und narzißtischen Quellen. Mir erscheinen seine *Gedanken zum frühen Über-Ich* deshalb besonders interessant, weil er in ihnen – *nach Auschwitz* – das Überich in seiner frühen Gestalt auch als kollektives Phänomen beschreibt. Er erinnert (a. a. O., S. 70) „an die Bedeutung des ‚Was werden die Leute sagen?', an den Druck der öffentlichen Meinung, aber auch an die für das frühe Über-Ich bestehende Notwendigkeit, sich in das kollektive Über-Ich einzufügen, die eine sehr komplexe dialektische Situation erzeugt", auf die ich im Kapitel 12 zurückkommen werde. Ob das Kind sich wirklich aus „seinem pränatalen Paradies" vertrieben fühlt, lasse ich hier dahingestellt. Einsichtig ist mir, daß es alle Versagungen und Traumen, die es erleidet, seiner Mutter zur Last legt, „die infolge eben dieser Konfliktbildung als Objekt in Erscheinung tritt; das erste Objekt wird in Haß geboren, sagt Freud. Der Haß des Kindes hat intestinale, anale Auswirkungen, da er sich ... von der fötalen nutritiven, kannibalistischen Funktion herleitet, die ihre dynamische Kraft der durch Frustration geweckten Aggressivität überträgt" (a. a. O., S. 73f.). Grunberger folgt hier Ernst Simmel (1944), der „die Hypothese von der Existenz einer libidinös gastro-intestinalen", d. h. Magen und Darm betreffenden „Organisation" formulierte, die zeitlich noch vor der oralen Phase gelegen sei. „Er sah in dieser Organisation die Ursprungsstätte der emotionalen Manifestation der verschlingenden Tätigkeit des Verdauungstraktes" (ebd.). Das erinnert wieder an die widerspruchsvolle Verknüpfung von Liebe und Haß. Was das kleine Kind liebt, möchte es verschlingen. Damit aber droht es, das geliebte Objekt zu vernichten. Ist nicht der Liebesbiß ein Abkömmling des frühkindlichen Kannibalismus? In einem Weihnachtslied meiner Heimat heißt es übrigens vom Nußknacker und seiner Liebe zu seiner (Pfefferkuchen-)Frau: „und hat sie auch zum Fressen gern".

Der *Verschlingungstrieb* ist eine Frühform des kindlichen Trieblebens. Dieses geht nie ganz verloren. Auch der reife Erwachsene bewahrt sich viel von der polymorphen Perversität des Kindes. Wäre das nicht so, gäbe es keine Eßkultur, keine Sexualkultur usw. Wie menschenfreundlich eine Kultur ist, scheint auch davon abzuhängen, in welchem Verhältnis unbewußte Abwehrmechanismen wie Projektion, Verdrängung, Verleugnung u. a. zu den Sublimerungsmöglichkeiten stehen. Dieses Verhältnis ist immer labil; schnell kann gesellschaftlich anerkannte Sublimierung in Grausamkeit umschlagen. Darauf verweist Ernst Simmel in *Antisemitismus und Massen-Psychopathologie (1946)*. In ihm erklärt er den Judenhaß zum Teil mit Hilfe des destruktiven Verschlingungstriebes, dem er den erotischen Liebestrieb entgegensetzt: „Nicht nur unsere Urahnen waren Kannibalen; wir alle treten ins Leben mit dem Trieb, nicht nur Nahrung, sondern alle Objekte, die uns Versagungen auferlegen, zu verschlingen. Bevor das kindliche Individuum die Fähigkeit zu lieben erwirbt, wird es von einer primitiven Haßbeziehung zu seiner Umwelt beherrscht. In diesem Stadium dient die Neigung, das Objekt zu verschlingen, nicht nur dem Prinzip der physischen, sondern auch dem der psychischen Selbsterhaltung. Aggressive Destruktion ist der primitive Vorläufer des psychischen *Verdrängungs*-Vorgangs. In dem Wunsch, sich das Objekt einzuverleiben, ist der Wunsch enthalten, dieses Objekt durch Assimilation mit dem Ich der bewußten Wahrnehmung zu entziehen. Der Psychotiker hört auf, das Objekt zu lieben, er liebt nur noch sich selbst. Die objektgerichtete Libido wird in narzißtische Ich-Libido umgewandelt. Der Überfluß an narzißtischer Selbstliebe erklärt die megalomane Haltung des Psychotikers, die es ihm möglich macht, seine Niederlage im Kampf mit der Realität zu verleugnen" (a. a. O., S. 65f.).

Eine Sublimierung des Kannibalismus sieht Simmel in der Heiligen Kommunion. In der Tat gilt den Gläubigen die Hostie als Christi Leib und Blut. Simmel vermutet, „daß die christlichen Judenhasser die Juden eines Verbrechens bezichtigen, das sie selbst begangen hatten. Indem sie den Juden beschuldigten, die Hostie durchstochen zu haben, so daß sie blutete, bezeugten die antisemitischen Christen lediglich, daß die Hostie in ihren Augen den wirklichen Leib Christi bedeutete. Daß sie bluten kann, wenn ein Jude sie durchsticht, zeigt, daß die Hostie für den Antisemiten nicht zu einem allegorischen Symbol geworden ist, sondern noch immer versinnbildlicht, daß Christus lebt. So beschuldigt der Antisemit den Juden, er wiederhole das archaische Verbrechen des Vatermordes vor seinen Augen: Er beschuldigt den Juden des Verbrechens, das er selbst unbewußt begeht, indem er die Hostie verzehrt. Dieser Akt der Einverleibung bietet ihm die Möglichkeit zur Abfuhr seiner haßerfüllten Verschlingungstendenz und setzt ihn instand, sich liebevoll mit Christus zu identifizieren" (a. a. O., S. 79).

Nun kann man gegen diese Argumentation einwenden, die Nazis hätten ihren Antisemitismus ja nicht religiös, sondern rassistisch begründet. Das stimmt, aber der Antisemitismus ist wie jede Psychose überdeterminiert. Nicht aus der Rassenlehre, an die keineswegs alle Nazis glaubten („Wer Jude ist, bestimme ich", so Göring) sondern aus dem traditionellen, religiös begründeten Judenhaß hat der Antisemitismus seine massenbewegende Kraft geschöpft. Diese verlieh ihm Schubkraft. Er lähmte auch die Hilfe der Alliierten für die verfolgten Juden. Indem die Massen die Juden mit *Wut im Bauch* hassen durften, erlaubte man ihnen eine *verhängnisvolle Regression im Dienste des Kollektivs.*

Wie Ernst Simmel (a. a. O., S. 88f.) bin ich der Auffassung, daß man gegen den Antisemitismus zwei Programme realisieren muß, die ich freilich etwas anders formuliere als er. Kurzfristig geht es darum, antisemitische Taten als Verbrechen hart zu verfolgen. Allerdings kommt es beim Strafvollzug darauf an, die Würde des Täters wiederherzustellen. Langfristig gesehen, muß alles getan werden, radikal gegen die Ursachen des Antisemitismus vorzugehen. Dazu gehört nicht nur Aufklärung, sondern vor allem die Schaffung von Sozialisationsbedingungen und eine Erziehung, die den Heranwachsenden bei ihrer Individuation hilft, sie also darin unterstützt, ein starkes Ich mit einem gut integrierten Überich zu entwickeln; denn nur relativ ichstarke Menschen können sich gegen den Sog jenes kollektiven Narzißmus schützen, der zu destruktiven Massenausbrüchen zu verführen vermag. Hierzu ist zuerst Arbeit notwendig, die den Menschen das Gefühl gibt, für andere nützlich und unentbehrlich zu sein; nach Möglichkeit sollte das Arbeit sein, die sie libidinös besetzen können. Schließlich bedarf es auch der Entwicklung der Fähigkeit und Möglichkeit, sein Leben genießen zu können (siehe Kap. 13). Es sei darauf hingewiesen, daß sich für Freud (1917, S. 476) der Unterschied zwischen „nervöser Gesundheit und Neurose" – eine sozusagen „totale" Gesundheit konnte er sich als realistischer Arzt nicht vorstellen – danach bestimmt, „ob der Person ein genügendes Maß von Genuß- und Leistungsfähigkeit verblieben ist".

Antisoziale Tendenzen (siehe Kap. 12) entwickeln sich ja nicht nur, wo materielle Armut herrscht, sondern auch dort, wo die Menschen das, was sie anderen schulden, nicht mehr wiedergutmachen können. So erkläre ich mir das Wachstum antisozialer Tendenzen in Überflußgesellschaften auch daraus, daß wir Schuldgefühle entwickeln, weil wir wissen oder doch mindestens ahnen, daß unser Wohlstand weitgehend auf der Not der Armen gründet, aber zu wenig tun (können), um auch ihnen zu einem anständigen Dasein, zu einem einigermaßen guten Leben zu helfen. Das führt zu der schrecklichen Konsequenz, daß viele, können sie die Armut schon nicht beseitigen, wenigstens die Armen verschwinden lassen wollen. Die Armen sollen ausgegrenzt, gettoisiert werden. Und werden es gar zu viele, nimmt man auch ihre Vernichtung hin.

Das könnte anders sein, und in der individuellen Entwicklung ist es auch oft anders. Das kleine Kind, das die Mutter in seiner erbarmungslosen Liebe bis zum letzten Milchtropfen leersaugt, entwickelt auch die Angst, sie zu verlieren. Es wechselt, um mit Melanie Klein zu sprechen, von der paranoiden zur depressiven Position. Melanie Klein (1935, S. 56) betont, daß sie von *Positionen*, nicht von Phasen spricht. Sie meint, daß diese Bezeichnung „die Unterschiede zwischen den entwicklungsbedingten psychotischen Ängsten des Kindes einerseits und den Psychosen der Erwachsenen andererseits „deutlicher ausdrückt" als die Begriffe ‚Mechanismen' oder ‚Phasen'". Sie denkt „dabei zum Beispiel an den raschen Übergang von Verfolgungsangst oder depressiven Gefühlen zu einer normalen Haltung – ein Übergang, der für das Kind ausgesprochen typisch ist."

Melanie Klein gehört zu jenen Psychoanalytikern, die Freuds Annahme eines Todestriebes ernst nehmen. Ihrer Auffassung nach kommt es zu einer Fusion des Todestriebes mit dem Lebenstrieb, die zum Sadismus führt. Sie schreibt (1933, S. 9): „Um zu verhindern, daß er durch den eigenen Todestrieb vernichtet wird, aktiviert der Organismus seine narzißtische oder selbstbezogene Libido; er drängt den Todestrieb nach außen ab und richtet ihn gegen seine Objekte". Aber die Externalisierung des Todestriebes gelingt nicht ganz. Es kommt zu einer Spaltung im Triebbereich der Psyche. Ein Teil richtet sich gegen das eigene Selbst. So erklärt sich die Gewalttätigkeit des frühen Überichs. Die Angst des kleinen Kindes kommt von seinen eigenen aggressiven Trieben. Diese werden auf seine eigenen Objekte projiziert, so daß sie dem Kind als grausame unerbittliche Verfolger erscheinen.

Das Kind befindet sich nicht immer in der paranoiden Position. Es erlebt die Mutter nicht nur als Verfolgerin, sondern auch als Nährerin und Pflegerin, und aus der lustvollen Bindung an die gute Brust entwickeln sich die Gefühle für die Mutter als Person. Freilich nimmt das Kind weiterhin jede Versagung seitens der Mutter sehr intensiv wahr, und gerät, wie Melanie Klein in dem Aufsatz *Entwöhnung* (1936, S. 6) schreibt, in einen Befriedigungs-Frustrations-Kreislauf, in dem jede Versagung als Beraubung empfunden wird. Dann haßt es die Mutter und wird böse. Aber neue Schuldgefühle erwachen in ihm. Das Kind fürchtet ihre Liebe zu verlieren und gerät in die *depressive Position.* Nach Melanie Klein bilden der „Kummer und die Sorge, die der gefürchtete Verlust seiner ‚guten' Objekte im Kind weckt – das heißt, die depressive Position ... nicht nur die tiefste Quelle der schmerzhaften Konflikte, die in der Ödipussituation auftauchen, sondern liegen sämtlichen Beziehungen des Kindes zu anderen Menschen zugrunde" (1940, S. 164f.).

Versöhnliche Eltern können dem Kind helfen, ihre guten Anteile zu verinnerlichen. Versöhnliche Eltern sind nicht identisch mit nachgiebigen Eltern. Anders als diese verraten jene ihre Normen und Werte nicht, aber sie verstoßen das Kind auch nicht, wenn es sie verletzt, sondern sie bieten ihm die Gelegenheit, das begangene Unrecht wiedergutzumachen, zu sühnen also, und sie besiegeln die Versöhnung mit einem Kuß, der im Niederländischen bezeichnenderweise *zoen* (gesprochen: suun) heißt.

Hier möchte ich eine kleine Erinnerung aus meiner Kindheit mitteilen. Ich war noch nicht drei Jahre alt. Es war Sonntag. Nur sonntags gab es bei uns zu Hause Semmeln mit Butter und Marmelade, sonst einfach Roggenbrot, mit Butter bestrichen. Ich wollte noch eine Semmel und bekam sie nicht. Da lief ich vor die Zimmertür und rief laut: „Krokodil, komm und friß meine Mutter!" Weder kam das Krokodil, noch gab meine Mutter nach. Aber zum baldigen Weihnachtsfest erhielt ich ein Krokodil mit aufziehbarem Uhrwerk. Dann bewegte es sich, klappte seine Schnauze auf und zu und spieh mit Hilfe eines Feuersteins auch noch Funken. Natürlich erinnerte ich mich an meine Drohung und stutzte einen Augenblick lang verlegen, bevor ich es gegen meine kleine Schwester richtete, die ängstlich in die Arme meiner Mutter flüchtete. Nicht immer reagierte meine Mutter auf meine Ungezogenheiten so humorvoll. Oft war sie für mich völlig unberechenbar. Aber mit einer Versöhnung endeten unsere Konflikte immer.

An diesem Beispiel läßt sich noch ein anderer psychischer Mechanismus deutlich machen, nämlich die *Scham-Schuld-Dialektik* (Wurmser 1981): Aus der Scham, in die mich meine Mutter einen Augenblick lang stürzte, rettete ich mich in die Aggression gegen meine Schwester und lud damit neue Schuld auf mich. Die Scham ist etwas, dessen man nicht Herr ist. Wer sich schämt, möchte am liebsten verschwinden. Aber Schuld läßt sich oft wiedergutmachen. Nicht immer ist Wiedergutmachung möglich, vor allem dann nicht, wenn das Opfer des Angriffs tot ist. Dann gibt es nur zwei Möglichkeiten: die Flucht in das Ressentiment (Wurmser 1987) oder aber die Wiederherstellung des verlorenen Objektes durch Trauerarbeit, die mit der Verinnerlichung seiner guten Anteile endet.

In diesem Buch habe ich nicht die Möglichkeit, den Komplex von *Trauer und Melancholie* (Freud 1916) ganz zu referieren und zu erörtern. Dafür möchte ich kurz auf Melanie Kleins Aufsatz: *Die Trauer und ihre Beziehung zu manisch-depressiven Zuständen* (1940) eingehen. Hier formuliert sie die Hypothese, daß „zwischen der Realitätsprüfung in der normalen Trauer", die zur schmerzlichen Einsicht führt, daß das gute Objekt nicht mehr existiert, „und den frühen Vorgängen der Psyche ein enger Zusammenhang besteht". Sie behauptet, daß die „frühe Trauer im späteren Leben durch jede leidvolle Erfahrung neu geweckt wird. Als wichtigste Methode, mit deren Hilfe das Kind seine Trauerzustände überwindet", betrachtet sie „die Realitätsprüfung; dieser Vorgang aber bildet ... ein Element der Trauerarbeit" (a. a. O., S. 163). Sie erklärt, „daß der Schmerz über den realen Verlust eines geliebten Menschen erheblich durch die unbewußte Phantasie des Trauernden intensiviert wird, auch seine *inneren* ‚guten' Objekte verloren zu haben. Er hat nun das Gefühl, daß seine inneren ‚bösen' Objekte alle Macht an sich gerissen haben und seine innere Welt auseinanderzubrechen droht. Wie wir wissen, weckt der Verlust eines geliebten Menschen im Trauernden das Bedürfnis, das verlorene Liebesobjekt im Ich wiederzuerrichten (Freud und Abraham). Meiner Ansicht nach aber nimmt er nicht die Person, die er soeben verloren hat, in sein Inneres auf (Reinkorporation), sondern stellt auch seine internalisierten guten Objekte (letztendlich seine geliebten Eltern), die seit seinen frühesten Entwicklungsphasen Teil seiner inneren Welt geworden sind, wieder her."

Nach der Shoah hat das Thema *Schuld, Trauer und Wiederherstellung* für uns Deutsche auch eine politische Dimension. Auf diese haben Alexander und Margarete Mitscherlich in ihrem Buch *Die Unfähigkeit zu trauern* hingewiesen. Um Hitler kann man sicher nicht trauern. Was sollte man von seiner narzißtischen Unausgefülltheit verinnerlichen? Da müßte man in Melancholie verfallen, was ja auch das Schicksal vieler früherer Nazis ist. Aber um die Opfer trauern sollten wir schon. Das beständige Erinnern dessen, was Juden und anderen Opfern der Nazis und ihrer Mitläufer angetan wurde, könnte dazu führen, daß, was in und mit ihnen zerstört wurde und verloren ging, durch solche Trauerarbeit wenigstens zum Teil wiederhergestellt würde. Kein ermordeter Jude, kein anderes ermordetes Opfer kann freilich wieder lebendig gemacht werden. Doch würden wir nicht mehr erinnern, was getan und zerstört wurde, dann würden die Nazis doch noch siegen und aus Zerstörung würde Vernichtung. Die Schuld, die andere, vielleicht uns nahe Menschen verursacht haben, gleichsam als ihre Stellvertreter auf uns zu nehmen, vermögen wir allerdings nicht. Das ist eine unlösbare Aufgabe. Nur eigene Schuld kann wiedergutgemacht werden. Das schließt nicht aus, daß wir dennoch Schuldgefühle haben – Rolf Vogt und Barbara Vogt sprechen von *entlehnter Schuld* (1997) –, die einen, weil sie sich mit Deutschland identifizieren, wir alle, weil niemand darüber Gewißheit hat, wie er in der Situation der Täter gehandelt hätte. Eine stellvertretende Wiedergutmachung wäre der *falschen Wiedergutmachung* Winnicotts (1954, S. 267) gleich, deren beherrschender Faktor nicht die eigene Schuld, sondern die organisierte Abwehr der Deutschen gegen Depression und unbewußte Schuldgefühle ist. Die Folgen der falschen Wiedergutmachung lassen sich leicht beobachten. Zu ihnen gehören vor allem: demonstrative Demutsgebärden und Selbstmitleid bei den Stellvertretern, Peinlichkeit und Geringschätzung für diese bei den Opfern und ihren Nachkommen. Von diesen Haltungen aus ist es nur ein kleiner Schritt zum zynischen Ressentiment. Das enthebt uns nicht der Notwendigkeit, uns der Frage zu konfrontieren, wie wir zu dem stehen, was den Juden angetan wurde, denn eine Verantwortung der Wiederkehr des Bösen entgegenzutreten, gibt es gewiß.

Depressive Position, Fähigkeit zur Besorgnis und schöpferische Tätigkeit

Die depressive Position unterscheidet sich von der pathologischen Depression. Zwar ist die depressive Position mit Leid verbunden, aber eine Krankheit ist sie nicht. Freilich gibt es keine deutliche Abgrenzung zwischen Gesundheit und Krankheit, und leicht kann man von der depressiven Position in eine neurotische oder psychotische Depression gleiten, bei denen vor allem ein extremer Narzißmus auffällt, der durch dauerndes Absinken der Selbstachtung, Gefühle innerer Leere, Hilf- und Machtlosigkeit, unersättliches

Liebesverlangen und Mangel an Empathie gekennzeichnet ist (Jacobson 1971, Kernberg 1975, 1984, 1988). Was die depressive Position vor pathologischen Depressionen auszeichnet, ist ihre Objektbezogenheit. Es geht bei ihr um Schuldgefühle zuerst der Mutter gegenüber, dann gegenüber dem Vater, den Geschwistern und anderen Liebesobjekten. Mit diesen Schuldgefühlen ist das Bedürfnis nach Wiedergutmachung verbunden. Daraus entsteht schließlich die *Fähigkeit zur Besorgnis*. Deren Entwicklung hat Winnicott (1963) beschrieben. Er gebraucht das Wort Besorgnis (concern), „um auf positive Weise ein Phänomen zu bezeichnen, das auf negative Weise durch das Wort ‚Schuldgefühl' (guilt) bezeichnet wird. Schuld ist Angst, verbunden mit dem Konzept der Ambivalenz, und setzt einen Grad der Integration beim individuellen Ich voraus, der die Aufrechterhaltung einer Imago des guten Objekts zugleich mit der Vorstellung ihrer Zerstörung ermöglicht. Besorgnis setzt weitere Integration und weiteres Wachstum voraus; sie steht positiv in Beziehung zum Verantwortungsgefühl des Individuums, besonders im Hinblick auf Beziehungen, die in die Triebe eingegangen sind. Besorgnis bezeichnet den Umstand, daß das Individuum sich um etwas *bekümmert* oder daß ihm etwas *‚etwas ausmacht'*, daß es Verantwortung fühlt und übernimmt" (a. a. O., S. 93).

Besorgt sein, heißt nicht nur, Kummer zu haben, unruhig zu sein und einen Verlust zu befürchten, besorgt sein, heißt auch, sich um Abhilfe zu bemühen, fürsorglich zu sein. Besorgnis ist nicht nur ein Affekt hier und jetzt, sie richtet sich auch auf die Zukunft. Besorgnis meint Für- und Vorsorge. Sie denkt an die Folgen eines Handelns oder Unterlassens und übernimmt dafür die Verantwortung, z. B. beim Geschlechtsverkehr, der nicht nur der Lust dient, sondern auch zur Entstehung oder Erweiterung einer Familie führen kann. Winnicott meint darüber hinaus, daß die Fähigkeit, besorgt zu sein, ein wichtiger Beweggrund eines jeden konstruktiven Spieles und jeder schöpferischen Tätigkeit ist. Sie entwickelt sich bereits in der Mutter-Kind-Zweiheit und beginnt, wenn der Säugling eine einigermaßen etablierte Einheit geworden ist und die Mutter als ganze Person empfindet (a. a. O., S. 94). Diese Entwicklung ist von einer *genügend guten Umwelt* abhängig. Ohne *genügend gute Bemutterung* kann auch, so meint er, keine genügend gute Umwelt entstehen. Die Fähigkeit zur Besorgnis folgt also „auf komplexe Reifungsvorgänge, deren Verwirklichung abhängig ist von ausreichend guter Säuglings- und Kinderpflege" (a. a. O., S. 95). Das Baby muß bereits fähig sein, erotisches und aggressives Erleben im Hinblick auf sein erstes Liebesobjekt miteinander zu verbinden. Der Zustand der Spaltung in „gute Brust" und „böse Brust" muß überwunden, der der Ambivalenz, in dem die Mutter als *eine* Person erkannt wird, die manchmal gut, manchmal bös und dann wieder gut sein kann, erreicht sein. Auch muß das Ich des Babys schon ein wenig unabhängig vom Hilfsich der Mutter sein. Es muß, um an ein anderes Theorem von Winnicott zu erinnern, zumindest im Ansatz, bereits über die Fähigkeit zum Alleinsein verfügen.

Winnicott hält es für nützlich, zwischen der Mutter als *Objekt-Mutter* und als *Umwelt-Mutter* zu unterscheiden (a. a. O., S. 96). Er will damit die zwei Aspekte beschreiben, die für den Säugling die mütterliche Pflege hat. Die Mutter als Objekt-Mutter besitzt die Brust als primäres Teilobjekt und befriedigt die dringenden Bedürfnisse des Kindes. Als Person wehrt sie das Unvorhersehbare ab und pflegt den Säugling zuverlässig. Sie ist das Objekt „für erregtes Erleben, das durch rohe Triebspannung gestützt wird". Dagegen schreibt Winnicott „alles, was man als Zärtlichkeit und sinnliche Koexistenz bezeichnen kann" der Umwelt-Mutter zu. Die Objekt-Mutter ist Objekt der erbarmungslosen Liebe des Babys. Damit verglichen, ist die Liebe zur Umwelt-Mutter ruhiger (a. a. O., S. 97). Beides muß zusammenkommen, damit der Säugling einerseits die Erfahrung machen kann, daß die Mutter seinen erbarmungslosen Liebessadismus „überlebt" und andererseits merkt, daß sie „weiterhin sie selber bleibt, daß sie sich ihrem Kind gegenüber einfühlsam verhält, daß sie da ist, um die spontane Geste entgegenzunehmen und sich zu freuen". Sind diese Umstände gegeben, lernt das Kind mit seinen ambivalenten Gefühlen so umzugehen, daß diese für das Kind und seine Umwelt erträglich werden und bleiben. Winnicott schreibt (a. a. O., S. 98): „Unter günstigen Umständen wird eine Technik für die Lösung dieser komplexen Form der Ambivalenz aufgebaut. Der Säugling spürt Angst, denn wenn er die Mutter verzehrt, verliert er sie, aber diese Angst wird modifiziert durch den Umstand, daß das Baby der Umwelt-Mutter einen Beitrag leisten kann. Es wächst die Zuversicht, daß die Möglichkeit zur Mitwirkung gegeben sein wird, die Möglichkeit, der Umwelt-Mutter etwas zu geben, eine Zuversicht, die es dem Säugling ermöglicht, die Angst auszuhalten. Die auf diese Weise ausgehaltene Angst bekommt eine andere Qualität und wird zum Schuldgefühl." Es kommt auf die *Möglichkeit zur Mitwirkung des Babys* an. Das Kind muß die Gelegenheit zum Geben und Wiedergutmachen erhalten. Wiederholt sich diese Erfahrung oft genug, dann wird der Säugling Vertrauen in sich und seine Umwelt gewinnen – Eriksons Urvertrauen – und fähig werden, besorgt zu sein, sowie „die Verantwortung für seine eigenen Triebimpulse und die Funktionen, die zu ihnen gehören, zu übernehmen. Dies stellt eins der Grundelemente von Spiel und Arbeit dar" (ebd.).

Winnicott hält es für einen „beachtenswerten Zug" in dieser Entwicklung, „daß die Integration *in der Zeit* zu der statischen Integration der frühen Stadien hinzugetreten ist" (a. a. O., S. 99), d. h. der Säugling entwickelt einen persönlichen Zeitsinn, der sich darin erweist, daß er das Bild der Mutter in seiner inneren Welt, wenn auch zunächst nur für eine kurze Zeitspanne, lebendig zu erhalten weiß. Aber immer wieder hat er die Anwesenheit der Mutter nötig, um sein Triebleben frei äußern zu können. Mehr noch: Er hat nicht nur die Anwesenheit der Mutter nötig, sondern auch das Gefühl, daß sie sich freut, daß er anwesend ist, daß sie ihn braucht. Eine *Wechselseitigkeit von Nehmen und Geben* muß entstehen, ein Gefühl des Aufeinander-angewiesen-seins. Wer schließlich die Fähigkeit zur Besorgnis entwickelt hat, will gebraucht und gemocht werden.

Die Fähigkeit zur Besorgnis kann wieder verloren gehen. Das geschieht, „wenn die Objekt-Mutter nicht überlebt oder die Umwelt-Mutter keine zuverlässige Gelegenheit zur Wiedergutmachung bietet" (ebd.). Dann treten primitive Ängste und primitive Abwehr wie Spaltung oder Desintegration an ihre Stelle. Das kann auch Erwachsenen geschehen, wenn sie sich überflüssig fühlen. Sie verlieren in einer solchen Lebenslage ihr psychisches Gleichgewicht und fallen in eine narzißtische Depression. Es ist nicht erstaunlich, daß im entropischen Kapitalismus, der immer mehr Arbeitslose ausgrenzt (Kronauer 1997), die sich daher als *Entbehrliche* (Lenski 1977, S. 509) fühlen, die Häufigkeit depressiver Erkrankungen wächst. Menschen, welche die depressive Position erreicht haben, müssen sich jedenfalls unheimlich anstrengen, um in der extrem profitorientierten Gesellschaft, in der wir heute leben, auf den Beinen zu bleiben.

Die Anzeichen der Fähigkeit zur Besorgnis treten bereits in der zweiten Hälfte des ersten Lebensjahres auf. Wir können sie beobachten, wenn das Baby versucht, die Mutter zu bemuttern, indem es ihr z. B. einen Bissen von seinem Essen in den Mund schieben will. Es ist wichtig, daß die Mutter die unbeholfenen Bemühungen des Kindes, etwas zu geben, d. h. wiedergutzumachen, erkennt und dankbar annimmt. So fördert sie seinen Drang, konstruktiv und sozial zu handeln. Die Fähigkeit zur Besorgnis nimmt auch die bereits bei Geburt vorhandenen schöpferischen Impulse auf und formt sie zur *schöpferischen Fähigkeit* um. Allerdings vergehen diese Impulse, wenn ihnen in der Realität nichts entgegenkommt. Das Kind erschafft die Mutter, sagt Winnicott, aber die Mutter muß auch vorhanden sein. So geht es auch mit den anderen Objekten seiner Lebenswelt: „Der Säugling streckt die Ärmchen aus, und die Brust ist da – die Brust ist geschaffen. Der Erfolg dieses Vorgangs ist abhängig von der sensiblen Anpassung der Mutter an die Bedürfnisse des Säuglings, besonders am Anfang.

Von hier aus schreitet das Kind ganz natürlich fort zur Erschaffung der ganzen Welt der äußeren Realität und zu der fortwährenden Tätigkeit, die zunächst ein Publikum braucht und die dann schließlich auch das Publikum erschafft. Die schmerzhaften Anfangsstadien dieses Lebensvorgangs gehören dem frühen Säuglingsalter an; dazu gehört auch die Fähigkeit der Mutter, den Ausschnitt der Realität mehr oder weniger im richtigen Augenblick anzubieten. Sie ist dazu fähig, weil sie vorübergehend extrem mit dem Kind identifiziert ist" (Winnicott 1958, S. 22). Wo die Mutter diese Aufgabe nicht erfüllen kann, muß das eine Ersatzmutter tun. Auch Väter, männliche Lehrer und Sozialpädagogen sollten in gewisser Weise mütterlich sein, denn zur Väterlichkeit gehört, daß der Junge Anteile seiner Identifizierung mit der Mutter auch nach der Identifizierung mit dem Vater lebendig hält. Männer müssen hinreichend gut und fürsorglich sein, um nicht nur ihren Frauen, sondern auch ihren Kindern, Schülern, Studenten und Zöglingen eine fördernde Umgebung bieten zu können. Das ist nicht leicht in Kulturen, in denen Weiblichkeit und Mütterlichkeit herabgesetzt werden. Aber Männer, die nur männlich sein wollen, sind unvollständige Menschen.

8. Schwierigkeiten mit der Geschlechtsidentität

„Die hier entwickelte These lautet, daß Jungen bei der Geburt männlich, Mädchen weiblich sind. Physiologische Faktoren tragen vermutlich zu einem für beide Geschlechter unterschiedlichen Erleben bei, sind in der Regel aber von geringerer Bedeutung als soziale Einflüsse. Von der bereits bei der Geburt erfolgenden Geschlechtsbestimmung an werden Jungen und Mädchen von den Menschen ihrer Umgebung unterschiedlich behandelt. Das geschlechtsbezogene Erleben von Jungen und Mädchen unterscheidet sich ebenfalls von Anfang an, weil es von biologischen Faktoren und unterschiedlichen Verhaltensweisen der Pflegepersonen abhängt. Was jedoch das Bewußtsein für das eigene Geschlecht angeht, so wird ... die These entwickelt, daß das frühe Erleben bei Mädchen und Jungen undifferenziert und geschlechtsübergreifend ist."
Irene Fast, Von der Einheit zur Differenz, 1984, S. 10

Undeutliche Geschlechtsidentität

In seinem Vortrag *Tabus über dem Lehrerberuf* machte Adorno (1965) einige Aspekte der Abneigung gegen den Lehrerberuf sichtbar. Der Vortrag ist auch heute noch lesenswert und keineswegs überholt. Ihm ging es wie vielen klugen Texten: Er wurde mit Eifer diskutiert und blieb doch beinahe folgenlos. Mir fällt er jetzt wieder ein, wo ich über die diffuse Geschlechtsidentität des Lehrerberufes nachdenke. Adorno betonte vor allem die soziologischen Aspekte und erinnerte an die Sozialgeschichte des Lehrerberufes in Europa: Lehrer als Sklaven bei den Römern, Mönche im Mittelalter, Hofmeister im Absolutismus, Schulmeister und Oberlehrer im bürgerlichen Zeitalter und *pädagogische Funktionäre* in der Angestelltengesellschaft. Den letzten Ausdruck verwendete Adorno nicht. Ich führe ihn ein, weil er der „disziplinierende Funktion", die Adorno (a. a. O., S. 76) für das Zentrale des negativen Bildes des Lehrers hält, einen sozialen Ort zuschreibt. Daß es daneben noch eine subversive Pädagogik, eine Pädagogik des Widerstandes gegen Untertänigkeit gab, bleibt hier unterbelichtet. Ihre Geschichte wäre noch zu schreiben.

Mich interessiert hier ein anderer Aspekt, den Adorno wohl erwähnte: nämlich die Vorstellung vom Pädagogen als verkrüppeltes *Geschlechtswesen*, das „Bild des quasi Kastrierten, wenigstens erotisch neutralisierten, nicht frei Entwickelten, das von Menschen, die in der erotischen Konkurrenz nicht zählen ..." (a. a. O., S. 79). Nun sind freilich die meisten Menschen, die in einer Kultur leben, deren Haltung gegen feine sinnliche Genüsse recht feindlich ist, mehr oder weniger verkrüppelte Geschlechtswesen; aber es stellt sich die Frage, wie es kommt, daß die eigenen Beeinträchtigungen und Hemmungen gerade auf die Pädagogen projiziert werden. Adorno deutete die Antwort zumindest an: Die Pädagogen werden in eine Kinderwelt eingespannt, der sie sich anpassen müssen, obwohl sie doch Erwachsene sind und ihre Ansprüche aus ihrem Erwachsensein ableiten. Adorno sagte das etwas von oben herab, indem er von der „täppischen Würde" der Lehrer sprach, wobei er übersah, daß er, „Teddy" genannt, diese in den Augen einiger anderer teilte.

Die undeutliche Geschlechtsidentität der pädagogischen Berufe resultiert aus der widersprüchlichen Situation, in der sie ausgeübt werden. Pädagogen arbeiten in einem Zwischenreich der Gesellschaft: in der pädagogischen Provinz der Kindergärten, Schulen, anderer Ausbildungsstätten, Kinder- und Jugendheimen, in denen Sexualität nicht manifest werden darf, denn diese gehört in die Intimsphäre von Paarbeziehungen. Aber was manifest nicht zugelassen wird, wirkt latent um so drängender, zumal sich Pädagogen Heranwachsenden konfrontiert sehen, deren Sexualität noch weniger in ihre innere Welt integriert ist als bei Erwachsenen. Zweitens üben sie ähnlich wie die Psychoanalytiker einen Beruf aus, der „die fundamentale Bisexualität des Menschen in ihren allermächtigsten Aspekten – die Mutterschaft einerseits und der gesetzgebende Charakter des väterlichen Phallus andererseits" mobilisiert (Chasseguet-Smirgel 1986, S. 45). Die Gesellschaft, welche die Pädagogen bezahlt, erwartet von ihnen, daß sie die Heranwachsenden auf das Erwachsenensein vorbereiten. Dazu – das wird immerhin nicht nur zugestanden, sondern inzwischen auch gefordert – gehört auch die Einführung in die genitale Sexualität. Diese erfolgt jedoch allenfalls kognitiv, sollte aber durch eine angemessene Erziehung der Gefühle ergänzt werden. Die Kinder erhalten sozusagen den Stadtplan; in die Stadt hineingehen müssen sie alleine. Erwachsene dürfen ihnen hierbei nicht Partner sein. Das halte ich für vernünftig, denn die ungleiche Entwicklung der Sexualität von Erwachsenen und Kindern, gekennzeichnet durch die *Formbestimmtheit der Sexua-*

lität der Erwachsenen einerseits und die *Ungeformtheit der kindlichen Sexualität* andererseits, führen zu einem Ungleichgewicht der Machtverhältnisse, in denen die Kinder in der Regel die Schwächeren sind. In *pädosexuellen Beziehungen* fehlt ein wesentliches Moment erotischer Partnerschaft, „nämlich die grundsätzlich mögliche Reziprozität ... der miteinander Verbundenen" (Dannecker 1996, S. 270). Die Pädosexuellen begehren unterlegene Liebesobjekte. Das bestätigen sie, indem sie sich von den Kindern zurückziehen, wenn diese in das Stadium der sexuellen Reife eintreten (a. a. O., S. 271).

Ähnlich und anders als die Eltern, nämlich nach Stundenplan, müssen Pädagogen mit Kindern und Jugendlichen zusammenleben. Ebenso wie die Eltern müssen sie den Unterschied zwischen kindlicher und erwachsener Sexualität respektieren. Das Verbot der Pädosexualität gilt auch für sie. Darüber hinaus sollte ihnen freistehen, ob sie ihre wechselseitigen Beziehungen mit anderen Erwachsenen heterosexuell oder homosexuell gestalten. Aus dem Zusammenleben mit Kindern ergibt sich die Verführbarkeit durch sie. Das ist eine Gegebenheit, die man nicht leugnen sollte. Kinder haben ein Sexualleben, darin möchten sie zuweilen Erwachsene einbeziehen. Aber ihre Sexualität ist eine andere als die der Erwachsenen. Ob es immer so ist, wie Ferenczi (1933) es darstellte, daß nämlich die Sprache der kindlichen Sexualität die der Zärtlichkeit sei und die der erwachsenen Sexualität die der Leidenschaft, bezweifle ich. Kinder können sehr leidenschaftlich sein, aber sie vermögen noch nicht zureichend verantwortlich zu handeln. Die Folgen ihres Tuns und Lassens sind ihnen weitgehend unbekannt. Von Erwachsenen darf man erwarten, daß ihr Verantwortungsbewußtsein sensibler und stärker ist als das von Kindern.

Vielleicht ist die relativ häufige *Ablehnung der Erzieherrolle* durch Lehrer, vor allem durch Gymnasiallehrer, auch durch die eigene Verführbarkeit motiviert. Man muß freilich fragen, was einer meint, wenn er sagt: „Ich bin kein Erzieher, ich bin Lehrer". Vielleicht lehnt er nur den direkten pädagogischen Bezug ab, der ja die Verschmelzung zu einer Erzieher-Kind-Einheit hervorlockt, und will das Kind vor allem mittels der *dritten Sache* (siehe Kapitel 12) berühren. Das wäre eine vernünftige Absicht, die zu einem Arbeitsbündnis führen kann. Dann käme es darauf an, die Libido so zu verteilen, daß Lehrer und Schüler sich gern haben können, aber sich nicht lieben müssen und die im so vermittelten pädagogischen Bezug überflüssige Libido auf die dritte Sache: das gemeinsame Lernen und Lehren übertragen.

Hinreichende emotionale Zuwendung haben die Schüler sicher nötig. Und warum sollen Pädagogen nicht die Gelegenheit benützen, Anteile ihrer eigenen Hetero- und Homosexualität in ihrer Arbeit zu sublimieren? Das könnte auch ihre Intimbeziehungen etwas entspannen, die ja oft unausgeglichen und unbefriedigend sind. Aber Emotionen, vor allem, wenn sie freundlich sind, gelten als *weiblich*, und viele Lehrer lehnen – unabhängig vom Geschlecht – jene Weiblichkeit ab, die Besorgtheit um den anderen, Einfühlung und Behutsamkeit im Umgang mit ihm enthält.

Aber was bedeuten die Worte männlich oder weiblich überhaupt? Biologisch ist die Sache einigermaßen klar. Das Weib verfügt über Gebärfähigkeit, der Mann über Zeugungsfähigkeit. Doch schon biologisch gesehen, werden die Aussagen unsicher, wenn wir von der *Bisexualität* der Menschen sprechen. Freud hielt dies für eine biologische Gegebenheit. Irene Fast (1984) problematisierte diese Sichtweise. Da ich zuwenig von Biologie verstehe, enthalte ich mich hier eines Urteils. Sind die Brustspitzen des Mannes weiblich? Ist die Klitoris der Frau männlich? Jedenfalls erwecken die Brustspitzen des Mannes seine Bereitschaft, sich Zärtlichkeiten hinzugeben, und die Klitoris kann die Frau dazu bewegen, die eigene Sexualität handelnd zu genießen. Auch die stärkere Orientierung der Männer nach außen als nach innen und die stärkere Orientierung der Frauen nach innen als nach außen scheint biologisch fundiert zu sein (Kestenberg 1993, 1994). Ohne Zweifel dominieren die sozialen Einflüsse. Was in einer Gesellschaft für männlich bzw. für weiblich gehalten wird, kann jedenfalls sehr unterschiedlich sein. Es reicht nicht, daß man als Mädchen oder Junge geboren wird, um dann gleichsam natürlich zur Frau oder zum Mann zu werden; man wird vielmehr einer mühsamen und manchmal auch schmerzhaften Sozialisation ausgesetzt, bevor man eine erwachsene Frau oder ein erwachsener Mann wird. Auch ist die reife Sexualität der Erwachsenen nie rein weiblich oder männlich, sondern birgt immer Eigenschaften, Haltungen und Neigungen in sich, die am jeweils anderen Geschlecht teilhaben lassen. Anders wäre eine Verständigung zwischen den Geschlechtern gar nicht möglich. Der Reichtum einer Kultur hängt weitgehend von der *schöpferischen Nicht-Homogenität* der beiden Geschlechter ab (Devereux 1982, S. 10). Aber diese schöpferische Nicht-Homogenität sollte auch in der inneren Welt der einzelnen Menschen lebendig sein. Wer *nur* Frau ist, ist eine sterile Frau; wer *nur* Mann ist, ist ein steriler Mann – wobei das Wort steril hier weniger in seiner biologischen als in seiner kulturellen Bedeutung gemeint ist. Freilich fällt es den Menschen nicht leicht, eine Geschlechtsidentität zu entwickeln, in der Anteile des anderen Geschlechts nicht als feindliche Kräfte niedergehalten, sondern als gut integrierte Anteile der eigenen Geschlechtsidentität angenommen und erlebt werden. Die Androgynität, die von manchen als Verschmelzung der beiden Geschlechter angestrebt wird, halte ich für eine Utopie. Wie arm wäre unser Leben ohne die Spannung zwischen den Geschlechtern sowohl in der sozialen Wirklichkeit als auch in der individuellen inneren Welt! Ein innere Disposition zur Mütterlichkeit bzw. Väterlichkeit begünstigt jedoch die Ausübung pädagogischer Berufe. Die Angst vor dem anderen Geschlecht in einem selbst sollte nicht dazu führen, es zu unterdrücken. Erlauben sich Pädagogen, Anteile des anderen Geschlechtes im eigenen Selbst anzuerkennen und angemessen zu entfalten, fördert das den wechselweisen positiven Austausch mit den Kindern. Eine Voraussetzung hierfür ist, daß wir das Kind, das wir einst waren, wieder erinnern, nicht um zu ihm zurückzukehren, sondern um die Kinder, die wir begleiten, erziehen und unterrichten, hinreichend verstehen und fördern zu können. Erinnern, Wiederholen, Durcharbeiten – d. h. in der Pädagogik, die eigene Kindheit mit ihren Leiden und Freuden wiederzubeleben, sich der Gefühle von damals zu vergegenwärtigen und die Wünsche und Ängste daraufhin durchzuarbeiten und zu beurteilen, wie weit ihre Erfüllung bzw. Abwehr heute den Kindern zur Führung eines befriedigenden Lebens behilflich sein kann.

Die Ausschließung des Vaters

Die innere Disposition zur Mütterlichkeit wird bei Frauen gleichsam als von Natur gegeben vorausgesetzt, aber sie entwickelt sich nicht von allein, sondern nur, wenn man sie selbst erfahren hat. Ähnliches gilt auch für die Väterlichkeit. Auch sie enthält eine Disposition zur Mütterlichkeit, die sich schon daraus ergibt, daß der Junge sich zuerst mit der Mutter identifiziert, von der er ja in der ersten Phase seines

Lebens biologisch und psychisch abhängig ist. Ein Rest dieser Identifikation bleibt auch später erhalten, gleichgültig, ob er sie in sein Seelenleben zu integrieren vermag oder abwehren muß. Ich sagte vorhin, diese Disposition könne die pädagogische Tätigkeit begünstigen. Sie kann aber auch übers Maß schießen. Das geschieht z. B., wenn der Pädagoge dem Kind mittels einer unbewußten Botschaft verbietet, andere Objekte libidinös zu besetzen. Solche Objekte sind häufig Kolleginnen und Kollegen. Es können aber auch Fächer, Interessen, Neigungen, Spiele sein, denen sich das Kind zuwendet, so daß der Erzieher oder Lehrer eine Abwendung von seiner Person befürchtet, die er wegen seiner narzißtischen Bedürftigkeit nicht zulassen kann. Das Kind darf sich dann nicht von seinem Gängelband lösen. In solchen Fällen verhält sich der Pädagoge wie jene Mutter, die dem Heranwachsenden sagt: „Am schönsten war es doch, wie du noch ganz klein warst!" Bewußt wollen sie das Kind großbringen, unbewußt halten sie es klein. Mittel hierzu sind Überfürsorglichkeit und Verwöhnung einerseits, Härte und Strenge andererseits. Das wärmende und nährende Prinzip der Mutterschaft und das grenzensetzende und schützende der Vaterschaft müssen gut zusammenwirken, soll das pädagogische Werk gelingen. Das scheitert, wo der Vater bzw. sein gesetzgebender Charakter ausgeschlossen wird. Dann kommt es zum *Dahinschwinden des Ödipuskomplexes.*

Über dieses Thema hat Hans Loewald (1978) einen interessanten Vortrag gehalten, der zugleich ein Beitrag zur Wissenschaftsgeschichte der Psychoanalyse ist. Er spürte der Frage nach, warum in der psychoanalytischen Forschung die Aufmerksamkeit für ödipale Probleme nachgelassen hat, wo es doch in der Psychogenese keine endgültige Zerstörung des Ödipuskomplexes gibt. Dieser muß vielmehr „im Laufe des Lebens wiederholt verdrängt, verinnerlicht, umgewandelt, sublimiert, kurz gesagt: auf die eine oder andere Weise gemeistert werden – vorausgesetzt, daß die Grundlagen für diese wiederholte Meisterung in der Latenzzeit geschaffen wurden und daß ihre Formen und Ebenen mit wechselnden Ebenen der Erfahrung und der Reife variieren" (a. a. O., S. 379). Er formulierte den Vortrag in einer Zeit, in der das psychoanalytische Interesse an der ödipalen Phase und den ödipalen Konflikten nachließ und sich der präödipalen Entwicklung, der Mutter-Kind-Dyade, Problemen der Loslösung und Individuation, des Selbst und des Narzißmus zuwandte. Die Frage ist eben, ob die oben genannte Grundlage immer gegeben ist. Anders gesagt: *Kann Narziß noch Ödipus werden* (Gottschalch 1988, S. 95-109), wenn die psychische Voraussetzung des ödipalen Konfliktes, nämlich ein zum ödipalen Kampf herausfordender Vater, nicht vorhanden ist?

Hans Loewald erklärt die Entwicklung des Überichs ähnlich wie Melanie Klein als Ergebnis einer Ergänzungsreihe von *Elternmord,* Schuldgefühl, Verantwortung und Sühne. Es geht natürlich nicht um die tatsächliche Ermordung der Eltern oder eines Elternteiles, sondern um „die Übernahme der Verantwortung für die eigene Lebensführung", die „in der psychischen Realität dem Elternmord, dem Verbrechen des Parrizids, gleichkommt und die Auseinandersetzung mit den dadurch entstandenen Schuldgefühlen nach sich zieht. Nicht nur die Autorität der Eltern wird dadurch zerstört, daß man sie ihnen abringt und selbst übernimmt, sondern die Eltern werden auch, wenn dies gründlich geschieht, als libidinöse Objekte zerstört (all dies ... pro tempore)" (a. a. O., S. 383). Dies mag manchem Leser als übertrieben erscheinen, ist es aber nicht. Wer sich gut seiner Adoleszenz erinnert, dem werden auch Szenen ins Gedächtnis treten, in denen er, um sich aufrecht zu halten, den Tod eines Elternteiles oder beider Eltern hinzunehmen bereit war. – Warum soll ich es nicht berichten? Als Kind hatte ich meine Mutter sehr lieb, und mehr oder weniger bewußt und unbewußt hat sie das nicht nur ermöglicht, sondern auch ausgenutzt. Bei heftigen Konflikten, die es zwischen uns gab, drohte sie, sich selbst zu töten, oder bekam eine „Herzschwäche" und fiel zu Boden. Das geschah bezeichnenderweise meist kurz bevor ich in die Schule mußte. Für mich war das schrecklich. Es geschah das letzte Mal, als ich etwa fünfzehn Jahre alt war. Wieder ließ sie sich an der Tür niedergleiten. Ich war so wütend, daß ich mir dachte: „So stirb doch!" Als sie merkte, daß ich ihr nicht beistand, sondern sie langsam niedersinken ließ, richtete sie sich wortlos wieder auf. Der Bann, den sie bis dahin auf mich ausübte, war gebrochen, und sie fand sich damit ab, daß ich erwachsen wurde.

Vermutlich geht es nicht anders: „Im ödipalen Kampf werden im Nachkommen Schuldgefühle (obgleich nicht nur diese) wach, wenn er nach Verantwortung und Autorität strebt, die der vorigen Generation gehörten, und darauf beharrt. Es hat den Anschein, als würden Gegner gebraucht, mit denen das Drama der Macht, Autorität, Selbständigkeit und Schuldzuweisung ausgespielt werden kann" (a. a. O., S. 382). Loewald spricht von Gegnern, nicht von Feinden. Diese will man vernichten, mit den Gegnern möchte man sich versöhnen. Manchmal ist sogar ein *liebevoller Kampf* (Stierlin 1975, S. 203) möglich. Es ist gut, wenn der Vater die Rolle eines Gegners übernimmt, der das Kind gern hat. Aber oft ist der Vater von dieser Rolle ausgeschlossen, manchmal weil er nicht bereit ist, sie zu übernehmen, manchmal weil man ihn hindert, sie auszuüben.

Die sozialen Ursachen, die zur Ausschließung des Vaters aus dem Familienleben führen, können mit Hilfe der Begriffe *Desintegration und Desorganisation der Familie* erfaßt werden. Nach René König (1946) bedeutet Desintegration einmal, daß sich der Familienkreis immer mehr verengt, bis nur noch die ‚Gattenfamilie' übrigbleibt. Es bedeutet weiter, daß die Familie immer mehr Funktionen an die Gesellschaft abtreten muß. Desintegration und Desorganisation stehen zwar in Zusammenhang miteinander, sind aber nicht dasselbe. Desintegration stellen wir fest, wo die Familie aus der Gesellschaft ausgegliedert wird. Die Desorganisation jedoch stellt die Familie in ihrem inneren Zusammenhang in Frage. Musterfall der desorganisierten Familie ist die ‚unvollständige Familie' (Stampfli 1951). Sie kann u. a. durch Tod eines Familienmitgliedes, Verlassen, Trennung, Scheidung, Zerrüttung, aber auch durch Schicht- und Pendelarbeit verursacht werden. Die Gefahren der Familiendesorganisation werden ohne Zweifel von der Desintegration der Familie verstärkt. Aber König macht darauf aufmerksam, daß die Desintegration nicht nur negative, sondern auch positive Folgen haben kann. Für diese Vermutung spricht, daß Väter häufiger als früher ihre Kinder auch in der Öffentlichkeit betreuen. Tun sie es auch im Intimbereich des Familienlebens, oder sind sie nur Nothelfer? Basteln, spielen sie mit ihnen? Lesen sie ihren Kindern vor? Wandern sie mit ihnen? Mit dem Basteln stand es bei mir schlecht. Leim ist mir einfach zu klebrig. Dafür zeichnete ich mit meinen Kindern gern. Auch das Spazierengehen und Wandern war und ist für unser Familienleben wichtig und natürlich auch das tägliche Vorlesen. Dazu nahm und nehme ich mir fast immer Zeit.

Der ökonomische bzw. sozialkulturelle Funktionsverlust der Familie – das Fehlen einer dritten Sache – kann auch zu gegenseitiger emotionaler Überforderung der Familienangehörigen führen. Überorganisation der Familie (König 1949) und Pseudogemeinschaft (Wynne u. a. 1958) mit all' ihren Gefahren für die psychische Gesundheit sind dann die Folge.

Nachdenklich macht mich, warum die Männer, die die Hausarbeit übernehmen, was ja auch vorkommt, sich „Hausmann" und nicht „Hausvater" nennen. Geschieht das, weil das Familienleben mehr und mehr dem Markt angepaßt wird und der Produktion der Ware Arbeitskraft dient, für die übrigens die Verkaufschancen immer schlechter werden? Dieser Tendenz zum Markt gehorchen auch viele Mütter – teils, weil Not sie dazu zwingt, teils weil sie wollen. So wird Elternschaft oft von einem *marktkonformen Familienmanagement* verdrängt, wobei sich die Eltern mehr Sorgen darüber machen, ob ihr Kind bei anderen gut ankommt (Marketing), als ob es zu so etwas wie innerem Gleichgewicht findet und Ichstärke entwickelt. Die Ausschließung des Vaters aus der Erziehung ist nichts Neues. Zumindest die Desorganisation der Familie gibt es, seitdem die Familie besteht. Die Desintegration der Familie setzte erst mit dem Kapitalismus ein. Aber nicht nur soziale Gründe vereiteln oft ein genügend gutes Familienleben, sondern auch psychische. Ich denke an die vielen Familien, in denen es den Vätern nicht gelingt, die Mutter-Kind-Dyade zu öffnen und zur Dreiheit von Eltern und Kind zu erweitern.

Hier möchte ich auf die Lebensgeschichte Hitlers hinweisen, die zeigt, was der Ausfall des Vaters für Söhne bedeuten kann. Brigitte Hamann hat in ihrem Buch *Hitlers Wien* (1996) eine gut belegte Geschichte der Jugend Hitlers gegeben. Aus ihr wird deutlich, daß er kein zureichendes väterliches Identifikationsobjekt hatte. Sein Vater, der starb, als Hitler dreizehnjährig war, wird als jähzorniger Haustyrann geschildert. Außerdem war er Trinker. „Zu seinem Rechtsanwalt Hans Frank soll er gesagt haben, er habe schon als zehn- bis zwölfjähriger Bub den betrunkenen Vater aus dem Gasthaus nach Hause bringen müssen: ‚Das war die gräßlichste Scham, die ich je empfunden habe. Oh Frank, ich weiß, was für ein Teufel der Alkohol ist! Er war – über meinen Vater – mein größter Feind in meiner Jugend'" (a. a. O., S. 22). Hitler hatte keine väterlichen Züge. Er glich dem *Führer einer Bruder-Horde*. Im Sinne der Psychoanalyse bedeutet Väterlichkeit nicht nur Schutz für den physisch und ökonomisch Schwachen: die Frauen und die Kinder, sondern auch Herrschaft des Gesetzes und damit

Rechtssicherheit, d. h. Berechenbarkeit der Sanktionen. Eben diese gab es unter der Herrschaft des Nationalsozialismus nicht. Für die Nazis war das Gesetz identisch mit dem Willen des Führers. Wie ein großer Bruder herrschte er seinem Selbstverständnis nach im Auftrag der *großen Mutter* (dem Volk), ja in Symbiose mit ihr über die Geschwister. Die Herrschaft der Nazis war kein Patriarchat, sie war ein *Männermatriarchat* (Gottschalch 1996, Kap. 9): Der Vater besteht auf Abgrenzung zwischen sich, der Frau, den Kindern; der große Bruder legitimiert seine Macht durch die Idee einer nach innen grenzenlosen Gemeinschaft etwa nach dem Spruch: „Und willst du nicht mein Bruder sein, so schlag ich dir den Schädel ein." Ähnlich stellten die Nazis eine *Identifikation zwischen Volk, Partei und Führer* her, die Franz Neumann folgendermaßen charakterisierte (1936, S. 343): „Die Totalität des Nationalsozialismus wird realisiert von der totalen Bewegung, d. h. von der Partei, die wiederum ausschließlich repräsentiert wird durch den totalen Führer. Die Bewegung handelt durch den Führer, der von der Volksidee durchdrungen ist. Der Führer repräsentiert das Volk. Die totale Bewegung wird aufgefaßt als die dynamische Kraft, die gegen die statische Kraft der Staatsmaschine zu stehen kommt. Der totale Staat ist also nichts anderes als die Form, die sich das Leben des Volkes gibt. Die Ziele des Staates sind universell, jedoch verlangt der rassische Staat nicht so sehr den total gewordenen Staat, wie es im Bolschewismus der Fall ist, er hält sich vielmehr an die totale Macht des Führers. Das Recht ist der Wille des Führers in der Form des Gesetzes. Dies ist die neue Definition des Gesetzes, die natürlich ein circulus vitiosus ist. Die Grundsätze der Legalität der Verwaltung und der Unterordnung des Richters unter das Gesetz erhalten damit einen neuen ‚Sinn' – er läuft auf die bedingungslose Unterwerfung von Gewalten und Gerichten unter den politisch vereinheitlichten Führerwillen hinaus."

An dieser Stelle möchte ich noch einmal darauf hinweisen, daß ich in diesem Buch eine Art Vordergrund-Hintergrund-Dialektik anwende. Den Hintergrund: die gesellschaftspolitisch-ökonomische Entwicklung deute ich nur an, die psychoanalytischen Aspekte der skeptischen Pädagogik rücke ich in den Vordergrund. Aber die Psychogenese der Menschen ist durch und durch von der Soziogenese der sozialen Gruppen und Massen bestimmt. Das gilt selbstverständlich auch für die Geschichte des nationalsozialistischen Deutschland. Im Hinblick auf die Psychogenese der Individuen gab und gibt es gewiß viele Entwicklungen, die der von Hitler gleichen. Eine für politische Gemeinwesen destruktive Sprengkraft erlangen solche Lebensgeschichten dann, wenn gesellschaftliche Strukturbedingungen diese aufheizen und schließlich auslösen.

Ohne ein Minimum an psychischem Entgegenkommen bei den Beherrschten kann sich keine Herrschaft durchsetzen und halten. Das war nach dem Ersten Weltkrieg in Deutschland der Fall. Hier war es nicht nur ein Entgegenkommen, sondern ein Mitströmen. Über dessen gesellschaftspolitische Voraussetzungen konnte man sich schon bei Hermann Heller (1930), Otto Kirchheimer (1976) und Franz Neumann (1936, 1937, 1944, 1954) belehren. Aus deren Schriften wird auch deutlich, welche Strukturbedingungen in Deutschland und anderswo die Paralyse der Rechtsstaatlichkeit nach wie vor begünstigen.

Mütterlichkeit und Väterlichkeit im pädagogischen Handeln

Familienleben war und ist immer eine schwierige Aufgabe gewesen. Fast jeder von uns wäre in der Lage, die Familie, in der er aufwuchs, als Mördergrube oder als Idylle darzustellen. Es kommt nur darauf an, welche Ereignisse man erzählt und welche man verschweigt. Auch früher war das nicht anders. Die Geschichte der Sozialisation und Erziehung ist nicht zuletzt eine Geschichte von Erniedrigungen und Verletzungen, aber auch eine von Ermutigungen und gegenseitiger Hilfe. Es ist leicht, sie als langsamen, aber unaufhaltsamen Fortschritt zu sehen. Es ist ebenso leicht, sie als langsamen, aber unaufhaltsamen Niedergang zu betrachten. Beides ist falsch. In der Realität ist sie ein permanenter Wechsel von *Fallen und Aufstehen,* von Versagen und Gelingen. Geschichte vollzieht sich häufiger zirkulär als linear, jedenfalls mit Brüchen und Verwerfungen. Diese schlichte Weisheit fand ich am besten ausgedrückt in einer Hausinschrift im Allgäu:

> Jez is es halt a so,
> blos anderscht.

Das lese ich nicht als Aufforderung zur Resignation, vielmehr als Ermutigung, die Tatsachen aufmerksam zu erforschen, um herauszufinden, wie wir unser Zusammenleben von Fall zu Fall – das meine ich durchaus doppeldeutig – verbessern können. Wenn meine Beobachtung zutrifft, daß heute an Stelle der Familienerziehung eine Art Familienmanagement tritt, dann muß man fragen, wer das tun soll, was früher – und gewiß da und dort auch heute noch – Eltern unter günstigen Umständen geleistet haben bzw. weiterhin leisten. Die Antwort, die man sucht, hängt freilich davon ab, wozu wir unsere Kinder erziehen wollen. Denken wir allein profitorientiert, dann können wir alles treiben lassen, wie es treibt. Dann müssen wir nur darauf achten, daß wir nicht stranden, sondern mitschwimmen, wo der Strom am schnellsten fließt. Aus unseren „Früchtchen" wird dann nicht mehr das „Freilandobst", welches sich Erich Kästner in seiner „Ansprache zum Schulbeginn" anstelle des damals üblichen „Spalierobstes" wünschte, vielmehr wachsen dann *Modulenmenschen* heran, die jederzeit austausch- und ersetzbar sind. Ich gebe gern zu, daß ich gegen dieses Erziehungsziel an dem manchen Zeitgenossen etwas altmodisch erscheinenden Ideal eines ichstarken Menschen festhalte. Das ist keine Utopie, denn ich weiß aus Erfahrung, daß in einer fördernden Umwelt auch heute noch solche Menschen heranwachsen und sich bewähren. Möglich ist das freilich nur, wo Pädagogen einigermaßen ausgleichen, was im Rahmen des Familienmanagements vernachlässigt wird. Dazu müssen sie mehr oder weniger mütterlich und väterlich zugleich sein, d. h. die Pädagoginnen nicht nur mütterlich-weiblich, sondern auch ein wenig väterlich-männlich, und die Pädagogen nicht nur väterlich-männlich, sondern auch ein wenig mütterlich-weiblich, wobei es gar nicht schadet, wenn aus dem wenig noch ein bißchen mehr wird. Die Männlichkeit der Männer und die Weiblichkeit der Frauen kann dabei nur gewinnen. Es geht ja, wie gesagt, nicht um biologische Eigenschaften der Geschlechter, sondern um soziale Funktionen und Rollen, die ihnen zugeschrieben werden, weil und solange das pragmatisch nahe liegt, die man aber auch ändern kann, wenn die Notwendigkeiten und Vorlieben sich wandeln. Wo man sie jedoch als ewige Normen und Werte anwendet, führen sie zu Fehlhaltungen. Männer verlieren nicht den Penis, wenn sie sich auch emotional an der Erziehung und Pflege ihrer Kinder beteiligen. Frauen büßen nicht die Brüste ein, wenn sie im Umgang mit ihren Kindern und

Männern zuweilen standhaft bleiben. Wie dem auch sei, pädagogische Berufe fordern unsere Bisexualität heraus. Diese muß, wie Janine Chasseguet-Smirgel (1975, S. 43) sagt, gut integriert sein. So wie sie die „Disposition des Analytikers zur Mutterschaft" betont, so ich die *Disposition des Pädagogen zur mütterlichen Haltung*. Das ist schon deshalb nötig, weil das ruhige Halten, Nähren und Pflegen, das Warten und Wachsenlassen in einseitig am Leistungsprinzip orientierten Gesellschaften geächtet und vernachlässigt wird. Die Machtcliquen unserer Gesellschaft und ihre Marketing-Agenten – getriebene Antreiber allemal – lassen niemanden zur Ruhe und Besinnung kommen. Mit Hilfe der Arbeit lassen sich die Menschen bei fortschreitender Automation nicht mehr versklaven. Also treibt man sie von Erlebnis zu Erlebnis, von einer Sensation in die andere und nimmt dabei in Kauf, daß die nachdrücklichsten Erlebnisse die der Grausamkeit werden. Im Grunde genommen sind das ähnliche Methoden, wie sie der Falkner gebraucht, um Raubvögel gefügig zu machen: Man nimmt den Menschen jede Rückzugsmöglichkeit, die Ruhe, den Schlaf. Dann verfallen sie der Hypnose, dem Ichverlust. Das sind übrigens auch Methoden, die in der Erziehung hoch angeschrieben sind: in strengen Klöstern, den englischen Colleges, preußischen, russischen und amerikanischen Kadettenanstalten, den NAPOLAS der Nazis (vgl. z. B. Leopold v. Wiese 1924, Schneider, Stillke, Leineweber 1996). Dort sind sie auch brauchbar, denn nur aus unterdrückten Kindern werden harte Unterdrücker. Die Nazis drückten das in dem Prinzip aus: „Wer befehlen will, muß erst gehorchen lernen."

Seine innere Weiblichkeit gestattet dem Pädagogen „jene lange Schwangerschaft", die der pädagogische Prozeß „auf einer gewissen Ebene darstellt, zu akzeptieren" (Chasseguet-Smirgel a. a. O., S. 40). Wird die eigene Weiblichkeit abgelehnt, kommt es zu Lehr- und Lernstörungen, zu einer Art „Schwangerschaftsunterbrechung". Das kann auch Pädagoginnen unterlaufen. Hierzu Therese Benedek (1964, S. 23): „Die Emanzipation der Frau, die gegenwärtige Zunahme der sozialen und ökonomischen Gleichheit der Geschlechter führte notwendigerweis zu einer Veränderung der weiblichen Persönlichkeitsentwicklung. Ohne in Details zu gehen, mag es hier genügen zu sagen, daß die Emanzipation der Frau zu einer Verschiebung der relativen Wertigkeit zwischen denjenigen Persönlichkeitsaspekten, die Repräsentanten der kulturellen Werte sind (d. h. dem Ich-Über-Ich-System), und den Repräsentanten biologischer Notwendigkeiten geführt hat. Mit anderen Worten: Frauen, die das Wertsystem der modernen Gesellschaft inkorporieren und sich an es anpassen, können sich zu Persönlichkeiten mit starren Abwehrmaßnahmen gegen ihre biologischen Bedürfnisse entwickeln". Therese Benedek schreibt übrigens „können" nicht „müssen". Besonders leicht entwickeln sich diese Abwehrmaßnahmen dort, wo man versucht, die innere Natur des Sozialisationsprozesses mit den Gesetzen der industriell-kapitalistischen Beziehungen gleichzuschalten. Dort sind Mütterlichkeit und Väterlichkeit allenfalls noch subversiv möglich.

Wie schon erwähnt, schließt die Disposition zur Mutterschaft freilich auch die Gefahr ein, daß der Pädagoge dem Kind verweigert, seine Reichweite zu verlassen. Aber, um Janine Chasseguet-Smirgel zu variieren: *Das pädagogische Boot hat Ränder,* die man packen kann, um wieder herauszukommen, und Haltegurte, an denen man sich sich festhalten und wieder aufrichten kann, wenn man gefallen ist. „Als Schranke ist der Rahmen Gesetz, Abgrenzung, Repräsentant des Vaters. Es besteht eine dialektische Beziehung zwischen dem Rahmen als *Definition* eines Raumes (in unserem Fall: die pädagogische Situation, WG) und der *Regression,* die er bedingt und erlaubt, wobei beide sowohl einander entgegengesetzt als auch eng miteinander verbunden sind, so wie die Komponenten der menschlichen Bisexualität. So kann man" sich und die Heranwachsenden als Elemente „einer Dreiecksbeziehung betrachten, entsprechend dem Schema des Ödipuskomplexes". Darauf komme ich im Kapitel 12 zurück.

9. Übertragung und Gegenübertragung

„Was die Entwicklungsjahre des Menschen charakterisiert, ist ... ein Erlebnishunger, der neben dem Wiederholungszwang besteht und ihm in jeder Beziehung entgegengesetzt ist. Je normaler ein Kind ist, desto mehr steht es unter der Herrschaft des ersteren; je neurotischer, desto stärker ist der Drang zur Wiederholung. Kinder, die in die Analyse eintreten, stehen unter dem Einfluß beider Neigungen. Für den gesunden Teil ihrer Person ist der Analytiker eine interessante neue Figur, die in ihr Leben eintritt und zu neuartigen Beziehungen anregt; für die kranke Seite ist er ein Übertragungsobjekt, an dem sich alte Beziehungen wiederholen lassen."

Anna Freud, Wege und Irrwege in der Kinderentwicklung, 1965, S. 45

„Unter dem Begriff der Gegenübertragung versteht man die Wirkungen, welche die unbewußten Triebansprüche und Konflikte des Analytikers auf sein Verständnis und die Technik haben. Im Falle einer Gegenübertragung wird der Patient zum Objekt, zu welchem der Analytiker Gefühle und Wünsche aus seiner Vergangenheit erlebt. Es mag etwas in der Persönlichkeit des Patienten sein, was diese Gefühle und Wünsche hervorruft; es kann sich um eine besondere Form der Übertragung oder auch um eine spezifische analytische Situation handeln."

Anni Reich, Einige Bemerkungen zur Gegenübertragung, 1960, S. 184

Die Übertragung als Hindernis

Ganz so unbedarft wie früher erleben Kinder den ersten Schultag heute nicht mehr. Oft haben sie bereits zwei Jahre Kindergarten hinter sich. Dort lernten sie nicht nur andere Kinder als die der Nachbarschaft kennen, sondern auch andere Erzieherinnen. Was aber neu ist, das sind die schulischen Forderungen, die an sie gestellt werden. Diese richten sich nicht nur an ihre Wißbegierde, sie erregen auch Ängste: nicht nur die Angst, sich durch zu geringe Leistungen zu beschämen, sondern auch soziale Ängste vor den Mitschülern und Lehrern. In dieser Situation reagieren die kleinen Schulanfänger sehr unterschiedlich. Es gibt Schüler, die halten sich vorerst zurück. Mit wachen Augen beobachten sie, was geschieht. Langsam tasten sie sich vor. Je besser sie die Interaktionen in der Klasse verstehen, desto realistischer machen sie mit. Es kann aber auch sein, daß sie auf ihnen als unüberwindlich erscheinende Schwierigkeiten stoßen; dann ziehen sie sich zurück. Fast immer versuchen sie, die neuen Erfahrungen mit alten zu verknüpfen. Dabei kommt es oft zu jenen *falschen Verknüpfungen* (Freud 1895, S. 121), die in der Psychoanalyse Übertragungen genannt werden. Um die *Einsicht in die Dialektik von Übertragung und Gegenübertragung* geht es in diesem Kapitel. Sie kann uns ein besseres Verständnis für die Wirkungen des pädagogischen Handelns geben und die Entstehung eines Arbeitsbündnisses fördern.

Was geschieht bei der Übertragung? Das Kind begegnet dem bisher fremden Pädagogen. Nun tauchen Regungen, Phantasien, Ängste und Wünsche auf, die es bereits bei den Eltern und anderen nahen Personen erlebt hat. Unbewußt überträgt das Kind diese auf den Pädagogen, erlebt und erfährt ihn wie die bisher vertrauten, aber zuweilen auch feindlichen Personen und versucht, ihn in deren gute oder böse Rollen zu drängen. Es gestaltet also den Pädagogen nach seinem inneren Elternbild um. Das geschieht dem Lehrer in einer Klasse vielleicht 36-mal, je nachdem wie groß sie ist und wie vielfältig ihre Übertragungsmuster sind. Für jeden Schüler kann er eine andere Person sein. Nur langsam und unvollständig überzeugt er sie davon, daß er eine eigene Identität hat, die beachtet und in ihrer Individualität gewürdigt werden will. Oft geschieht es ihm, daß die Schüler ihn auf einige ihnen gemeinsam aufallende Charakterzüge reduzieren. So kommt es zum Zerrbild des Paukers, zur Karikatur der Wirklichkeit. Gelingt es ihm, diese Übertragungen und Überzeichnungen zu korrigieren, erscheint er ihnen leicht als *unheimlich:* Insofern er ihren Übertragungserwartungen entspricht, ist er ihnen vertraut; wo das nicht der Fall ist, fremd. Aber wenn es gut geht, lockt seine Fremdheit zur Neugier, zum Entgegenkommen, zur Erhellung neuer Horizonte.

Die Erfahrung, anderen unheimlich zu sein, kann einen, wenn man sie das erste Mal macht, überraschen. Mir ist das passiert, als ich noch ein junger Dozent war. Ein Freund, den ich aus der Sozialistischen Jugend kannte, absolvierte nach seinem Jura-Studium noch ein Lehrerstudium. Noch etwas unsicher, fragte ich ihn, wie die Studenten mich beurteilen würden. Er antwortete: „Du bist ihnen ein bißchen unheimlich." Da ich mich für einen relativ irenischen Menschen hielt, bat ich ihn überrascht, mir das näher auszulegen. Er erwiderte: „Immer wenn sie glauben, sie hätten herausgefunden, was Du hören willst, stellst Du das wieder in Frage." Das heißt, ich erschien ihnen als eine Autoritätsperson, nach deren Auffassung man sich richten müsse. Sie übertrugen also Erfahrungen mit anderen auf mich und waren dann überrascht, daß ich ihrer Übertragung nicht entsprach. Ich erzählte das einem befreundeten Kollegen. Der antwortete spontan: „Aber Sie wollen ja auch gar nicht, daß die Studenten bei Ihnen heimisch werden." Ich begriff nun, was ich bis dahin mehr oder weniger unbewußt tat: die Studenten in ein Forschungsgebiet führen, nicht damit sie sich dort ansiedeln, sondern daß sie es erkunden und dann forschend weiterziehen. Freilich sollte man die Anteile des Vertrauten und des Fremden bei Kindern anders dosieren als bei erwachsenen oder doch beinahe erwachsenen Studenten. Aber man kann auch Kinder zu einem forschenden Umgang mit dem Unheim(l)ichen ermuntern, dem als *fremd* abgewehrten Vertrauten, z. B. der eigenen Wißbegierde, der man nicht zu folgen wagt, weil das zu Konflikten mit Autoritäten führen könnte.

Die Schwierigkeit für den Lehrer besteht darin, daß er die falschen Verknüpfungen der Übertragung nicht so aufklären kann wie der Analytiker. Er kann die Übertragung nicht analysieren. Am Schüler fällt ihm lediglich dessen der pädagogischen Situation unangepaßtes Verhalten auf und oft nicht einmal das, denn oft sind Lehrer seelenblind, das heißt unfähig zur sensiblen Wahrnehmung emotionaler Regungen, und denken, sie hätten ihre Pflicht getan, wenn sie den Unterrichtsstoff durch irgendein didaktisches Ritual gedreht haben. Aber auch hinreichend einfühlsamen Lehrern fällt es schwer, mit den positiven und negativen Übertragungen der Schüler umzugehen. Damit haben wir schon unter Erwachsenen große Schwierigkeiten. Ich erinnere mich an eine Ferienreise mit meiner Frau nach Jütland. Wir waren damals noch lange nicht verheiratet. Eines Tages fuhren wir von Ribe zurück nach unserer Insel im Lijmfjord. Ich saß stillvergnügt am Steuer. Plötzlich fragte mich meine Frau in ängstlichem Ton: „Was hast Du denn?" Ich war überrascht. Meine gute Stimmung wich. Aber wir hatten schon gelernt, Probleme miteinander zu besprechen, und so erfuhr ich, warum sie mein Schweigen als Unzufriedenheit mit ihr deutete. Es handelte sich um eine Übertragung von ihrer Mutter auf mich. Ihre Mutter schwieg immer, wenn sie sich von ihren Familienangehörigen verletzt fühlte:

> Und die Mutter blickte stumm
> Auf dem ganzen Tisch herum.

Ihr Mann und die Kinder mochten dann rätseln, wer und was sie beleidigt hatte. Hier lag also eine falsche Verknüpfung vor: Mein

Schweigen wurde mit dem Schweigen der Mutter verbunden und als Unbehagen fehlinterpretiert.

Es ist klar, daß solche falschen Verknüpfungen als Übertragungen das Zusammenleben und also auch das gemeinsame Lernen stören können, wenn sie nicht aufgelöst oder wenigstens gelockert werden. In der psychoanalytischen Kur geschieht das auf dem Wege der Widerstandsanalyse. Diese ist in Lerngruppen nicht möglich. Hier muß sich der Lehrer mit Gelassenheit, Humor und Phantasie als der beweisen, der er im Unterschied zu den früheren Personen, die die Übertragung determinieren, ist. Ob er es erkennt oder nicht, zuerst einmal dient er den Heranwachsenden als *Objekt für libidinöse und aggressive Übertragungsbesetzungen* (Anna Freud 1965, S. 46ff.). Diese können zur Wiederkehr von *narzißtischen Haltungen, symbiotischen Einstellungen und Übertragungen der Objektbeziehungen nach dem Anlehnungstyp* führen.

Der kleine Narziß – „Seine Majestät das Kind" (Freud) – zieht sich auf das eigene Selbst und seine Interessen zurück. Seine Allmachtsgefühle einerseits und Ohnmachtsgefühle andererseits verbieten ihm zu fragen oder sich in Frage stellen zu lassen. Unfähig zur Übertragung, diese ist ja auch eine Brücke zu anderen Menschen, nimmt er keinen Kontakt zu den Mitschülern und Lehrern auf.

Symbiotische Einstellungen verraten sich durch das drängende Verlangen nach ununterbrochenem Zusammensein mit dem Lehrer, die von ihm als klebrige Anhänglichkeit erlebt wird. Die Mitschüler erscheinen dann als unerwünschte Geschwister. Natürlich will der Lehrer das nicht mitmachen. Aber allzu oft bleibt der symbiotische Schüler Sieger. Durch sein Verhalten schafft er es, daß nicht nur der Lehrer, sondern die ganze Klasse sich mit ihm beschäftigen muß. Dieser „Krankheitsgewinn" ist ihm mehr wert als der Niedergang seiner Schulleistungen.

Schüler, deren Übertragung der Objektbeziehung nach dem Anlehnungstyp entspricht, stellen sich hilflos. Sie stellen sich gleichsam als kleine Häslein dar und wissen so, den Lehrer zu rühren. Aber die Beziehung zu ihnen bleibt einseitig. Gegenleistungen kommen für sie nicht in Frage.

Schüler mit solchen Haltungen, Einstellungen und Übertragungen fordern die Geduld des Lehrers heraus. Manchmal gelingt es, sie durch

Schaffung einer fördernden Umwelt aus ihren Schneckenhäusern hervorzulocken. Das muß man versuchen, aber die Gewähr, daß dergleichen Bemühungen zu Erfolg führen, hat man nicht. Oft bleibt nichts anderes übrig, als diese Schüler zu „überleben" und den Schaden, den sie der Lerngruppe bereiten zu begrenzen. Hier können Balint-Gruppen von Lehrern (siehe unten), in denen sie vor allem ihre Gegenübertragungen zu solchen Schülern miteinander besprechen, nützlich sein.

Schließlich möchte ich noch auf eine besondere Form der Übertragung: den *nachträglichen Gehorsam* hinweisen. Freud hat sie zuerst in der Analyse des kleinen Hans (1909, S. 271) erwähnt, Ferenczi im gleichen Jahr, sich auf Freud beziehend, in seinem Aufsatz *Introjektion und Übertragung* (1909, S. 37). Der nachträgliche Gehorsam kann z. B. auftreten, wenn ein Vater seinem Sohn die Erlernung eines bestimmten Berufes verbietet. Der Sohn ergreift diesen Beruf dennoch, scheitert aber in ihm. Er unterwirft sich somit gleichsam einer Selbstbestrafung.

Es kann auch passieren, daß man es im nachträglichen Gehorsam zu Spitzenleistungen bringt, dann aber erschöpft abstürzt. Das war in dem australischen Film *Shine* über den Pianisten David Helfgott zu sehen. David, Sohn eines dominierenden Vaters, der als einziger seiner Familie die Shoa überlebt hatte, wird von diesem in die Rolle eines Selbstobjektes (Kohut) gezwungen und muß dessen unerfüllten narzißtischen Ehrgeiz befriedigen. Einerseits soll er als Pianist das Äußerste leisten, andererseits darf er sich vom Vater nicht trennen. Um eine bessere Ausbildung zu erlangen, tut er das dennoch und geht nach London. Die Trennung vom Vater gelingt und mißlingt in einem, denn er gerät in die Hände eines Lehrers, der ihn ebenso für die Befriedigung seines Ehrgeizes mißbraucht wie sein Vater. David erreicht die geforderte Spitzenleistung, stürzt aber in den Wahnsinn, aus dem er sich später nur unvollkommen befreit. Dieser Fall ist überdeterminiert: Narzißtische Projektion der Eltern auf das Kind (Richter 1960), das Prinzip der Delegation (Stierlin 1975, 1978) und Spätfolgen sequentieller Traumatisierung (Keilson 1979) verknüpfen sich mit nachträglichem Gehorsam zu einer Extremsitution (Bettelheim 1943), an der das Opfer scheitert.

Bei Frauen tritt nachdrücklicher Gehorsam zuweilen in der Ausübung übertriebener Sauberkeitsrituale auf, die ihnen und ihren

Angehörigen das Leben schwer machen und dennoch erfolglos bleiben. Eine junge Lehrerin wurde von ihrer in dieser Hinsicht tyrannischen Mutter das erste Mal in ihrem Appartement besucht. Die Tochter hatte alles tipp topp sauber gemacht. Die Mutter kam, sah sich um und schwieg erst anerkennend. Beim Kaffee erhob sie sich plötzlich, wischte mit einem Finger über die niederhängende Tischlampe und sagte triumphierend: „Aber hier liegt noch Staub!" Daß die Tochter bei einer solchen Erziehung ein strafbereites Überich entwickelt hatte, ist begreiflich.

So extrem verlaufen die Prozesse nicht immer. Aber jeder Einzelfall ist eigentlich einer zuviel. Jedenfalls kann nachträglicher Gehorsam zu schweren Lernstörungen führen. *Dummheit* – was immer wir darunter verstehen – ist seltener angeboren als gemacht. Ich denke an die nachhaltige Unterdrückung des Wißtriebes von Kindern, besonders von Mädchen, wenn ihre Fragen nach ihnen unerklärlichen Dingen, z. B. aus den Bereichen der Religion oder Sexualität, unterdrückt statt beantwortet werden. Mindestens könnte man ja sagen: „Ich weiß es nicht, ich glaube." Um den Eltern zu gefallen, hören viele Kinder auf zu fragen. Dieses Verhalten übertragen sie auf die Lehrer, und manchen von ihnen gefällt das, denn Kinder, die nicht fragen, kommen ihrer Trägheit entgegen. Leider bleiben diese Kinder unwissend. Das Denken ist keine bloß rationale Sache. „Gesundes, fruchtbares Denken ist immer gefühlsbetont und mag darum auch oft infolge der mächtigen treibenden Affekte und Wünsche irre gehen" (Landauer 1939, S. 115). Die Wißbegierde der Kinder darf also nicht unterdrückt werden. Sie verdient vielmehr Ermutigung und Anleitung. Gefühle, Erkennen, kommunikatives Verhalten und Objektbeziehungen entwickeln sich miteinander verbunden, nicht getrennt.

Zur Genese der Dummheit schrieb Max Horkheimer (1947, S. 288f.): „Das Wahrzeichen der Intelligenz ist das Fühlhorn der Schnecke ‚mit dem tastenden Gesicht', mit dem sie, wenn man Mephistopheles glauben darf (*Faust,* Erster Teil, S. 4068), auch riecht. Das Fühlhorn wird vor dem Hindernis sogleich in die schützende Hut des Körpers zurückgezogen, es wird mit dem Ganzen wieder eins und wagt als Selbständiges erst zaghaft wieder sich hervor. Wenn die Gefahr noch da ist, verschwindet es aufs neue, und der Abstand bis zur Wiederholung des Versuchs vergrößert sich. Das geistige Leben ist in den Anfängen unendlich zart. Der Sinn der Schnecke ist auf den Muskel angewiesen, und Muskeln werden schlaff mit der Beeinträchtigung ihres Spiels. Den Körper lähmt die physische Verletzung, den Geist der Schrecken. Beides ist im Ursprung gar nicht zu trennen."

Probleme mit der Gegenübertragung

Der Umgang mit den Übertragungsäußerungen der Lerner wird durch die Tatsache erschwert, daß die Pädagogen selbst mit Übertragungen reagieren; d. h. die Interaktionen in einer Lerngruppe werden weitgehend von gegenseitigen Übertragungen bestimmt, welche ihrerseits gegenseitige Anpassungsleistungen zur Folge haben, die nicht selten entgleisen. Die Übertragungsäußerungen der Schüler bemerkt der Lehrer noch relativ leicht, wenn ihm deren Genese auch meist im Dunkeln bleibt. Schwieriger ist es, die eigenen Übertragungsreaktionen zu entdecken und zu entziffern. Hier erweist sich der Vorzug der Psychoanalyse, daß sie die Analytiker und alle, die sich an ihr orientieren, zu ständiger Selbstreflexion anleitet. Der Analytiker soll, wie Gitelson sagte, *mit dem ,dritten Ohr' ständig in sich hineinlauschen* (zit. bei Parin 1960, S. 198). Der Ausdruck ,drittes Ohr' ist dem Titel eines Buches von Theodor Reik (1948) entnommen, in dem er eine Einführung in die Psychoanalyse aus der Sicht der Selbstbeobachtung und Selbstanalyse gibt. Mir ist dieser Zugang nicht fremd. Da ich ja nie „in Analyse" war, stammen meine eigenen analytischen Erfahrungen vor allem aus der ständigen Konfrontation dessen, was ich an mir und anderen beobachte, mit dem, was ich lese. Das begrenzt meine Erfahrungen. Andererseits übernehme ich von den Lehren der Psychoanalyse allein das, was ich nicht nur rational nachvollziehen, sondern auch emotional miterleben kann, was ich also selbst *durcharbeite*. Insofern ist mein Umgang mit der Psychoanalyse nie bloß theoretisch. Auch in der Lehrarbeit an der Universität kam es mir stets darauf an, die Studenten zur Selbsterforschung anzuleiten. So drehte ich oft den Spieß um: Als es Mode war, über Schülerängste zu sprechen, richtete ich die Aufmerksamkeit der Studenten auf die Lehrerängste. Als Kohuts Narzißmustheorie beliebt war und viele mit Begeisterung vom *neuen narzißtischen Sozialisationstyp* sprachen, interessierte ich sie für Narziß auf dem Katheder. Den IV. Teil meines Buches *Wahrnehmen,*

Verstehen, Helfen. Grundlagen psychosozialen Handelns, das ja wie die meisten meiner Schriften aus Seminaren und Vorlesungen hervorging, widmete ich der Selbsterforschung des psychosozialen Arbeiters. Ich meine nicht, daß Selbstanalyse und Selbstbeobachtung eine klassische Analyse ersetzen können. Aber sie können den Menschen in lehrenden und helfenden Berufen die Sinne öffnen für vieles, was sie sonst gar nicht wahrnehmen würden. Das kann ihnen bei ihrer schweren Arbeit nützlich sein.

Was soll hier unter Gegenübertragung verstanden werden? Gehen wir von dem zweiten Motto dieses Kapitels und dem Aufsatz von Anni Reich, aus dem es stammt, aus, so verstehen wir darunter die Wirkungen, welche die unbewußten Triebansprüche und Konflikte des Analytikers bzw. Pädagogen auf sein Verständnis und auf seine Berufspraxis haben. Otto Kernberg (1975, S. 68) nennt diese Auffassung der Gegenübertragung die *klassische,* weil sie mit Freud den Ursprung der Gegenübertragung hauptsächlich in den neurotischen Konflikten des Analytikers, Helfers oder Pädagogen sieht. Daneben gibt es noch eine *ganzheitliche* Auffassung, aus deren Perspektive sich die Gegenübertragung aus sämtlichen emotionalen Reaktionen auf die Analysanden, Klienten und Lerner ergibt. Ich selbst bin bereit, mich von Fall zu Fall auf die eine oder die andere Konzeption einzulassen. Begriffe sind ja Werkzeuge, und je nachdem, was ich begreifen will, benütze ich den einen oder den anderen, bzw. verändere ihn so, daß er mir dienlich sein kann.

Ähnlich wie Kernberg für die analytische Therapie (a. a. O., S. 72), meine ich für unsere Praxis, daß es oft weniger darum geht, irgendwelche Gefühle bei sich zu entdecken, die einem bisher entgangen sind, als um die Frage, wie man mit den sehr intensiven Gefühlen umgehen soll, die wir bei der Arbeit mit unseren Schülern und Klienten erleben, und wie diese sich auf die Erfüllung unserer Aufgaben auswirken.

Um den in der Pädagogik möglichen Gebrauch des Begriffes Gegenübertragung zu erhellen, wende ich hier die Sichtweise von Sandler u. a. (1973, S. 63) an. Sie erörtern folgende *Hauptelemente und Bedeutungen:*

Erstens: Es kann zu „Widerständen" in uns auf Grund eigner innerer Konflikte kommen. Sie stören das Verständnis und das pädagogische Handeln, indem sie „blinde Flecken" entstehen lassen. Wir projizieren vielleicht unsere Schwierigkeiten in den anderen und „entdecken" allein sie, obwohl unsere Schüler oder Kollegen ganz andere Schwierigkeiten haben. Oder wir vermuten umgekehrt unseren eigenen Konflikt im anderen, fühlen uns bedroht und ziehen uns wieder zurück. So blockierte ein Student seinen Interviewpartner – einen alten Arbeiter, den er über seine Lebensgeschichte befragte –, als dieser das Problem der Homosexualität berührte. Der Student wurde verlegen, und das bis dahin lebendige Interview verlief im Sande.

Zweitens: Übertragung des Pädagogen auf den Schüler, man verhält sich gegen ihn wie einst gegen eine wichtige Person aus der eigenen Kindheit. Es erfolgt also eine Art unbewußter Rollentausch. Zuweilen verhält er sich zu seinen Schülern und Studenten wie ein Mitschüler oder Kommilitone. Ein Lehrer ging z. B. in seiner Freizeit mit seinen Schülerinnen und Schülern in einem Sandgrubensee gern baden. Diese wären aber lieber unter sich geblieben. – In der Zeit der Studentenbewegungen agierte mancher Hochschullehrer aus falsch verstandener Gemeinsamkeit mit seinen Studenten. Sie hätten sich nicht mit ihnen symbiotisch verbinden, sondern als Hilfs-Ich ihr kritisches Wort an die Studenten und Machthaber gleicherweise richten sollen. Einige taten das und erwarben sich damit die Achtung der Studenten.

Drittens: Die Störung der Kommunikation zwischen Lehrern und Schülern aus Ängsten, die in der Schüler-Lehrer-Beziehung beim Pädagogen geweckt werden. Das kann Angst vor antisozialem Verhalten, aber auch vor dem Versagen der Schüler sein, von denen wir fürchten, sie würden uns nachweisen, daß wir schlechte Lehrer seien. Als Mitglied von Prüfungskommisionen fragte ich mich oft: Wer hat hier eigentlich mehr Angst – der Prüfling oder der Prüfer? Wer sich auf jedes Examen, in dem er prüft, umsichtig vorbereitet, geht ohne Angst in die Prüfung und kann so auch die Examensangst der Kandidaten mindern.

Viertens: Persönlichkeitsmerkmale des Pädagogen, die sich in seiner Arbeit widerspiegeln und möglicherweise zu Schwierigkeiten im pädagogischen Handeln führen; oder die Gesamtheit der bewußten und unbewußten Einstellungen des Pädagogen gegenüber seinen Schülern. Viele Lehrer mit starrem Überich agieren so, daß man denkt, sie hätten besser Prediger, Richter oder Staatsanwälte werden sollen als Pädagogen. Ihr Sadismus ist ebenso groß wie ihr moralischer Masochismus, aus dem sie ihr Selbstwertgefühl beziehen.

Fünftens: Besonders geartete Schüler können auch spezifische Beeinträchtigungen beim Pädagogen hervorrufen. Ich denke hier an Schüler, die Minderheiten angehören. Gegen diese bestehen gewöhnlich virulente Vorurteile in der Gesellschaft, welche nicht selten von den Lehrern geteilt werden. Arbeiten sie ihre Vorurteile nicht oder nur unzureichend durch, dann bleiben ihnen zwei Möglichkeiten: entweder sie heulen und beißen mit der Meute, oder sie kompensieren ihre Befangenheit mit demütiger Gewissenhaftigkeit (political correctness). So amüsierte ich mich über die Redaktion einer psychoanalytischen Zeitschrift, welche eine Zeitlang die Rubrik: „Die Autoren dieses Heftes" mit „Die AutorInnen dieses Heftes" überschrieb und damit den Phallus im Wort aufrichtete.

Sechstens: Selbstverständlich gibt es auch „angemessene" oder „normale" Gefühlsreaktionen des Lehrers auf seine Schüler. Diese tragen zum *berufsmäßigen Verstehen* (Balint u. Balint o. J., S. 176f.) bei. Alles gefühlsmäßige Verstehen beruht auf Identifizierung. „Obwohl zur Identifizierung ein gewisses Maß an bewußter Anstrengung auf Seiten des Beobachters notwendig ist, hängt sie mehr von der Bereitwilligkeit, ja dem Wunsch ab, zu verstehen, und ferner von einer Art sympathisierender Interessiertheit an der beobachteten Person. Um sich mit ihr identifizieren zu können, muß der Beobachter sich so auf sie einstimmen, daß er für kurze Zeit, vielleicht nur für einige Augenblicke, so fühlt, als wäre er selbst die Versuchsperson oder der Schöpfer des betrachteten Gegenstandes ... Wenn ... die Identifizierung erfolgreich ist, haben Beobachter und Beobachteter ein gemeinsames Erlebnis. Umgekehrt kann es zu keiner Identifizierung kommen, falls der Beobachter nicht bereit ist, neue Erfahrungen zu machen und Wünsche zu haben, ja, vielleicht etwas zu erleben, was ihm fremd und vielleicht sogar angsterregend ist." Aber der Beobachter, in unserem Fall der Lehrer, muß zur Objektivität wieder zurückfinden, denn es ist ein Unterschied, ob ich mich als Mutter oder Vater oder als Pädagoge mit einem Kind identifiziere. Die Eltern sind nicht zur Objektivität verpflichtet. Sie brauchen die Identifizierung mit dem Kind nicht so weit zurückzunehmen wie der Lehrer, der zum Hin und Her von sympathisierender Identifizierung und Rückkehr zur Objektivität fähig sein muß. Aber auch er muß seine sympathisierende Identifizierung nicht ganz zurücknehmen. Vielmehr geht es um eine Vordergrund-Hintergrund-Dialektik: Was jeweils in den Hintegrund tritt, wird nicht gelöscht, sondern bleibt dort in Bereitschaft, bis es wieder gebraucht wird.

Erst die Identifizierung mit dem Kinde macht Empathie möglich. Die Identifizierung sollte eine *zeitweilige Probeidentifizierung* sein (Fliess zit. bei Kernberg 1975, S. 75). Spitz (1956, zit. bei Kernberg ebd.) spricht von einer Regression im Dienste des Ichs. Sie fordert vom Lehrer sehr viel. Schließlich muß er dergleichen Probeidentifizierungen mit einer ganzen Reihe von Schülern zustande bringen. Außerdem muß er die Fähigkeit haben, einen raschen Wechsel zuweilen völlig widersprüchlicher emotionaler Reaktionen auf seine Schüler ohne Verleugnung oder Agieren auszuhalten. Das hängt von drei Voraussetzungen ab, bei deren Formulierung ich mich zum Teil wörtlich an Kernberg (1988, S. 335f.) halte:

Erstens muß der Lehrer in seinem Handeln die Grenzen der pädagogischen Situation von Raum, Zeit und Geheimhaltung wahren, ebenso ein Gefühl der eigenen physischen Sicherheit während des Unterrichts. Er darf mütterlich und väterlich sein, aber nicht die Eltern verdrängen wollen. Wenn er einen psychoanalytischen Blick hat, dann darf er doch nicht in therapeutischer Weise analysieren. Behutsam kann er sich an seinen Deutungen orientieren, aber er sollte sich zurückhalten, sie auszusprechen. Seine Eingriffe sollten sich vor allem auf die Schaffung eines beschützten und freundlichen Umfeldes für die Schüler und auf das gemeinsame Lernen und Lehren mit ihnen richten.

Zweitens muß der Lehrer als Teil seiner empathischen Reaktion auf die Schüler die Aktivierung pimitiv-aggressiver, sexueller und abhängiger Affekte bei sich selber tolerieren, ohne sie zu agieren. So muß der Pädagoge seine eigene Aggression in der Gegenübertragung (Winnicott 1949, Stork 1997) akzeptieren. Hierbei fällt es ihm oft schwerer, sein Verlangen nach dem befriedigendem Erlebnis sadistischer Herrschaft zurückzuhalten als beispielsweise das Ertragen von entwicklungsmäßig fortgeschrittenen Stufen sexueller Erregung. Das kann man einmal darauf zurückführen, daß Wut und Haß vielleicht doch primärer sind als Liebe, zum anderen auf die Tatsache, daß die Gesellschaft, in der wir leben, sich offensichtlich gegen Gewalttätigkeiten toleranter zeigt als gegen sexuelle Handlungen.

Drittens ist es wichtig, daß der Pädagoge genug Zutrauen zu seiner Schöpferkraft als Teil seiner pädagogischen Arbeit behält, so daß er das Bedürfnis ihm feindlich gesonnener Schüler, seine Bemühungen zunichte zu machen, ohne bloß reflektorischen Gegenangriff, Abwertung der Schüler oder Rückzug von ihnen ertragen kann. Nur wenn der Pädagoge mit seinen eigenen Aggressionen gelassen auskommen kann, wird er fähig, den Aggressionen des Schülers angemessen entgegenzutreten, ohne sich ihrer Beschuldigung zu unterwerfen, sie würden von ihm angegriffen (worin sich zeigt, daß sie ihre eigene Aggression nicht ertragen).

Wie dem auch sei, wir müssen mit unseren Gegenübertragungsreaktionen rechnen. Sie beeinflussen unsere pädagogische Haltung. Sie können uns Schwierigkeiten bereiten, wenn wir ihrer nicht bewußt werden oder wenn sie uns überwältigen. Sie können uns aber auch im Umgang mit den Schülern helfen, wenn unsere Selbstbeobachtung im Hinblick auf unsere Gefühle und Einstellungen uns Einsichten in ihre innere Welt eröffnen.

Entwicklung des Arbeitsbündnisses

Was ich über die Dialektik von Übertragung und Gegenübertragung geschrieben habe, klingt schwierig und ist es auch. Dennoch gibt es viele Lehrer, die ihre Arbeit hinreichend gut machen und Freude daran haben. Wie kommt das? Muß man zum Pädagogen geboren sein? So einfach und hoffnungslos zugleich ist es nun wiederum auch nicht. Ich meine, die wichtigste Voraussetzung für die Befähigung für pädagogische Berufe ist die Erfahrung einer hinreichend guten Sozialisation. Man hat es leichter, wenn man von einer Mutter gut genug geliebt wurde, wenn man von einem freundlichen, aber standhaften Vater eine Brücke zur äußeren Realität gebaut erhielt und in der Schule von tüchtigen Lehrern lernen konnte, als wenn das nicht der Fall war. Und manches von dem, was man als Kind nicht erhielt und erfuhr, kann man auch nachholen. Gelingt es, schwere Kindheitserfahrungen später durchzuarbeiten, so trägt das vielleicht dazu bei, besonders viel Verständnis und Können gerade im Umgang mit schwierigen Kindern zu entwickeln. Das Durcharbeiten schwerer und das Nachholen befriedigender Erfahrungen schafft man jedoch kaum allein. Hierfür ist es gut, wenn man gute Begleiter findet, die sachkundig und unaufdringlich zugleich sind.

Nicht immer muß das ein Psychoanalytiker sein. Vielleicht findet man einen guten Helfer, ein zuverlässiges Hilfs-Ich oder mehrere in seinem Kollegenkreis. Vielleicht kann man an einer *Balint-Gruppe* teilnehmen. Diese Gruppen wurden von Michael Balint für Ärzte entwickelt. In ihnen geht es nicht darum, primär die Psyche und die Übertragungsreaktionen der Patienten zu erforschen. Es geht vielmehr um die eigenen Gefühle und Einstellungen der Ärzte gegen die Patienten. Das kann man auch mit Lehrern tun. Ich arbeitete mit einigen Absolventen in Bremen in dieser Weise zusammen.

Wie die Ärzte tappen die Lehrer im Dunkeln, wenn es um die innere Welt der Schüler geht. Diese ist weniger von der äußeren Realität abgegrenzt als bei einigermaßen ich-starken Erwachsenen. Die Außenwelt reicht beim Kind weit in die Innenwelt hinein (Anna Freud 1927, S. 60). Kinder gehen oft mit den Gegenständen der Außenwelt um, als ob sie zu ihrer Innenwelt gehören würden. Bevor sie Realisten werden, sind sie Surrealisten. Ab und zu können wir etwas von ihrer Traumwelt erhaschen. Aber wir müssen uns hüten, allzuviel herausfinden zu wollen, und sollten uns damit begnügen, die für die Schüler und uns selbst angemessene freundliche Distanz zu finden. Manchmal müssen wir die Initiative ergreifen, zu anderen Zeiten jedoch Zurückhaltung üben. So ähnlich drückte das Andrew Elder (1987, S. 54, zit. n. E. Balint 1993, S. 225) aus. In Balint-Gruppen werden die Beziehungen der Lehrer zu bestimmten Schülern diskutiert. Die Lehrer werden dazu ermutigt, „frei und ohne Notizen zu sprechen, gegebenenfalls auch Widersprüche hinzunehmen, sich nachträglich Gedanken zu machen und sich an Dinge zu erinnern", die man glaubt, vergessen zu haben, so daß ein möglichst vollständiges Bild auftaucht, das neben den Fakten, die der Lehrer berichtet, auch seine eigenen Gefühle erkennbar werden läßt (E. Balint a. a. O., S. 226). Ich zitiere noch einmal Enid Balint, setze aber das Wort „Lehrer", wo sie von „Ärzten", das Wort „Schüler", wo sie von „Patienten" spricht (a. a. O., S. 226f.): „Die Gruppe ist darauf angewiesen, daß ihr ein ausgebildeter Beobachter, sagen wir ein Psychoanalytiker oder jemand, der lange Zeit mit einem Analytiker zusammengearbeitet hat, dabei hilft, das Material zusammenzufügen. Einfälle, Phantasien und Gefühle sollten ohne Verlegenheit in

Worte gefaßt, aber nicht als unantastbar betrachtet werden. Die Arbeit der Gruppe sowie des Lehrers, der für den Schüler verantwortlich ist, besteht darin, zu prüfen, ob das, was gesagt wurde wahr ist – zu untersuchen, worauf solche Phantasien und Einfälle beruhen –, so daß der Lehrer seine Vorstellungen über seinen Schüler modifizieren kann, wenn dies erforderlich erscheint. All dies geschieht in einem stabilen Setting, in dem sich jeder Lehrer daran gewöhnt, seine eigene Arbeit und die seiner Kollegen mit strengem und zugleich offenem Blick zu betrachten." Ziel der Balint-Gruppen ist es nicht, aus Lehrern Therapeuten zu machen, sondern ihnen zu helfen, Verantwortung für die eigenen Gefühle und Gedanken zu übernehmen und sich zu befähigen, genauer als bisher zu beobachten und die Gefühle, die ihm die Schüler vermitteln, wahrzunehmen, festzuhalten und zu untersuchen, bevor er sich von ihnen distanziert oder sich ihnen verschließt. Der Lehrer soll die Gefühle den Schülern nicht deuten, wohl aber sie respektieren und ihnen helfen, besser mit ihnen umzugehen, als sie es bisher konnten. Daraus kann ein *Arbeitsbündnis* mit ihnen entstehen.

Auch diesen Begriff entlehne ich der Psychoanalyse, fasse ihn jedoch ein wenig anders. Nach Greenson (1967, S. 204) ist es der vernünftige und zweckgerichtete Teil der Gefühle des Patienten gegenüber dem Analytiker, der das Arbeitsbündnis zustande bringt. Es kommt also auf die Fähigkeit des Patienten an, in der Behandlungssituation zweckgerichtet zu arbeiten. Aber ist die Fähigkeit des Analytikers hierzu so selbstverständlich, daß man sie nicht erwähnen muß? Das mag unter günstigen Umständen so sein. Immerhin hat der Analytiker ja eine mehrjährige Lehranalyse hinter sich und kann sich, wenn nötig, immer wieder in eine Nachanalyse begeben. Für die Lehrer gilt das nicht. Sie haben nur selten gelernt, mit ihren eigenen neurotischen oder psychotischen Seelenanteilen einigermaßen gekonnt umzugehen. So beziehe ich in meine Definition des pädagogischen Arbeitsbündnisses den Lehrer mit ein und formuliere: *Das Arbeitsbündnis besteht aus dem vernünftigen Ich des Lehrers, welches dieser den Schülern als Hilfs-Ich bereitstellt, und der bewußten Bereitwilligkeit der Schüler mitzuarbeiten und den Anweisungen und Einsichten des Lehrers zu folgen.* Anders als Greenson im Hinblick auf die analytische Situation, gehe ich nicht davon aus, daß das vernünftige, beobachtende, untersuchende Ich sich von seinem erlebenden Ich trennen muß, um zu einem Arbeitsbündnis zu kommen, und halte das auch gar nicht für möglich; vielmehr meine ich, daß ein Arbeitsbündnis die Schaffung einer gelassenen Atmosphäre voraussetzt, in der es nicht, oder doch selten, zu erschreckenden Durchbrüchen des dynamischen Unbewußten kommt. Ich schließe hier an Otto Kernbergs *Affekttheorie* (1992, S. 13-48) an. Affekte sind seines Erachtens entweder primitiv oder abgeleitet. „Primitive Affekte zeigen sich bereits in den ersten zwei oder drei Lebensjahren. Sie sind von intensiver, globaler Qualität und haben eine diffuse, wenig ausdifferenzierte kognitive Komponente. Abgeleitete Affekte sind komplexer, bestehen aus Kombinationen der primitiven Affekte und sind kognitiv ausgestaltet. Ihre ursprünglichen Komponenten kommen oft, anders als bei primitiven Affekten, nicht alle gleich stark zum Vorschein, und ihre psychischen Aspekte dominieren mit der Zeit immer mehr über die psychophysiologischen und mimisch-kommunikativen. Die Begriffe *Emotion* oder *Gefühl* möchte ich diesen komplexen Phänomen vorbehalten" (a. a. O., S. 16f.). Mit den Affektzuständen sind bestimmte Gedächtnisstrukturen verbunden. *Intensive Affekte* begünstigen die Verinnerlichung primitiver Objektbeziehungen, die wiederum affektiv gesättigte Gedächtnisstrukturen fördern. Die späteren Objektbeziehungen werden dann entweder als *nur gut* oder *nur schlecht* erlebt, die libidinösen und aggressiven Triebe nur unzureichend gemischt. Erlebt das kleine Kind oft genug *ruhige Zustände mit geringer Affektintensität*, „so richten sich die entstehenden Gedächtnisstrukturen großenteils auf kognitive und unterscheidende Merkmale und tragen direkt zur Ich-Entwicklung bei. Wenn das Kind also unter Normalbedingungen lernt, ist seine Aufmerksamkeit auf die unmittelbare Situation und die jeweiligen Aufgaben konzentriert, ohne daß der Lernprozeß nennenswert durch affektive Erregung verzerrt oder von Abwehrmechanismen gestört würde. Die dabei gebildeten Gedächtnisstrukturen sind sozusagen die frühen Vorläufer stärker spezialisierter und angepaßter Ich-Funktionen – Strukturen einer ‚primären Autonomie' des früheren Bewußtseins, die nach und nach in die affektiven Gedächtnisstrukturen integriert werden und auch in späteren Stadien, wenn das Bewußtsein insgesamt integriert wird, eine Rolle spielen." Es ist aber nicht so, daß die intensiv affektiven Gedächtnisstrukturen ihre Stärke zugunsten der affektiv gedämpften verlieren. Letztere bilden lediglich eine „Oberflächenschicht der Wahrnehmung aus und wandeln die biologisch vorgeprägte Wahrnehmungsorganisation in ein symbolisches Hantieren mit Information um. Das heißt, ‚bewußtes Denken', der Ursprung des Denkens im Sekundärvorgang, entwickelt sich auf der Oberfläche der darunterliegenden Tiefenschicht" (a. a. O., S. 31).

Das pädagogische Arbeitsbündnis entwickelt sich ganz unmerklich. Es entsteht nicht durch Abschluß eines Vertrages, sondern durch gute Erfahrungen, die man miteinander in der Zusammenarbeit macht. Es ist auch kein Bündnis von Gleichen. Sein Modell ist eher die Eltern-Kind-Beziehung als die dem Rütli-Schwur verpflichtete Eidgenossenschaft freier Bauern. So wenig wie die Kinder sich ihre Eltern aussuchen können, so wenig die Schüler ihre Lehrer. Aber die Ungleichheit in einer Lerngemeinschaft bietet andere Chancen als die der Familie. In der Schule kann das Kind entdecken, was es wohl beim Lehrer, nicht aber bei den Eltern bekommen kann. Das sind nicht nur Kenntnisse und Fertigkeiten, das können auch Gefühle und Haltungen sein. – Eine Lerngemeinschaft besteht immer aus *schiefen* oder *ungleichen* Beziehungen. Anders wäre sie überflüssig. Aber diese Beziehungen sollten dynamisch sein, nicht statisch wie in erstarrten Hierarchien. In ihnen haben auch die Lerner oft Lehrfunktionen. Ich halte mich für einen hinreichend guten Didaktiker. Aber das meiste, was ich auf diesem Gebiet gelernt habe, lernte ich von meinen Schülern und Studenten und von jenen Jungen und Mädchen, mit denen ich einst in der Sozialistischen Jugend auf Heimabend und Fahrt zusammen war. Ich wollte ein gutes Verhältnis zu ihnen haben. Ich wollte ihren Erfolg. Das war dann auch mein Erfolg. So achtete ich darauf, daß ich ihnen nicht nur beim Lernen die unumgänglichen Entbehrungen auferlegte, sondern ihnen auch meine Anteilnahme zeigte und sie vor unnötigem Harm schützte. Auch bemühte ich mich stets darum, ihre Selbstachtung zu stärken und ihre Rechte zu schützen; letzteres nicht nur gegen Mitschüler, sondern auch gegen Kollegen und gegen politische Mächte. Das trug mir einmal ein Disziplinarverfahren ein und ein anderes mal gemeinsam mit Kollegen, die ebenso handelten wie ich, ein Strafverfahren. Das Disziplinarverfahren ging zu meinen Gunsten aus. Das Strafverfahren wurde eingestellt, weil man einsah, daß man anders nicht der politischen Vernunft, sondern paranoiden Affekten gehorcht hätte.

Eine Schwierigkeit im pädagogischen Arbeitsbündnis, das ja immer eine Gruppe umfaßt, und nicht wie in der psychoanalytischen Situation ein Paar, besteht darin, mit den Schülern so zu kommunizieren, daß sie immer wieder ihre Identität, Einheit und Individualität wahrnehmen und zu erkennen vermögen. „Das Kind fängt an, sich als im Mittelpunkt stehende Einheit zu erleben, (wenn) man sich auf es konzentriert" (Loewald 1957, S. 219). Es gehört zur pädagogischen Kunst, dem Einzelnen diese Chance auch im Klassenverband immer wieder zu geben, ohne daß er sich in der einen oder anderen Weise auffällig verhalten muß.

Endlich geht es darum, das potentielle Wachstum der Schüler zu fördern. Was haben sie für Zukunftserwartungen? Wie kann man ihnen Einsicht in diese vermitteln? Wie kann man ihre Zukunftsperspektiven verbessern? Ein Arbeitsbündnis ist also immer zukunftsgerichtet. Man darf nicht vergessen, daß pädagogisches Handeln stets einen *Wechsel von Desorganisation und Reorganisation* bedeutet. Die Erfahrung des Neuen und Fremden veranlaßt dazu, erst einen Schritt zurückzutreten, zumindest hält man erst einmal inne, dann geht es vielleicht zwei Schritte voraus. Pädagogen müssen ihre Schüler dazu ermutigen, daß sie das schaffen. Eine inzwischen verstorbene Lehrerin, die an Krebs litt, ließ sich von ihren Gymnasiasten stets ein Autogramm geben, wenn sie die Schule verließen. Sie sagte zu ihnen: „Ihr werdet es gut machen in dieser Welt. Und wenn Ihr einmal berühmt werdet, dann hab ich schon ein Handzeichen von Euch." Obwohl sie selbst ihren nahen Tod ahnte, gehörte ihre Anteilnahme der Zukunft ihrer Schüler.

10. Die Schule als Möglichkeitsraum

„Der Widerspruch steht im Raum. Ganz ohne Streit wird er nicht belebt werden können, wenn wir in ihm die Sprache wiederfinden und entschlüsseln wollen, in der die Dinge und die Sinne zu schweigen scheinen.
Aufklärung und eigenes Tun brauchen Räume. Die aber sind besetzt, wie die Wörter, in denen wir uns kaum erklären können. Zu tief sind die Besetzer auch in sie eingedrungen. Sie wahrzunehmen, zu erkennen, sie zu vertreiben ist der Akt des Ent-setzens – auch der Räume. Vielleicht fallen uns dabei die richtigen Wörter und Namen ein für das, was uns mit den falschen vorgemacht worden ist. Die besetzten Wörter zu entsetzen bedeutet Widerspruch, widersprechen, also sprechen. Die richtigen Namen werden uns einfallen, wenn wir die Dinge ins richtige Licht setzen, und das ist manchmal der Schatten.
Um dies zu tun, brauchen wir eigene und öffentliche Räume. Es gibt sie überall dort, wo wir sind. In ihnen geht es um den nächsten möglichen Schritt. Das ist manchmal nur ein Wort, eine eigene Inszenierung, ein Bild an der Wand, die Einrichtung einer Sinneswerkstatt, eine ganze Ausstellung oder ein Gespräch.
Scholè bedeutete in der Antike einmal Ort der Muße, der Besinnung – daran können wir nicht oft genug erinnern. Die eigene Zeit wiederzugewinnen, wäre ein Anfang. Warum sollte die Schule, in der wir zusammenkommen, nicht ein Ort dazu sein? Trotz alledem.
Wir sind auch noch da. Sie sollen es merken, wo wir die Dinge zur Sprache bringen."
Johannes Beck, Heide Wellershoff, Sinneswandel, 1989, S. 187

Vom Übergangsphänomen zum Möglichkeitsraum

Von der Mutterbrust zur Schule ist es ein weiter Weg. Das kleine Kind muß erkennen, daß die stillende Brust nicht ihm gehört, sondern der Mutter. Es lernt einzusehen, daß es die Mutter mit Vater und Geschwistern teilen muß, daß also seine Verfügung über sie beschränkt ist. Sein Erlebnishunger führt es in die Umwelt, und oft ist der Vater ihm hierbei behilflich. Aber die Umwelt wird nicht nur vom Tageslicht erhellt, sie hat auch dunkle Stellen, und wer weiß, was sich dort verbirgt. So sucht das Kind nicht nur die Welt der Objekte, es flüchtet auch wieder zur Mutter zurück. Phasen der Loslösung und Individuation lösen sich in der frühen Entwicklung mit solchen der Wiederannäherung ab (Mahler 1968, 1979). Der Vater tritt dazwischen. Das führt zu ödipalen Kämpfen und schließlich von der Mutter-Kind-Zweiheit zur Vater-Mutter-Kind-Dreiheit, also vom Paar zur Familie. Der Vater vertritt die *dritte Sache,* das *Gesetz,* die

Welt der Objekte. Er weist dem Kind den Weg in die Gesellschaft. So wie bei uns eine Zuckertüte den ersten Schulgang versüßt, so trug der Vater in der ostjüdischen Kultur seinen Sohn am ersten Schultag zur Schule. Es ist nicht leicht, größer und größer und schließlich erwachsen zu werden. Das Kind hat hierzu viel Unterstützung nötig. Manche Hilfe schafft es sich selbst. Ich erinnere an das berühmte Garnspulen-Spiel von Freuds kleinem Enkel (1920, S. 11-14). Der Kleine warf eine Holzspule, um die ein Bindfaden gewickelt war, in sein verhängtes Bettchen, sagte dazu ein langgezogenes o-o-o-o, zog sie wieder heraus und begrüßte sie mit einem freudigen „Da". Dieses Spiel wiederholte er unermüdlich. Die Deutung lag nahe. Freud sah sie „im Zusammenhang mit der großen kulturellen Leistung des Kindes, mit dem von ihm zustande gebrachten Triebverzicht (Verzicht auf Triebbefriedigung), das Fortgehen der Mutter ohne Sträuben zu gestatten. Es entschädigte sich gleichsam dafür, indem es dasselbe Verschwinden und Wiederkommen mit den ihm erreichbaren Gegenständen selbst in Szene setzte" (a. a. O., S. 13).

Ein anderes Übergangsphänomen gebrauchte mein zweiter Sohn, wenn er in trauriger Stimmung war. Er streckte seinen Arm aus, neigte den Kopf zu ihm, bis sein Mund in Hauchnähe zum Ärmel seines Strickjäckchens kam. Die leichte Feuchtigkeit und der Hauch seines Atems, der sich in der Beuge seines Armes ein wenig staute, ermöglichten ihm, die Nähe seiner Mutter oder meine Nähe, denn nachts gab ich ihm die Flasche, zu halluzinieren.

Solche *Übergangsphänomene* können für Kinder „in der Zeit des Schlafengehens lebenswichtige Bedeutung erringen und als Abwehr gegen Ängste – vor allem gegen depressive Ängste – verwendet werden, mag es sich dabei nun um eine Handvoll Wolle, den Zipfel der Decke oder des Kissens, um ein Wort, eine Melodie oder eine stereotype Geste handeln" (Winnicott 1971, S. 13). Verwendet das Kind hierzu einen weichen oder andersartigen Gegenstand, wird dieser „ein sogenanntes *Übergangsobjekt* und bleibt für das Kind von Bedeutung. Die Eltern entdecken, wie wertvoll es für das Kind geworden ist, und nehmen es auf Reisen mit. Die Mutter läßt es zu, daß es schmutzig ist und sogar zu stinken beginnt, denn sie weiß, daß sie mit einer Reinigung die Kontinuität der Erfahrung des Kindes unterbrechen und damit die Bedeutung und den Wert des Objektes für das Kind zerstören würde" (ebd.). Das Übergangsobjekt ist der *erste Nicht-ich-Besitz des Kindes.* Es ist ein Vermittler für die Entdeckung, „daß es einen Unterschied zwischen Innen und Außen gibt" (Greenson 1974, S. 392). Es ist nicht die Brust oder die Mutter, aber es vertritt sie. Es kann nicht von außen aufgezwungen werden, vielmehr muß es vom Kind selbst gefunden und erfunden werden. Das Kind gebraucht mithin die Erfahrung des Alleinseins und der Trennung schöpferisch, indem es den vorgefundenen Gegenstand mit Eigenschaften ausstattet, die er für andere nicht hat. Elfriede Löchel (1996, S. 256) faßt das Übergangsobjekt „als ersten Platzhalter künftiger Symbolisierung" auf. „Es selbst ist aber noch kein Symbol, da dieses", wie sie in ihrem Aufsatz zeigt, „die Kenntnis des Unterschieds zwischen Symbol und Symbolisiertem und die Vorstellbarkeit des Symbolisierten voraussetzt. Diese Differenzierung aber setzt erst im Laufe des zweiten Lebensjahres ein und mit ihr die Unterscheidung von Selbst und Anderen, von Innenwelt und Außenwelt" (ebd.). Irgendwann – manchmal nach Jahren – wird das Übergangsobjekt überflüssig: „Es wird weder vergessen noch betrauert" (Winnicott a. a. O., S. 15). Es verliert einfach seine Bedeutung. Zuweilen kann es freilich in diese wieder eingesetzt werden: Eine zwanzigjährige Lehrgangsteilnehmerin brachte anläßlich einer Prüfungsarbeit ihren zerzausten Teddybären „Oswin" mit. Die anderen Kursantinnen merkten, daß ich das mit Verständnis hinnahm. Die meisten von ihnen kamen dann bei den folgenden Prüfungsarbeiten ebenfalls mit ihren Kuscheltieren. „Oswin" fehlt ein Ohr, auch ein Auge hatte er verloren. Später gab die Eigentümerin ihm meinen Vornamen. Von Übergangsobjekten wußte ich damals noch nichts. Ich erinnere mich noch, daß ich etwas unsicher darüber war, wie ich diese Namensgebung bewerten sollte. Ich mochte diese Schülerin, und sie mich wohl auch. So schwieg ich.

Vielleicht sollten Lehrer die Rolle *sekundärer Übergangsobjekte,* wenn sie ihnen zugeschrieben wird, annehmen. Sie müssen freilich imstande sein, die Zuneigung und Abneigung, die Liebe und den Haß, die damit verbunden sind, zu überleben, ohne mit intensiven Affekten zu reagieren. Was Greenson (1974, S. 395) vom Analytiker sagt, kann auch dem Lehrer geschehen: daß er sich im erfolgreichen pädagogischen Prozeß „vom symbiotischen Selbst-Objekt zum Übergangsobjekt und schließlich zu einer realen Person wandelt." Mit dem Übergangsobjekt geht das Kind den Weg vom rein Subjektivem zur Objektivität. Soll der Lehrer sekundäres Übergangsobjekt werden, muß er warten, bis der Schüler ihn als solches benutzt. Das geschieht am ehesten, wenn er sich als unaufdringlicher Begleiter bereit hält und das verletzbare Selbst seiner Schüler respektiert.

Übergangsobjekte ermöglichen dem Kind, die Unterschiede zwischen Phantasie und Realität, primärer Schöpferkraft und Wahrnehmung zu akzeptieren. Ihr Charakter ist illusionär, aber sie helfen dem Kind, mit der Desillusionierung fertig zu werden und den Weg vom Lustprinzip zum Realitätsprinzip zu gehen. Hinsichtlich der Übergangsobjekte der frühen Kindheit fällt es den Eltern leicht, diese zu tolerieren. Es „herrscht sozusagen eine Übereinkunft zwischen uns und dem Kleinkind, daß wir nie die Frage stellen: ‚Hast Du Dir das ausgedacht, oder ist es von außen an Dich herangebracht worden?' Wichtig ist, daß eine Entscheidung in dieser Angelegenheit nicht erwartet wird. Die Frage taucht gar nicht erst auf" (Winnicott a. a. O., S. 23). Im Hinblick auf den Lehrer als sekundäres Übergangsobjekt ist das anders. Für die Eltern ist er kein Übergangsobjekt, sondern eine reale und irreale Person zugleich. Sie können ihn als Helfer ihres Kindes achten und schätzen. Oft aber fürchten sie ihn als Rivalen um die Herzen ihres Kindes. Sehr unterschiedliche Ängste und Wünsche können sie auf ihn übertragen, was ihm und den Schülern das Lernen und Lehren schwer zu machen vermag, zumal die Lehrer während ihrer Ausbildung gar nicht auf die Zusammenarbeit mit den Eltern vorbereitet werden (s. Kap. 11).

Eigentlich setzen Lehrer eine Aufgabe der Mütter fort: die *Entwöhnung* (M. Klein 1936, S. 99f.) und *Desillusionierung* (Winnicott a. a. O., S. 23). Die Entwöhnung ist zugleich eine Gewöhnung an etwas. Sie bedeutet somit nicht nur einen Verlust; sie gibt vielmehr, wenn sie erfolgreich ist, einen Anstoß zur Suche, Entdeckung und Annahme neuer Quellen der Befriedigung. Auch die Desillusionierung werte ich positiv. Sie hilft uns klar zu sehen und mündig zu werden. Entwöhnung und Desillusionierung bleiben lebenslange Aufgaben, denn kein Mensch wird frei von dem Druck, die „innere und äußere Realität miteinander in Beziehung setzen zu müssen" (Winnicott ebd.). Um diesen Druck erträglich zu machen, haben wir einen *intermediären Erfahrungsbereich* nötig, in dem *Selbstvergessenheit* möglich ist. Damit meine ich nicht ekstatische Zustände, sondern jene Stimmung, die Hegel (1819/20, S. 114) neben der Heiterkeit als eines der „Temperamente der höchsten Tugend" preist: „Eine Mutter, die ihr Kind ansieht und darin sich selbst weiß. Italienische Melodien, die den tiefsten Schmerz ausdrücken und worin zugleich das Selbstgefühl der Seligkeit enthalten ist". Nach Hegel erfordert gediegenes, substantielles Handeln Selbstvergessenheit in Ansehung seiner Besonderheit. „Die Reflexion, die immer wissen will, ob man da und dort vortrefflich handele, führt zur Weichlichkeit und zum Eigendünkel" (a. a. O., S. 111). Selbstvergessenheit ist also eine Stimmung, in der der Mensch mit seinem Handeln eins ist. Wir beobachten sie vor allem dort, wo der Mensch spielt, und nur dort ist er ganz Mensch, wo er das tut (Schiller: Ästhetische Briefe). Ich nenne den intermediären Bereich *Möglichkeitsraum,* weil er uns die Chance zur Selbstvergessenheit bietet, jener *Einheit von Phantasieren und Arbeiten,* ohne die Freud sich sein Leben „nicht recht behaglich vorstellen" konnte (Freud an Pfister am 6. 3. 1910).

Schulen sollten solche Möglichkeitsräume bieten. Nicht Dressur sollte hier ermöglicht werden, sondern kulturelles Erleben, schöpferische Tätigkeit aus der Spannung zwischen Individuum und Umwelt. In ihm sollten Kinder zwischen utopischen Phantasien und präzisen Phantasien unterscheiden lernen. Utopische Phantasien entspringen Omnipotenzwünschen. Präzise Phantasien lassen sich umsetzen in Spiele, Kunstwerke, Dichtungen, Erfindungen, Theorien, kurz: in objektiv Erfahrbares. Bieten Schulen solche Möglichkeitsräume? Weit verbreitet sind sie jedenfalls nicht, aber als *Möglichkeitsnischen* kann man sie schon da und dort wahrnehmen. Das Wort Nische ist ja vom frz. *niche,* einer Ableitung von afrz. *nichier, nigier,* frz. *nicher* ‚nisten, hausen' entlehnt. Mindestens in Nischen läßt sich das Wechselspiel von Ursprünglichkeit und Übernahme der Tradition, aus dem alles Schöpferische – aber auch alles Zerstörerische – hervorgeht, vielleicht am Leben erhalten.

Schulen zum Davonlaufen

In ihrem Buch *Sinneswandel* (1989, S. 179) beschreiben Johannes Beck und Heide Wellershoff Unterrichtsräume als eine Art „‚zweite Haut', in der wir uns wohlfühlen oder in der wir lieber nicht stecken wollen". Ich gebe zu: *das Schönste an meiner Schulzeit war der Schulweg.* In den ersten zwei Schuljahren fuhr mich mein Vater auf dem Kindersattel seines Fahrrades bis zu seiner Arbeitsstätte, dem Arbeitsamt. Von dort an mußte ich noch etwa zehn bis fünfzehn Minuten laufen. Später lief ich den Weg alleine oder mit Schulkameraden. Solange ich die Grundschule besuchte, brauchte ich hierfür etwa eine Stunde. Zur Wirtschaftsrealschule, die ich vom elften Lebensjahr bis zur Obersekundareifeprüfung besuchte, waren nur noch 35-40 Minuten nötig. Ging ich mit Schulkameraden, konnte ich mich mit ihnen unterhalten. Ab und zu ließ uns ein Bauer, der mit seinem Ochsenkarren in die Stadt fuhr, mitfahren. Reiften die Äpfel der Alleebäume, warfen wir mit Steinen nach ihnen. Da mußte man auf den Straßenwärter aufpassen, daß der uns nicht erwischte. Nach der Grundschulzeit teilte niemand mehr meinen Schulweg, denn keines der Nachbarkinder ging zu einer höheren Schule. Ich wuchs schließlich in einer Arbeitersiedlung auf, und die Arbeiterkinder blieben gewöhnlich auf der Volksschule. Den Schulweg ging ich nun beinahe noch lieber als früher, denn niemand störte mich bei meinen Tagträumereien. Trat ich in das Schulgebäude ein, geriet ich in eine mich bedrückende Wirklichkeit. Vor der Knabenschule mußte man in Zweierreihen antreten. Selbst in der Pause lief man in Zweierreihe um den Schulhof herum. Im Treppenhaus rempelte man sich gegenseitig an. Es herrschte eine Rücksichtslosigkeit, die mir von zu Hause her fremd war. In den Klassenzimmern war es öde. In ihnen fühlte ich mich von allen guten Geistern verlassen. Mein Lieblingsplatz war in den Pausen, in denen man nicht auf den Hof mußte, denn auch das Fensterbrett, die Grenze von drinnen und draußen.

Auch meine ästhetischen Bedürfnisse fanden in der Schule kaum Nahrung. An den Wänden der Knabenschule hingen allenfalls vergilbte Lehrmitteltafeln, in der Wirtschaftsrealschule, wenn ich mich richtig erinnere, nur die obligatorischen Hitlerbilder. Die Schulen meiner Kindheit blieben mir fremd. In der Erinnerung haften nur der Geruch von Bohnerwachs und Kreidestaub und die Angst vor Umgangssformen, an denen ich nicht teilhaben mochte. Mir ist aus dieser Zeit keine einzige freundliche Beziehung zu einem Lehrer in Erinnerung. Vermutlich gab es einige, die mich mochten, aber sie fanden keinen Zugang zu mir. Sie, meine Mitschüler und ich lebten in getrennten Welten. Nach einer

Unterbrechung von 1945 bis 1947 besuchte ich bis 1949 die Fachschule für Wirtschaft und Verwaltung in Pirna, um das Abitur nachzuholen. Hier war alles anders. Die meisten Lehrer von früher waren entlassen. An ihre Stelle traten von den Nazis gemaßregelte Lehrer bzw. einige Neulehrer. Zu denen hatte ich ein freundliches Verhältnis. Sie waren froh, daß sie wieder oder erstmals unterrichten konnten, und verbanden mit unserer Zukunft noch gute Erwartungen. Wir waren nun in einem anderen Gebäude untergebracht, das wohl von einem Architekten aus der Schule Tessenows gebaut war. Wir konnten die Klassenräume selbst ausschmücken, und die Redaktion unserer Wandzeitung *Unser Hausspatz*, die politisch sehr kritisch war – das wurde von unserem Schulleiter geduldet – bekam einen kleinen Raum unterm Dach, wo wir oft und lange zusammensaßen, um miteinander zu diskutieren.

Ich teile das hier mit, um zu zeigen, daß Schulgebäude nicht ein für allemal festlegen, was in ihnen geschieht. Aber auffällig ist es schon, daß die Architektur der meisten Schulen kaum von der für Fabriken, Gefängnisse, Kasernen und Verwaltungsgebäude zu unterscheiden ist. Insofern bereiten sie schon auf das Leben vor.

Auch Walter Benjamin (1985) berichtet wenig Erfreuliches über seine Schulzeit. Das Gebäude seines Gymnasiums, der Kaiser-Friedrich-Schule in Berlin, war der märkischen Backsteingotik nachempfunden. Alles war „engbrüstig, hochschulterig ausgefallen" (a. a. O., S. 507). Was ihn beim Warten vor dem Schultor verbitterte, war der „Zwang, ununterbrochen die Mütze abzunehmen, auf sich acht zu geben, wenn wieder einer von den Lehrern vorbeikam, denen der Eintritt selbstverständlich zu beliebiger Zeit erlaubt war". Erst als Erwachsener vermochte er sich „Rechenschaft zu geben, was in dem Zwang, die Mütze vor den Lehrern abzunehmen, Verhaßtes und Entwürdigendes lag. Die Zumutung, durch diese Geste", so schreibt er, „in den Banngeist meiner privaten Existenz sie einzulassen, schien mir ungebührlich. Ich hätte gegen eine weniger intime, gewissermaßen militärische Ehrenbezeugung nichts einzuwenden gehabt. Doch einen Lehrer so zu grüßen, wie Verwandte oder einen Freund kam mir so ungebührlich vor, als hätte man in meiner Wohnung Schule abhalten wollen" (a. a. O., S. 508). Die Grußsitten haben sich inzwischen geändert. Benjamins Worte zeigen aber, daß der Lehrer darauf achten muß, den Bannkreis des Privaten, des Intimen seiner Schüler zu respektieren, und das auch dann, wenn er sich am Arbeitsplatz Schule selbst recht einsam fühlt.

Man konnte und kann auch andere Erfahrungen in der Schule machen. Ich berichtete schon, wie ich die Schule nach dem Kriege erlebte. Ernst Troeltsch z. B. schrieb (1922, S. 3f.): „Von der Schule, einem bayerischen humanistischen Gymnasium alten Stils mit *wundervoll wenigen Unterrichtsstunden* (Hervorhebung von mir), wurde durch einige tüchtige Lehrer dieser Drang (nach Wissen) mit Stoff und Nahrung versehen. Für die Naturwissenschaften sorgte das Elternhaus, das Haus eines Arztes, der mich gern zum Mediziner machen wollte und frühzeitig in naturwissenschaftliche Beobachtung und Sammlung hineintrieb. Da gab es Skelette, anatomische Atlanten, elektrische Maschinen, Pflanzenbücher, Kristallbücher usw. So kam es, daß ich von Anfang an alle historisch-kulturphilosophischen Probleme im Rahmen eines naturwissenschaftlichen Weltbildes sehen lernte und die Ineinanderfassung beider Welten als ein brennendes theoretisches und praktisches Problem zugleich empfand." Findet man heute noch an Gymnasien „wundervoll wenige Unterrichtsstunden" und „tüchtige Lehrer", die den Wissensdrang der Schüler „mit Stoff und Nahrung versehen"? „Tüchtige Lehrer" gibt es gewiß nach wie vor; von „wundervoll wenigen Unterrichtsstunden" kann man nicht mehr sprechen. Vielmehr werden die Schüler unter einen Zeitdruck gesetzt, der besonnenes Lernen behindert. Kein Wunder, daß sie, wenn sie nur können, ins Nichtstun oder in sterile Betriebsamkeit flüchten. Die Schulverwalter engen Lehrern und Schülern jene Handlungsräume mehr und mehr ein, die nötig sind, um ihren Wissens- und Mitteilungsdrang angemessen zu befriedigen. Sie müssen schon *brauchbare Illegalität* (Luhmann 1964, S. 304-313) üben, sollen Schulen ab und zu das sein, was ihr Name verspricht: *Orte der Muße,* wobei ich unter Muße nicht Untätigkeit verstehe, sondern, wie das Wort eigentlich meint: ‚einen Zustand, der einem die Möglichkeit bietet, etwas zu tun', auf die Schule übertragen: etwas zu lernen, was einem im Leben weiterhilft. Viel mehr als Lesen, Schreiben, Rechnen und einige Abwehrmechanismen wie Vergessen und Verleugnen lernen die meisten Schüler freilich nicht, dazu noch solche Anpassungstechniken wie Angeben, Sich-Verbergen und Rivalisieren. So ist es eigentlich ein Zeichen von Lebensklugheit, wenn viele Kinder nachdem sie diese Grundfertigkeiten gelernt haben, also nach dem 3. Schuljahr, nicht mehr viel Interesse an der Schule haben.

Mir kommen die meisten Schulen wie *Warteräume der Gesellschaft* vor. Insofern sind sie ja auch funktionell, denn sie bereiten die Kinder und Adoleszenten auf die Wartesäle der Arbeitsämter und der anderen Zuteilungsräume für Überlebenschancen vor. Wie sollte das auch anders sein? In seinem Buch *Der Weg aus dem Labyrinth* (1974) zieht Bruno Bettelheim, um die Kriterien zu entfalten, an denen er sich bei Bau und Einrichtung seiner „Orthogenic School" orientierte, die drei Zwecke heran, die beim Bau einer Fabrik erreicht werden müssen: „die rationellste Fabrikation des Produktes, das Ausschließen von Gefahren, die im Produktionsprozeß selbst liegen könnten, und die Herstellung von Bedingungen, welche die Produktion erleichtern, sei es durch Maschinen oder durch Menschen. Es hat wenig Sinn, Produktionsweisen zu planen, die das Risiko einer Explosion enthalten, denn diese würde die Fabrik zerstören. Auch darf es sich der Architekt nicht leisten, Bedingungen zu übersehen, die zur Erschöpfung jener, die an der Produktion arbeiten, führen könnten und somit deren Leistungsfähigkeit einschränken würden" (a. a. O., S. 51). An diesen Kriterien gemessen, versagen wohl die meisten Schul- und Hochschularchitekten. Freilich geht es in Fabriken um Profit und in Schulen und Hochschulen um Menschen; und Verfassung und Recht schützen nun einmal das Eigentum besser als die Menschen, zumal die Reichen ihr Eigentum benützen können, um sich selbst zu schützen.

Unsere Bildungsanstalten – ich benütze diesen Begriff, weil in ihnen weniger Menschen gebildet, als Bildung veranstaltet, d. h. verwaltet wird – haben etwas vom Charme zu groß geratener Krematorien an sich. Lieblos und ohne Geschmack eingerichtet, sind sie Orte der Beschämung. Sie verraten, wie wenig Achtung ihre Erbauer vor denen haben, die dort arbeiten müssen. „Die meisten Schulbauten", so schreiben Johannes Beck und Heide Wellershoff (ebd.), „bestehen nicht nur aus gesundheitsschädlichen Baumaterialien und einer lebensfeindlichen Haustechnik, sie folgen immer noch Bauprinzipien, die sich an der ‚Rationalität' von hierarchisch organisierten Verwaltungsabläufen orientieren. Keinesfalls sind sie anregungsreiche Orte der Bildung. Sie sind aus Beton, Kunststoff und Isoliermaterial gebaute ‚Lernverhinderungspädagogik'".

Auf das Arbeiten in solchen Schulen werden die Lehrer in Universitäten vorbereitet, die nach den gleichen architektonischen Prinzipien gebaut sind. Ich erinnere mich noch an meine Enttäuschung, als ich, neu berufen, in der Universität Bremen mein Arbeitszimmer zugewiesen erhielt: einen kleinen, schmalen Raum mit billigen Kunststoffmöbeln: hellblau, grell gelb und fahl grau. Ich konnte die Möbel stellen, wie ich wollte, einladend wirkte der Raum nie. Mich deprimierte das. Eine Arme-Leute-Universität, dachte ich. Kein Wunder, daß es hier viel Verdruß gab, der sich zum Teil in blinden, pseudopolitischen Aktionen entlud.

In Berlin hatte ich ein freundliches Arbeitszimmer. Es war eigentlich auch nicht viel größer als das in Bremen, aber besser geschnitten. Auch die Möbel waren nicht teurer als die in Bremen, aber nicht so aufdringlich bunt. Es gab einen Tisch, an dem man mit Studenten und Kollegen gesellig sitzen, sprechen und arbeiten konnte. In Bremen meinten einige Leute der Hochschulverwaltung, größere Räume für die Hochschullehrer seien nicht nötig. Die würden ja doch nicht in ihnen arbeiten. So einfach kann man die Verantwortung für solche Mißstände nicht abschieben. In Berlin arbeitete ich oft und gern in meinem Arbeitszimmer. Das in Bremen reizte mich dazu, aus der Haut zu fahren. Ich benützte es in der Tat eher als Abstellraum denn als Sprech- und Studierzimmer. Das verlegte ich in meine Wohnung. Dorthin lud ich die Studenten und Kollegen zu Besprechungen ein.

Schul- und Hochschulpolitiker meinen oft, sie könnten durch restriktive Maßnahmen Hochschullehrer, Lehrer, Studenten und Schüler zum Arbeiten bringen. Sofern diese wirklich faul und nicht überlastet und entmutigt sind, finden sie immer Möglichkeiten, ihrer Trägheit nachzugeben. Erfolgreicher wäre es, möglichst günstige Arbeitsbedingungen für jene zu schaffen, die gerne lernen und lehren, für die Arbeiten und Phantasieren als schöpferisches Tun eine Einheit bilden. Dann müßten junge Lehrer nach dem Praxisschock nicht mehr Zyniker werden, tüchtige Lehrer nicht mehr übermüdet resignieren, und die Schulen würden für Schüler, Lehrer und Eltern zumindest erträgliche Orte sein. Voraussetzung hierfür wäre eine Kindern und Jugendlichen freundliche Mentalität. Die aber gedeiht hierzulande kaum.

Zwischenwelt und Zwischenzeit

Irgendwo las ich einmal, Selma Lagerlöfs schönes Buch *Wunderbare Reise des kleinen Nils Holgerssons mit den Wildgänsen* sei ursprünglich von der schwedischen Schulverwaltung als Lesebuch in Auftrag gegeben worden. Dann aber habe es die Schulverwaltung abgelehnt, weil die Dichterin in einem Kapitel schilderte, wie die Kinder jauchzend die Schule verließen. Das zu beschreiben galt offenbar als unpädagogisch. Nun ja, viele Schulen sind zwar zum Davonlaufen, aber man darf es nicht. Denn es besteht Schulpflicht, die einerseits eine *soziale Errungenschaft* ist, weil viele Eltern weder in der Lage sind, ihren Kindern auch nur die schulischen Grundfertigkeiten zu vermitteln, die sie brauchen, um den Forderungen des Alltagslebens zu genügen, noch ihnen zu Hause eine hinreichend *haltende Umgebung* bieten können, andererseits ist sie aber auch ein *bedrückender Zwang*. Die Abschaffung der allgemeinen Schulpflicht kann freilich das Problem kaum lösen. Es wäre schon viel erreicht, wenn Schulen den Schülern und Lehrern angemessene Orte würden. Was Alice Balint (1932, S. 128) vom Kinderzimmer sagte, gilt auch für die Schule: Beide sind „notwendig und bedingt durch die längere Entwicklungszeit, die der Kulturmensch braucht, um den Kampf um das Leben aufnehmen zu können." Was kann man tun, um sie erträglich zu machen?

Das hängt natürlich vom Erziehungsziel ab. Nach dem Scheitern so vieler pädagogischer Höhenflüge sollten wir zufrieden sein, wenn die Kinder lernen, mit sich selbst und ein paar bevorzugten Leuten gut auszukommen, und im übrigen die Aufgabe meistern, nützliche Bürger zu sein (vgl. Bettelheim 1950, S. 39). Das ist anstrengend genug. Mit ein paar bevorzugten Leuten gut auskommen, das heißt, einen Lebenskreis zu haben, in dem man sich wohl fühlen kann; und ein nützlicher Bürger zu sein, setzt die Fähigkeit voraus, dem Gemeinwesen etwas Brauchbares beizusteuern. Das ist leicht gesagt und schwer zu machen. Siegfried Bernfeld (1925, S. 49) variierend, begreife ich die Schule als eine der Reaktionen auf die Entwicklungstatsache. Kinder wachsen nicht von selbst in die Gesellschaft hinein. Dafür ist diese zu widersprüchlich. Aber auch das, was in den Schulen geschieht, ist sehr widersprüchlich, und die Schulerfolge der Kinder sind nicht voraussagbar.

Wohl kann man einiges darüber sagen, was nötig ist, um Schüler und Studenten fördernde Umwelten zu schaffen, in denen nicht so sehr Leiden belohnt, als zum Wachstum angeregt wird. Vor allem bin ich mit Bettelheim (1950, S. 36) der Ansicht, daß ein Kind davon überzeugt werden muß, daß – oft „im Gegensatz zu seinen früheren Erfahrungen – die Welt angenehm sein kann, bevor es irgendeinen Antrieb verspüren kann, in ihr weiterzukommen. Wenn ein solcher Wunsch aufgekeimt ist, dann – und erst dann – können wir auch von den Kindern erwarten, die weniger angenehmen Aspekte des Lebens zu akzeptieren und mit ihnen auszukommen."

Schulen sind Zwischenwelten, in denen ein großer Teil der Zeit zwischen früher Kindheit und Erwachsenheit verbracht wird. Entwicklungspsychologisch sind es die Zwischenzeiten der Latenz und der Adoleszenz, in der sich unsere Schüler und Studenten befinden. Diese Entwicklungsstufen sollten nicht Zeiten tatenlosen Wartens sein, sind es aber nur zu oft. Noch mehr als die Adoleszenz ist die Latenz eine Zwischenzeit. Einerseits neigen die Kinder noch zu kindlichen Vergnügungen, andererseits sind sie nicht mehr fähig, diese unbekümmert zu genießen. Scham- und Schuldgefühle hindern sie daran. Wohl kann die Latenzzeit eine Zeit intensiver geistig-seelischer Tätigkeit sein. Die Schule sollte dem Kind jedenfalls die Gelegenheit verschaffen, „die Mittel zu erwerben, die es als Jugendlicher aktiv einsetzen muß, um sich zu der Person zu entwickeln, die er werden will" (Bettelheim a. a. O., S. 122). Dabei wird freilich vom Kind oft mehr rezeptive Passivität verlangt, als es aufbringen kann. So ist es nicht erstaunlich, wenn Kinder die Latenzzeit als Zeit anstrengender Langeweile erleben und nur wenig *Werksinn* (Erikson 1959, S. 98ff.) – d. i. Freude an schöpferischem Tun – entwickeln.

In der Adoleszenz, einer Zeit verwirrender innerer Unruhe, sollten die Heranwachsenden Gelegenheit haben, zu sich selbst zu finden. Die Fragen: Wer bin ich? Wer bin ich nicht? Wer möchte ich sein? drängen auf Antwort. Der niederländische Pädagoge Rob Knoppert schreibt in seinem *Credo* (NRC Handelsblad, 5. 7. 1997): „Im Unterricht gehen wir im großen Bogen um alles herum, was für Individuum und Gesellschaft wichtig ist: Frustrationstoleranz, Durchsetzungsvermögen, Wertschätzung, Sexualität, Schönheit, Sturm und Drang, Improvisation, Weisheit, Willenskraft, Genuß, Glück, Macht und vor allem

Mut." Das ist so, auch wenn da und dort in den Lehrplänen, vor allem in deren Präambeln, von diesen Dingen die Rede ist. Gerade mit diesen Haltungen und Emotionen sollten aber unsere Schüler und Studenten klärend konfrontiert werden. *Bildung ist eine Suchbewegung.* Für bildende Suchbewegungen bieten unsere Bildungsanstalten zu wenig Raum und Gelegenheit.

Heute noch sind die Schulen vorwiegend Unterrichtsstätten. Unterrichten heißt ‚unterweisen, Kenntnisse vermitteln, lehren'. Das genügt heute weniger denn je. Wer sagt: „Ich habe einen Lehrauftrag und keinen Erziehungsauftrag", kann auch seinen Lehrauftrag nicht hinreichend erfüllen. Die Familie, der diese Lehrer die Erziehung überlassen möchte, funktioniert nicht so, wie sie sich das in ihrer Fachborniertheit vorstellen, und hat das auch früher nicht immer getan. Oft haben die Pädagogen, die ja in der Regel aus voneinander isolierten Mittelschichtenfamilien kommen, keine Ahnung von den Lebenswelten ihrer Schüler. Ich sagte meinen Studenten in Berlin, bevor sie ins Didaktikum gingen, d. h. ein Semester lang unter Anleitung von Didaktikern in der Schule Lehren lernen mußten: „Geht mal in die Arbeiterhäuser im Wedding, in Kreuzberg und Neukölln, steigt die Teppen auf und ab, seht Euch um und riecht, was sie da kochen und wie sie waschen!" Einer von ihnen – ein Pfarrerssohn – erwiderte: „Das brauch ich nicht, ich kenne doch den Grundwiderspruch". Er meinte den Antagonismus zwischen Lohnarbeit und Kapital, über den er sich in einer kommunistischen Studentengruppe informiert hatte. Mehr als zehn Jahre später erzählte ich das anläßlich eines Treffens mit ehemaligen Studenten. Einer meldete sich und sprach: „Weißt Du nicht mehr, daß ich das war?" Das hatte ich in der Tat vergessen. Inzwischen war er ein guter, realistischer Lehrer mit Verständnis für seine Schüler geworden; aber einige Anfangsschwierigkeiten hätte er sich ersparen können, hätte er schon als Student seine abstrakt marxistische Schulung mit sinnlichen Erfahrungen vom Leben der Arbeiterfamilien ergänzt.

Heute muß sich die Schule um Probleme kümmern, die früher den Familien überlassen wurden, wo sie übrigens auch oft ungelöst blieben. Viele Kinder kommen ohne Frühstück in die Schule, nicht wie früher, weil sie arm sind, sondern weil inzwischen in vielen Familien wie in den Vereinigten Staaten die gemeinsame Mahlzeit durch die Selbstbedienung aus dem Kühlschrank ersetzt wird. Wo sich Desintegration und Desorganisation der Familie durchsetzen, muß die Gesellschaft sich darum bemühen, daß andere Einrichtungen erfüllen, was die Familien nicht mehr leisten. Das kann die Schule sein. Warum sollten hier nicht, wie es an einigen Schulen in den Niederlanden bereits geschieht, freundliche Erfrischungsräume eingerichtet werden, in denen die Schüler schmackhafte Zwischengerichte bekommen können und auch hilfsbereit bedient werden? Wie sollen Kinder die Fähigkeit zur Besorgnis erwerben, wenn sich niemand hinreichend um sie sorgt? Warum soll man nicht für solche und ähnliche sozialpädagogische Aufgaben einen neuen Beruf schaffen, den des *Schulhelfers?* Denkbar wäre es auch, zukünftige Lehrer ein bis zwei Jahre als Schulhelfer arbeiten zu lassen. Sie könnten dann, ehe es zu spät ist, die Beständigkeit ihrer Motivation und auch schon ein bißchen ihre Eignung für pädagogische Berufe erproben.

Ich denke noch an anderes: In unseren Schulen gibt es kaum Räume, um *Stille zu erfahren.* Kant schrieb (1803, S. 731): „Die Schule ist eine zwangsmäßige Kultur". Weil das so ist, sollte in ihr Raum geschaffen werden, wo Lehrer und Schüler emotionale Distanz voneinander finden können. Hierzu meinte Bruno Bettelheim (1979, S. 377): „Was wir brauchen, ist eine Privatsphäre, die sich nicht auf Schamgefühl gründet – auf Furcht, was andere uns antun oder von uns denken könnten, sondern einzig auf den Wunsch nach Alleinsein". Ich stimme dem zu und fände es gut, wenn jede Schule einfach, aber behaglich eingerichtete Still-Räume hätte, in die sich Schüler und Lehrer zum Nachdenken, Lesen und Träumen zurückziehen können. Die Menschenwürde geht verloren, wenn man zum Alleinsein unfähig ist und gar keine Gelegenheit hierfür findet. Diese Fähigkeit erwirbt man im stillen Zusammensein mit anderen (Winnicott 1958). Wo diese Erfahrung nicht mit Hilfe der Mutter gemacht wurde, sollte man sie in der Schule wenigstens nachholen dürfen.

11. Elternarbeit

„Zum guten Zuhören gehört für den Erziehungsberater, die Rede des anderen mit seinen eigenen Assoziationen so begleiten, daß sie sich auf das Warum des Inhalts der Rede, die gebrachten Zusammenhänge, geäußerten Affekte, gewissen Abweichungen im Verhalten richten. Warum wird gerade dies gesagt? Warum wird es gerade in diesem Zusammenhang gebracht? Warum äußert sich in diesem Moment ein aus dem Mitgeteilten nicht erkennbarer Affekt? Warum stockt gerade jetzt der Redefluß? Warum beschleunigt er sich? Warum erfolgt bei der Schilderung dieses Zusammenhanges eine abwehrende oder zustimmende Geste, die aus dem bisher gezeigten Verhalten ganz herausfällt? Warum? Warum? ...
So wird er im richtigen Moment das richtige Wort finden und in den Eltern unbedingt das Gefühl hervorrufen, einen so verständnisvollen Zuhörer gefunden zu haben, wie er ihnen bisher noch nie begegnet ist."
August Aichhorn, Zur Technik der Erziehungsberatung, 1936, S. 12

Begegnung mit den Eltern

Das Verb *begegnen* hat in unserer Sprache eine vierfache Bedeutung. Es meint zuerst ein leibliches Begegnen. Der Lehrer kann Eltern seiner Schüler auf der Straße begegnen, auf einem Elternabend, in einer verabredeten Sprechstunde. Es kann sich zweitens um eine abstrakte, indirekte Begegnung handeln. So begegnen wir im Schüler den Normen und Werten, die sie von ihren Eltern übernommen haben. Drittens können letztere oder wir ihnen grob oder liebenswürdig, gehemmt oder unbefangen und gelassen begegnen. Und schließlich kann eine Begegnung mit ihnen Gegenwehr und Widerstand hervorrufen. Wie dem auch sei, noch weniger als den Umgang mit Kindern und Jugendlichen haben die Lehrer den Umgang mit den Eltern gelernt. Zwar wird im Rahmen der Erwachsenenbildung schon Gutes für die *Elternbildung* getan, den Umgang mit den Eltern lernen Lehrer aber erst in der Praxis. Kein Wunder, daß *Begegnungsangst* aus gegenseitiger Unkenntnis die Zusammenarbeit von Lehrern und Eltern erschwert.

Als Lehrer und Hochschullehrer sind meine Erfahrungen mit der Elternarbeit beschränkt. An der Berufsschule, an der ich lehrte, gab es keine Elternabende. Wohl hatten wir Kontakt mit den Ausbildern in den Betrieben. An der Universität begegnete ich Eltern auch nicht. Hier wie dort gab es nur zufällige Begegnungen mit Eltern. So erinnere ich mich noch lebhaft, wie ich, zweiundzwanzigjährig, Dozent an der Volkshochschule Pirna wurde. Ich lehrte dort Betriebswirtschaftskunde und Buchführung. Die Hörer waren alle älter als ich. Einige Väter meiner Schülerinnen saßen unter ihnen. In skeptischer Erwartung harrten sie der Dinge, die ich unterrichten sollte. Auch ich war befangen. Aber sollte ich mich dafür entschuldigen, daß ich so jung diese Aufgabe übertragen erhielt? Ohne zu zögern, begann ich den Unterricht. Da es gut ging, faßten sie Vertrauen zu mir. Ab und zu sprachen wir nach den Lehrveranstaltungen auch über andere Probleme. Es ging dann weniger über ihre Töchter, als über Angelegenheiten, die mit ihrer eigenen Umschulung zu neuen Berufen zu tun hatten. Immerhin weiß ich aus Erfahrung, wie man sich als junger Lehrer gegenüber Eltern fühlt, die vom Alter her die eigenen Eltern sein könnten.

Weder an der Pädagogischen Hochschule Berlin noch an der Universität Bremen begegnete ich den Eltern meiner Studenten. Nur einmal stellte mir ein Student seine Mutter vor, als wir uns zufällig vor einer Buchhandlung trafen. Am Institut für wissenschaftliche Andragologie der Universität Amsterdam war das anders: Anläßlich der Übergabe der Urkunde über das Doctorandus-Examen, das dem deutschen Diplom-Examen entspricht, mußte der Hochschullehrer, zu dem der Student den besten Kontakt hatte, diesem eine kleine Zusprache halten. Man erfuhr dabei einiges über die Studenten, aber auch über die Arbeit der Kollegen, die zu ihnen sprachen. Die Familienangehörigen und Freunde der Kandidaten der sonst ganz informellen Feier waren dabei anwesend. Mit ihnen saß man hinterher in der Kantine bei einem Glas Wein oder Bier. Für mich waren diese Begegnungen sehr aufschlußreich. Da war nichts Steifes dabei. Manchmal wurden die Dozenten auch von den Studenten überrascht. Zum Beispiel hatte ich einmal eine ältere Studentin, die bereits Großmutter und Fachschuldozentin war. Sie kam aus Surinam. Zur Examensfeier brachte sie eine kleine Singgruppe mit, die sich nach meinem *toesprakje* aufstellte und zwei oder drei Kirchenlieder sang. Die Texte verstand ich nicht. Sie wurden in Sranang, einer kreolischen Mischsprache, gesungen. Aber die Melodien waren mir vertraut. Es waren die sächsischen Kirchenlieder, die Missionare der Herrnhuter Brüdergemeinde nach Surinam gebracht hatten. Ihre Schulen waren die einzigen, in denen während der Kolonialzeit Sranang gesprochen werden durfte. Dort konnten sie auch Deutsch lernen.

In gewisser Weise ist die Situation der Elternarbeit immer noch so, wie sie Fritz Redl bereits in meinem Geburtsjahr beschrieb: Elternhaus und Schule sind zwei ganz verschiedene Welten, und die Anpassungsnot, in der das Kind sich in der Schule befindet, ist wesentlich verschieden von der im Elternhaus (1929, S. 29f.). Angepaßtes Verhalten zu Hause kann Fehlverhalten in der Schule bedeuten und umgekehrt. Die Schüler versuchen, sich darauf einzustellen, indem sie die beiden Seiten streng voneinander scheiden. Vor allem die Jungen vermeiden nach Möglichkeit, den Eltern zu erzählen, was in der Schule geschieht; umgekehrt verbergen sie ihr Familienleben vor den Lehrern. Anders geworden sind freilich die Rollenzuweisungen der Lehrer an die Eltern und der Eltern an die Lehrer. Häufig erwarten die Lehrer von den Eltern Hilfe beim Unterricht, also Nachhilfeunterricht; und die Eltern vom Lehrer Hilfe beim Erziehen, also Nacherziehung. Darauf sind weder die einen noch die anderen vorbereitet, und so überfordern sie sich gegenseitig. Meist besuchten die Eltern ganz andere Schulen als ihre Kinder und sind nach anderen Methoden unterrichtet worden. Wie sollen sie da Nachhilfeunterricht geben können? Umgekehrt sind Lehrer hilflos, wenn sie z. B. gegen den Drogengebrauch ihrer Schüler etwas tun sollen. Bestenfalls können sie mit ein wenig Aufklärung helfen und den Drogengebrauch in der Schule behindern. Mich erinnert diese Situation an eine Karikatur, die ich einmal sah: Ein Klient sitzt einem Sozialarbeiter gegenüber und fragt: „Was soll ich tun?" Über dem Kopf des Sozialarbeiters ist zu lesen, was der denkt: „Was soll ich tun?" So begegnet die Ratlosigkeit des Klienten der Ratlosigkeit des professionellen Helfers, so die Ratlosigkeit der Eltern der Ratlosigkeit der Lehrer. Beide Seiten sehen sich einem Problem gegenüber, von dem sie (noch) nicht wissen, ob und wie es gelöst werden soll, und verwandeln sich wie ein jeder Mensch, wenn er einer unbekannten Sache gegenübertritt, in fühlende Kinder (vgl. Schadewaldt 1978, S. 170, zit. bei Loch 1981, S. 251). In einer solchen Konstellation treten Angst und Neugier zueinander in Widerstreit, und es kommt darauf an, welche Eigenschaft sich als stärker erweist. Als unsere Tochter Hannah als Sechsjährige das erste Mal – und dann noch allein – von Amsterdam nach Dresden und zurück flog, geschah das anscheinend ohne

Angst. Etwas überrascht, freuten wir uns darüber. Hinterher bekannte sie uns, sie hätte wohl Angst gehabt, sich aber gescheut, uns davon zu erzählen, weil sie fürchtete, dann nicht fliegen zu dürfen. Die Neugier und der Erlebnishunger waren also stärker als die Angst.

Das Kräfteverhältnis zwischen Wißbegierde und Angst kann man beeinflussen. Beispielsweise so: Als es mal während eines Urlaubs im Allgäu nachts so richtig blitzte und donnerte, holte ich Hannah und Ruth aus den Betten, setzte mich mit ihnen ans Fenster und nahm sie auf meinen Schoß. Nachdem sie sich etwas beruhigt hatten, wies ich sie auf die Großartigkeit und Schönheit des Gewitters. Wir bewunderten es gemeinsam. Ihrem Alter gemäß klärte ich sie über die möglichen Folgen auf und wie man sich vor ihnen schützen kann. Ich verharmloste also die Situation nicht, sondern schuf jenen Abstand, der nötig ist, um zu beobachten, zu verstehen und sich vor dem zu schützen, was geschieht.

Nun sind Lehrer und Eltern keine Kinder mehr, aber nur zu oft reagieren sie in angsterregenden Situationen wie Kinder. An dieser Stelle scheint es mir angebracht zu sein, an das zu erinnern, was ich im 9. Kapitel über *Übertragung und Gegenübertragung* schrieb. Was Anna Freud vom Kind sagt, gilt auch für Erwachsene. Auch sie stehen zwischen Erlebnishunger bzw. Erfahrungsbereitschaft und Wiederholungszwang: Für den gesunden Teil ihrer Person – ob sie nun Lehrer oder Eltern sind – ist der andere, dem sie begegnen, „eine interessante und neue Figur, die in ihr Leben eintritt und zu neuartigen Beziehungen anregt; für die kranke Seite ist er ein Übertragungsobjekt, an dem sich alte Beziehungen wiederholen lassen" (A. Freud 1965, S. 45).

Auf bestimmte Einstellungen der Eltern können wir vorbereitet sein. Kommen sie wegen Erziehungsschwierigkeiten oder Lernstörungen zu uns, ist es verständlich, wenn sie sich schwer gekränkt fühlen und an Schuldgefühlen leiden (Frijling-Schreuder 1967, S. 158). Es hängt von den Umständen ab, von wem sie sich gekränkt fühlen. Das kann das Kind sein, der Lehrer, beide. Oft fühlen sich die Eltern mit ihrer eigenen infantilen Situation konfrontiert: „Die Eltern erziehen nach dem Muster, wie sie selbst erzogen wurden, und befriedigen abwechselnd den Wunsch, an ihren Kindern das zu wiederholen, was sie selbst von den Eltern erlitten haben, oder ihnen zu ersparen, was sie einst gequält hat. Es hängt vom seelischen Gleichgewicht der Eltern ab, ob diese

Tendenzen zu einer harmonischen Erziehung oder zu einem konflikthaften Benehmen ihren Kindern gegenüber führen" (a. a. O., S. 165).

Aber auch auf unsere Gegenübertragung können wir vorbereitet sein. Aus dem 9. Kapitel wissen wir, wie wichtig das Verstehen der Gegenübertragung ist. Joseph Sandler (1976, S. 299) hat darauf aufmerksam gemacht, „daß sich zwischen den Parteien des analytischen Prozesses eine Beziehung oder wenigstens eine Interaktion entwickelt". Es kommt darauf an, diesen Prozeß mit gleichmäßig schwebender Aufmerksamkeit zu beobachten. Darunter verstehe ich mit Sandler die Fähigkeit des Analytikers bzw. Lehrers, „allen Arten von Gedanken, Tagträumen und Assoziationen Eintritt ins Bewußtsein zu gestatten", während er gleichzeitig dem Gesprächspartner zuhört und ihn beobachtet (ebd.). Die Gegenübertragung kann so ein Mittel werden zu entdecken, wie der Gesprächspartner unbewußt und oft subtil versucht, „Situationen mit anderen herbeizuführen oder zu manipulieren, die eine verhüllte Wiederholung früherer Erlebnisse und Beziehungen sind" (Sandler, Dare, Holder 1973, S. 43, zit. a. a. O., S. 298). Den Versuch der Eltern, dem Lehrer bestimmte Rollen zuzuweisen, kommt seine *Rollenübernahme-Bereitschaft* entgegen. Welche Rollen das im gegebenen Fall sind, bleibt zu untersuchen. Die Eltern können versuchen, ihre eigenen Rollen oder einen Teil von ihnen dem Lehrer zu delegieren. Sie können ihm aber auch zumuten, sich ihnen gegenüber als Vater, Mutter, große Bruder oder große Schwester zu verhalten. Vielleicht soll der Lehrer auch gleich einem oder einer Ältesten als Stellvertreter der Eltern für die jüngeren Geschwister sorgen. Durchschaut der Lehrer diese zuweilen offenen, meist verborgenen Rollenzuweisungen, kann er sich entscheiden, ob und wie weit er sie annimmt und erfüllt. Doch sollte er weder aus moralischem Masochismus noch aus pädagogischem Narzißmus seine Kräfte überschätzen, was leicht geschieht, wenn die Rollenübernahme mehr oder weniger unbewußt erfolgt. Dann kommt es zu einem *psychosozialem Arrangement.* So nennt Mentzos (1982, S. 256ff.) die Unbewußtmachung unlustvoller Gefühle. Die Hauptelemente eines solchen Arrangements sind die Kompensation narzißtischer Defizite und kompromißhafte Befriedigungen. Der Lehrer wehrt so mit der ihm von den Eltern zugemuteten Rolle „seine eigene Hilflosigkeit und Abhängigkeit ab; er wehrt letztlich auch Depression ab. Gleichzeitig kompensiert er narzißtische Defizite dadurch, daß er ‚helfen und durchhalten' kann" (a. a. O., S. 257). Wo es gelingt, mit den Eltern zu klären, wieweit die von ihnen übertragenen Rollen angenommen bzw. abgewiesen werden, kann die Rollenübernahme hilfreich sein. Es kommt dann zu gegenseitiger Ergänzung und Unterstützung, zu konstruktiver Gegen- bzw. Wechselseitigkeit, die nicht nur zum Wachstum der Partner beiträgt, sondern auch zu dem des Kindes, dessen Erziehungsschwierigkeiten bzw. Lernstörungen zur Begegnung zwischen dem Lehrer und den Eltern führten.

Das Eigene und das Fremde

Das Eigene ist das Verfügbare, das Fremde ist das Unverfügbare. Was ich haben oder sein will, versuche ich, mir zu eigen zu machen. Psychisch kann das durch Einverleibung, Introjektion oder Identifizierung geschehen. Was ich nicht haben oder sein will, werfe ich hinaus. Handelt es sich um psychische Eigenschaften oder Neigungen, projiziere ich sie auf andere und verfolge sie in ihnen. Von diesen Vorgängen im kleinen Kind oder neurotischen Menschen war schon die Rede. Blitzartig können sie sich schon in der Erstbegegnung ereignen. Wir wissen, daß viele sich auf ihre ersten Eindrücke verlassen. Aber das kann in die Irre führen. Es kommt dann zu *Vorurteilen,* die unser Verhalten fesseln, also unsere Handlungsfreiheit einengen. Freilich können wir nicht ganz ohne Vorurteile leben: Man wäre ein unsicherer Passant, der andere Verkehrsteilnehmer verwirrt, würde man nicht dem Vorurteil vertrauen, daß auch die anderen sich an die Verkehrsregeln halten. Aber nicht immer tun sie das. So verhalten wir uns vorsichtig entsprechend Lenins Prinzip: „Vertrauen ist gut, Kontrolle ist besser." Vorurteile bieten zuweilen Orientierungshilfe, klammert man sich an ihnen fest, können sie tödlich sein. Aber muß man überhaupt so schnell über Menschen urteilen? Ich halte mich an Georg Chr. Lichtenberg, der sagte: „Über nichts wird flüchtiger geurteilt als über die Charaktere der Menschen; und doch sollte man in nichts behutsamer sein. Ich habe gefunden, die sogenannten schlechten Leute gewinnen, wenn man sie genauer kennen lernt, und die guten verlieren."

Dennoch schlägt bei einer ersten Begegnung mit einem anderen unser Herz etwas schneller als sonst. Unsere Sinne werden wach.

Gemischte Gefühle bewegen uns. Was erwartet der andere von uns? Was wir von ihm? Wird es einen Kampf geben um Macht und Prestige? Solche Fragen befallen uns. Unbewußte Signale werden gesendet und empfangen, bevor noch ein Wort fällt. Es kommt zu Übertragung und Gegenübertragung, und diese determinieren unser Verhalten in unterschiedlichen und nicht immer kontrollierten Maßen. Der eine möchte den anderen „in die Hand bekommen", erkennen und beeinflussen (Redl 1931, S. 51). Wird die Kommunikation entgleisen oder werden wir uns verstehen? Das kann nicht mit Sicherheit vorausgesagt werden, und so ist die Angst vor dem Fremden verständlich, kann aber auch destruktive Folgen haben, wenn sie nicht durchgearbeitet wird. Je weniger die Gesprächspartner festgelegt – vernagelt – sind, desto besser. Sie wählen dann vorsichtige und offene Formulierungen, so daß es ihnen möglich wird herauszufinden, wie es weitergehen soll. So vermögen sie sich ein kognitives Bild von der Situation zu machen, und das Erkennen geht dem Beeinflussen voraus.

Die Absicht „zu helfen", etwas durchzusetzen, kann hierbei hinderlich sein. Absichten zwingen ja, von den Umständen abzusehen. Sie behindern die gleichmäßig schwebende Aufmerksamkeit und schränken somit theoretische Hinsicht und Einsicht ein. Das bietet mir die Gelegenheit, noch einmal an die Skepsis (3. Kap.) zu erinnern, jene philosophische Haltung, die „soviel wie ausspähen, genau nachsehen (in der Gesprächssituation *aufmerksam hinhören*), suchen, untersuchen bedeutet" (Löwith 1956, S. 219f.). Ich habe in dieses Zitat die Worte „in der Gesprächssituation aufmerksam hinhören" eingefügt. Dazu gehört das Hinsehen. Wie vermag ich anders das Minenspiel, die Gestik meines Gesprächspartners wahrzunehmen, die mir oft mehr verraten als die Worte, deren Bedeutung sie ja oft konterkarieren? Jemand sagt mir, er wolle offen mit mir sprechen und knöpft zugleich seine Jacke zu. Welcher Mitteilung soll ich hier vertrauen, der verbalen oder der nonverbalen? Nicht, daß eine von ihnen unwahr sein muß, aber mein Gesprächspartner zeigt mir doch seine ambivalenten Gefühle, und von meiner Reaktion hängt es ab, welche gestärkt, welche geschwächt werden.

Das, was ich hier schreibe, ist für das, was ich sagen will, schon viel zu praktisch. Mir kommt es vorerst gar nicht darauf an, zu einem Handeln zu ermutigen, sondern zu einer *theoretischen Haltung,* die erkundendes, vielleicht auch erstauntes Schauen bedeutet, also *ab-*

sichtslose Neugierde. Der Skeptiker will nicht nur zuhören, er hält die Augen offen, weil er auch sehen will. Wer im Gespräch die Augen niederschlägt, hört gläubig zu – oder er sucht in seiner inneren Welt nach Waffen, mit denen er sich verteidigen, mit denen er angreifen kann. Nun gilt die Neugierde in unserer christlich-postchristlichen Kultur nicht gerade als Tugend. Hat nicht Evas Neugierde zum Sündenfall geführt? Karl Löwith meint, die Neugier sei „durch das Christentum (Augustinus) als ‚cupiditas rerum novarum' und als ‚curiositas' nach unnützen Dingen in Verruf gekommen. Für die Griechen, die im Sehen und Schauen lebten ... bezeugte dagegen diese Möglichkeit des *theorein* die höchste menschliche Daseinsweise und Tätigkeit. Sie ist die höchste, weil sie die von allen praktischen Zwecken freieste ist; ein freimütiger Anblick der Welt und alles dessen, was an ihr und in ihr erscheint. Die Stimmung der philosophischen Theoria ist das erstaunende Schauen" (1960, S. 316).

Löwith war sich darüber im Klaren, daß, wer das Wissen um des Wissens willen begehrt, frei und selbständig sein muß. Er schreibt: „Während der von den alltäglichen Nöten des Lebens Besessene immer nur so viel und soweit sieht als im zufälligen Umkreis seiner jeweiligen Interessen und Absichten liegt, vermag der Philosophierende darüber zu erstaunen, daß die Dinge so und nicht anders sind. Wer darüber erstaunt und verwundert ist, hat das Gefühl, daß er das Erstaunliche nicht versteht und, um diesem Umstand abzuhelfen, beginnt er nachzudenken. Diese Art der theoretischen Hinsicht und Einsicht beginnt man aber erst zu suchen, wenn die Menge der praktischen Bedürfnisse bereits befriedigt ist. Und weil die meisten Menschen zeitlebens genötigt sind, für die Befriedigung der praktischen Bedürfnisse zu sorgen, ist die Beschäftigung mit der Philosophie beinahe mehr als menschlich" (a. a. O., S. 317). Damit müssen wir in der Elternarbeit rechnen: Wir treten uns nicht als Philosophierende gegenüber, sondern als Menschen, die für die Befriedigung praktischer Bedürfnisse sorgen müssen. Es kommt hier auch gar nicht auf ein Entweder-Oder an, sondern auf ein Mehr oder Weniger. Wenn wir uns und unseren Gesprächspartnern Neugierde erlauben und ihre Befriedigung erleichtern, dann wird sich unsere und ihre Angst vor dem Fremden mindern.

Es sei hier noch einmal an Bert Brechts Didaktik bzw. Dramaturgie der Verfremdung erinnert: Im Fremden sollen wir das Vertraute entdecken und im Vertrauten das Fremde. Das Fremde ist uns unheimlich, sagen wir. Über das *Unheimliche* hat Freud (1919) einen interessanten Vortrag geschrieben, dessen Inhalt ich bereits einmal im 9. Kapitel gestreift habe, ohne ihn näher zu erörtern. Um das Unheimliche zu erforschen, geht Freud zwei Wege. Einmal folgt er der Sprachentwicklung und sucht nach der Bedeutung, die diese dem Worte ‚unheimlich' gegeben hat; zum zweiten trägt er zusammen, „was an Personen und Dingen, Erlebnissen und Situationen das Gefühl des Unheimlichen in uns wachruft" und uns „den verhüllten Charakter des Unheimlichen aus einem allen Fällen Gemeinsamen erschließen" läßt (a. a. O., S. 230f.). Schon auf der dritten Seite seines Aufsatzes verrät er uns, „daß beide Wege zum nämlichen Ergebnis führen, das Unheimliche sei jene Art des Schreckhaften, welche auf das Altbekannte, Längstvertraute zurückgeht" (a. a. O., S. 231). Im weiteren Verlauf des Aufsatzes macht er auf die Zweideutigkeit des Wortes *heimlich* aufmerksam, das „zwei Vorstellungskreisen zugehört, die, ohne gegensätzlich zu sein, einander doch recht fremd sind, dem des Vertrauten, Behaglichen und dem des Versteckten, Verborgengehaltenen" (a. a. O., S. 235). Freud zitiert dann Schelling, der sagt: „Unheimlich sei alles, was ein Geheimnis, im Verborgenen bleiben sollte und hervorgetreten ist", und zieht schließlich das Deutsche Wörterbuch der Gebrüder Grimm heran, wo es u. a. heißt: „aus den heimatlichen, häuslichen entwickelt sich weiter der begriff des fremden augen entzogenen, verborgenen, geheimen, eben auch in mehrfacher beziehung ausgebildet" (zit. a. a. O., S. 236), um aus seinem etymologischen Exkurs zu schließen: „Also heimlich ist ein Wort, das seine Bedeutung nach einer Ambivalenz hin entwickelt, bis es endlich mit seinem Gegensatz unheimlich zusammenfällt. Unheimlich ist irgendwie eine Art von heimlich" (a. a. O., S. 237).

Seine Analyse „der Personen und Dinge, Eindrücke, Vorgänge und Situationen ... die das Gefühl des Unheimlichen in besonderer Stärke und Deutlichkeit in uns zu erwecken vermögen", führt zu dem Resultat, das Unheimliche eines Erlebens käme zustande, wenn verdrängte infantile Komplexe wiederbelebt werden oder wenn sich primitive Überzeugungen bestätigen, von denen man glaubte, sie seien überwunden (a. a. O., S. 263). Das Unheimliche ist also etwas Altvertrautes, das ungewollt wiederkehrt. Wenden wir das auf die Angst vor dem

Fremden an, der uns als unheimlich erscheint, so erklärt sich diese daraus, daß wir in ihm das, was wir verdrängt und auf ihn projiziert haben, wiederentdeckten. Es ist das Verdrängte, das uns im Fremden entgegentritt, erschreckt und ängstigt. Die Begegnung mit dem abgespaltenen Eigenen im Anderen ist uns unheimlich. Aber wir müssen uns der Erfahrung des Unheimlichen nicht ausliefern. Wir können es uns wieder aneignen, nicht um es zu agieren, sondern um es bewußt zu verneinen. Dann käme man zu dem Schluß:

Ja, das ist in mir als Möglichkeit enthalten, aber so muß ich nicht handeln. Was kann ich tun, um dieses Destruktive in mir zu zähmen, vielleicht sogar zu sublimieren? Es gibt schließlich genug Dinge, die zerstört werden müssen, sollen die Menschen angenehmer und würdiger als heute leben, sollen die Schüler besser als gegenwärtig lernen können. Indem ich meine Projektionen von dem Anderen zurücknehme, könnte ich ihn nicht nur realistischer sehen, sondern auch von dem Druck befreien, der von ihnen ausgeht. Vielleicht entdecke ich sogar an ihm etwas, was ich mir aneignen kann, ohne es ihm wegnehmen zu müssen; etwas, was ich als mir bisher Fremdes zu verinnerlichen, mir vertraut zu machen vermag.

Verständigungsarbeit

In den Gesprächen mit den Eltern geht es um das Kind, den Schüler. Die Eltern erwarten Einblick in die Schulwelt ihres Kindes, die Lehrer wollen etwas über sein Leben in der Familie erfahren. Es soll also eine Tür zwischen diesen beiden Welten geöffnet werden. Darüber hinaus suchen beide Seiten Rat, wie sie sich und dem Kind im Hinblick auf die Schule das Leben erleichtern können. Jedoch ist es mit dem *Ratgeben* eine besondere Sache. Das drückt sich gut in einem jiddischen Sprichwort aus. Es lautet: *Rat mir gut, aber rat mir nicht ab!* Die Ratsuchenden wissen eigentlich, was sie tun wollen. Sie möchten lediglich darüber beraten werden, wie sie das, was sie wollen, zum Erfolg führen können. Was aber, wenn der Ratgeber ein ganz anderes Tun, als der Ratsuchende vorhat, empfiehlt? Dann wird dieser davonlaufen und so lange nach einem anderen Ratgeber suchen, bis er einen findet, der ihm sein Vorhaben bestätigt und es unterstützt. Dafür nimmt er sogar das Risiko des Scheiterns in Kauf.

Es ist nicht unsere Aufgabe, den Eltern zu sagen, wie sie ihre Kinder erziehen sollen, wohl können wir ihnen helfen, es bewußter zu tun. In seinem Buch *Gespräche mit Müttern* gibt Bruno Bettelheim (1962, S. 79) einer Mutter, die nicht weiß, ob sie ein bestimmtes Verhalten ihrer Tochter fördern oder entmutigen soll, die Antwort: „Das hängt davon ab, was für ein Kind Sie möchten". Es hat wenig Sinn, den Eltern ein Erziehungsideal ein- oder auszureden, wohl ist es vernünftig, ihnen zu sagen, welche Folgen bestimmte pädagogische Eingriffe haben können. Mit Takt und Zurückhaltung sollte der Lehrer also eine Art Hilfsich der Eltern sein. Wir wissen: das Ich soll zwischen den Kräften des Es, des Überichs und der äußeren Realität vermitteln. Unklar ist, wie der Lehrer die Doppelrolle eines Hilfsichs der Eltern einerseits und der Schüler andererseits hinreichend gut erfüllen kann. Hierzu verweise ich auf das Kapitel *Selbstwahrnehmen und Verstehen im psychosozialen Handeln* meines Buches *Wahrnehmen, Verstehen, Helfen* (1988a, S. 171-185). Dort spreche ich mich für weitgehenden Verzicht auf Ratschläge und Führung aus. Dafür soll sich der Helfer, in unserem Fall der Lehrer, dem Hilfesuchenden als Begleiter unaufdringlich zur Verfügung stellen, um ihm wahrnehmbar zu machen, was sonst unwahrnehmbar bliebe. Er begleitet ihn also bei einer Suchbewegung, wissend, daß vier Augen mehr sehen als zwei. Obwohl es um das Kind geht, den Schüler, seine Erziehungs- oder Lernschwierigkeiten, soll der Lehrer im Gespräch mit den Eltern zuerst einmal ihnen seine Aufmerksamkeit zuwenden. Diese sind nicht nur mit ihren Ich-Interessen am Schicksal ihres Kindes beteiligt, sondern auch mit ihrem Überich und den Triebwünschen ihres Es.

Da sind zuerst die *Störungen und Widerstände, die vom Überich der Eltern ausgehen,* in dessen Forderungen häufig ein religiös bzw. weltanschaulich betontes: „Ich glaube und bekenne!" mitschwingt. Was man glaubt und bekennt, wird seltener offen ausgesprochen, als daß es in den Rationalisierungen zum Vorschein kommt, mit denen die Menschen ihr Verhalten zu rechfertigen versuchen. Max Weber hat in seinen Aufsätzen zur Religionssoziologie die Wahlverwandtschaft zwischen der protestantischen, vor allem der calvinistischen Ethik und dem Geist des Kapitalismus einsichtig gemacht. Der Siegeszug des Kapitalismus hat dazu geführt, daß inzwischen auch die anderen Religionen von ihm überlaufen. Im entfalteten Kapitalismus sind viele Menschen gleichsam calvinistische Katholiken, Juden, Agnostiker usf. Das „summum bonum" ihrer „Ethik" ist der Erwerb von Geld und immer mehr Geld „unter strengster Vermeidung alles unbefangenen Genießens, so gänzlich aller eudämonistischer Gesichtspunkte entkleidet, so rein als Selbstzweck gedacht, daß es als etwas gegenüber dem ‚Glück' oder dem ‚Nutzen' des einzelnen Individuums jedenfalls gänzlich Transzendentes und schlechthin Irrationales erscheint" (1920, S. 35). Durchaus asketisch wird vom Gebrauchswert der Dinge abgesehen. Nur was quantifizierbar ist, gilt etwas. Im Kapitalismus kann sich das, unabhängig davon, zu welcher Weltanschauung man sich bekennt, erfahrungsgemäß lohnen. Das am Leistungsprinzip orientierte Schulsystem fördert diese Ethik u. a. durch das Prüfungs- und Zensurenwesen.

Lehrer, die dem versuchen entgegen zu steuern, haben es schwer. Ich erlebte das mit meinen Kindern, die hier in Holland eine Montessori-Schule besuchten. Viele Eltern schickten ihre Kinder auf diese Schule, weil sie angesehen war. Von der Montessori-Methode wußten sie wenig. Vielmehr bestimmte der Zeitgeist ihre Einstellung zur Erziehung. Vielen von ihnen war nicht nur gleichgültig, wenn die Praxis der Montessori-Methode durch schulbürokratische Interventionen entstellt wurde, sie forderten dergleichen Eingriffe in ängstlicher Anerkennung eines alle Leistungen quantifizierenden Rentabilitätsprinzips zuweilen sogar heraus. Ich gewann den Eindruck, daß sich nicht wenige der Lehrer und Schulleiter nicht nur auf Montessori-Schulen, sondern auch auf anderen Reformschulen, von denen es im niederländischen Schulsystem wesentlich mehr als in Deutschland gibt, durch derartige Interventionen verwirren und zur Resignation verführen lassen.

Es kostet Lehrern viel Geduld, sich und den Eltern klar zu machen, daß man Schüler nicht nur führen und gängeln soll, sondern ihnen auch Gelegenheit geben muß, wachsen zu können. Die Eltern verhalten sich oft weniger aus Gleichgültigkeit so unpädagogisch, sondern weil sie fürchten, daß ihre Kinder im Kampf ums Dasein auf der Strecke bleiben könnten. Es würde vernünftig sein, begriffen sie, daß Kindern mehr gedient ist, wenn Schulen den Heranwachsenden ein psychosoziales Moratorium bieten könnten, statt sie fortwährend zum Ellenbogenkampf anzutreiben. Der „Geist des Kapitalismus", der so viele Köpfe beherrscht, die gar nicht von ihm profitieren, bedarf der Gegengewichte, soll er nicht entgleisen. Ein solches Gegengewicht bot einst der *Hauskommunismus der Familie auf traditioneller und affektueller Grundlage* (Weber 1921, S. 114) mit seiner „Solidarität nach außen" und „Gebrauchs- und Verbrauchsgemeinschaft der Alltagsgüter ... nach innen ... auf der Basis einer streng persönlichen Pietätsbeziehung" (a. a. O., S. 278). Man darf sich den Hauskommunismus freilich nicht als Idylle vorstellen, wie sie etwa bei Riehl (1855) oder auf den Holzschnitten von Ludwig Richter erscheinen mag. Er war drückend genug, ermöglichte aber, wenn es gut ging, die Entwicklung innengeleiteter Charaktere (Riesman). Diese waren es schließlich, die den bürgerlichen Rechtsstaat durchsetzten und den Unternehmerkapitalismus, aber auch die klassische Arbeiterbewegung konstituierten. Das alles sind politische Konfigurationen, die heute zu zerfallen drohen oder schon zerfallen sind.

Was hat das in diesem Abschnitt über *Verständigungsarbeit* zu bedeuten? Ich schreibe das, um den gesellschaftspolitischen Kontext wenigstens zu skizzieren, in dem heute der Umgang mit Eltern erfolgt. Bereits an anderer Stelle sagte ich, daß, was die Familie nicht mehr leisten kann, andere gesellschaftliche Kräfte übernehmen müssen. Vielleicht kann eine davon die Schule sein. Die Lehrer müßten dann den Schülern soviel Wärme und Schutz bieten, wie nötig ist, daß sie sich psychisch gesund entwickeln, d. h. nicht nur arbeits- sondern auch genußfähig werden können. Das Absehen von ‚Glück', vom Nutzen der einzelnen Individuen aber, wie es sich zur Zeit weitgehend in Familien- und Schulerziehung durchsetzt, tendiert zu jenem *gänzlich Transzendenten* und *schlechthin Irrationalem,* von dem in dem Zitat aus Max Webers Aufsätzen zur Religionssoziologie oben die Rede war. In ihm ist übrigens die „Dialektik der Aufklärung" (Horkheimer/Adorno 1947) in nuce schon angelegt.

Es war in diesem Abschnitt auch vom Überich die Rede – dem der Eltern, aber auch von unserem eigenen – und dem sozialen Kräftefeld, in dem es, weitgehend gesellschaftlich determiniert, individuell konstituiert wird. Das ergänzend, möchte ich bemerken, daß ich dagegen bin, wenn Lehrer in ihrem Beruf apostolische Funktionen übernehmen und irgendwelche weltanschaulichen Normen und Werte predigen. Wohl kann es angebracht sein, darauf hinzuwirken, daß die Eltern, wo nötig und möglich, die Strenge ihres Überichs mildern. Erzieher sollten ein versöhnliches, kein terroristisches Überich haben. Ein versöhnliches Überich bleibt bei dem, was es für gut und richtig hält. Aber es verwirft jene nicht, die seine Forderungen vernachlässigen. Es versucht ihnen vielmehr zu helfen, Fehlleistungen wiedergutzumachen. Vor allem trägt es nichts nach. Anders als das strenge Überich kommuniziert das versöhnliche Überich ständig mit dem Ich. Es ist bereit, auf „die leise Stimme des Intellekts" zu hören und hält Rechnung mit den Bedürfnissen des Es. So wird auch ein Lehrer mit einem versöhnlichen Überich im Umgang mit Eltern nicht durch Unterwerfung nach einer guten Partnerbefriedigung suchen, sondern durch Verständigungsarbeit.

Das Problem, über das man sich verständigen will, ist in der Regel die Erziehungsschwierigkeit oder Lernstörung des Schülers. Beide Seiten bringen ihren mehr oder weniger großen Sachverstand, d. h. die oft recht divergenten Erfahrungen ein, die sie mit dem Heranwachsenden einerseits in der Schule, andererseits im Elternhaus gemacht haben. Die müssen erst einmal der anderen Seite vermittelt werden. Es geht dabei nicht darum, recht zu behalten, sondern um die Erhellung zweier dunkler Felder. Dem Lehrer ist das Zuhause des Schülers fremd, den Eltern das schulische Umfeld. Jeder sieht sein Feld nur aus seiner Perspektive, ist also in gewissem Maße „betriebsblind", so bleibt ihm vieles auch im eigenen Feld dunkel.

Es ist hilfreich, wenn man den Eltern in fragender Haltung entgegentritt und sie gleichsam zu Mitforschern macht. Das einschüchternde Autoritäts- und Kompetenzgefälle wird dann geringer, und die Gesprächspartner öffnen sich einander. Wichtig ist vor allem das anteilnehmende, aufmerksame Zuhören. An dieser Stelle rege ich dazu an, noch einmal das Motto zu Beginn dieses Kapitels zu lesen. *Es kommt wirklich darauf an, daß man gut zuhört.* Man muß gar nicht viele Fragen stellen. Freilich sollte man räumlich und zeitlich einen entgegenkommenden Rahmen schaffen. Nicht immer stellen die Schulen hierfür geeignete Räume zur Verfügung. Wo diese fehlen, kann man die Eltern vielleicht zu sich nach Hause einladen oder in ein freundliches Restaurant. Auch sollte man nicht vergessen, daß Schulräume in Eltern unheimliche Gefühle hervorrufen können, weil sie an vergangene

Niederlagen in der eigenen Schulzeit erinnern. Wo auch immer: das gute Zuhören ist das wichtigste. Es wird behindert, wenn man unter Zeitdruck steht. Man sollte da schon ein wenig freigiebig mit seiner Zeit sein. „Zeit ist Geld", sagt der Geist des Kapitalismus, aber Zeit ist auch Lebenszeit, und ein gutes Gespräch ist ein Stück erfüllter Lebenszeit.

Ich erinnere mich an eine Sprechstunde, in der ich nur wenige Fragen stellte und vor allem zuhörte. Es war keine Elternsprechstunde, wohl war die Studentin Mutter dreier Kinder. Sie wurde von einem jungen Kollegen zu mir geschickt, weil sie Schwierigkeiten hatte, ihre Statistikprüfung zu bestehen. Sie überraschte mich mit der Frage, ob ihr Versagen Folge ihrer lesbischen Einstellung sei. Ich antwortete ihr, darüber müßte ich erst nachdenken, sie solle doch eine Woche später noch einmal kommen. Einen Zusammenhang zwischen ihrer Homosexualität und dem Versagen in Statistik vermochte ich auch durch Nachdenken nicht zu sehen oder zu vermuten. Als sie wiederkam, erzählte sie etwas von ihrem Leben, ihrem Studium und den Problemen mit ihren Kindern. Einige Fragen stellte ich ihr, um mich in dem von ihr Gesagtem besser zurechtzufinden. Natürlich gingen mir einige Deutungen durch den Kopf. Aber keine teilte ich ihr mit, war also *nur* aufmerksamer Zuhörer, der verstehen wollte, was sie sagte. Ihre anfängliche Befangenheit veränderte sich in aufgeschlossene Mitteilsamkeit. Am Ende der Stunde stand sie zufrieden auf und sagte: „Ich weiß jetzt etwas mehr über mich. Meine Psychotherapeutin interpretiert immer und meine Freundin auch. Sie haben mir zugehört und das hat mir geholfen." Ich bin dem nicht weiter nachgegangen. Die Statistikprüfung bestand sie jedenfalls bald darauf. Offenbar war es mir durch meine Aufmerksamkeit gelungen, ihr zu einem einigermaßen kohärenten Bild ihrer damaligen Situation zu verhelfen. Viel mehr kann und muß ein Hilfsich nicht erreichen.

Diese Begebenheit erzähle ich noch aus einem anderen Grunde. Obwohl ich meine, daß psychoanalytisch oder psychologisch zureichend orientierte Erzieher und Lehrer besser helfen können als jene, die das nicht sind, denke ich, daß man nicht deuten sollte, wo pädagogische bzw. andragogische Eingriffe nötig sind. Natürlich fallen uns beim Zuhören und Beobachten immer wieder gute Deutungen ein. Aber nur in der psychoanalytischen Situation, nicht in der pädagogischen, können wir einigermaßen sicher sein, daß unsere Interpretationen dem Partner wirklich nützen. Wir dürfen unsere Einfälle durchaus ernst nehmen, sollten sie jedoch in der Regel für uns behalten. Es verspricht kaum Erfolg, ungefragt zu interpretieren, aber in Notfällen darf man schon einmal ungebeten intervenieren.

12. Chaos und Ordnung

„Soll ich Ihnen erzählen, was ich mache? Vormittags unterrichte ich – aber Unterricht ist so viel mehr, als Sachwissen zu vermitteln! Wir haben Kinder, die kommen in die Schule, ohne gefrühstückt zu haben, irgendwann im Laufe des Vormittags wird ihnen schlecht. Wir haben Kinder, die stören ständig, machen nie Hausaufgaben – aber ich weiß genau, sowie ich mich bei den Eltern beschwere, werden sie grün und blau geschlagen. Wir haben Kinder, die stehlen wie die Raben, nur um auf sich aufmerksam zu machen. Und wir haben Kinder, die kommen ausgeglichen und fröhlich, möchten in harmonischer Atmosphäre lernen, lernen, lernen. Es sind lauter kleine Individuen, kleine Persönlichkeiten, mit ihren ganz eigenen Sorgen und Nöten.
Sie lassen sich nicht über einen Kamm scheren.
Manche machen es mir leicht, bei anderen muß ich erst mühsam den Zugang suchen, den sie zum Lernen brauchen.
Wenn ich vor ihnen stehe oder zwischen ihnen sitze, bin ich eine Mischung aus Lernpartnerin und Mutter, aus Autorität und Sozialarbeiterin, aus Stein der Weisen und Stein des Anstoßes.
Und für alle bin ich eine mehr oder weniger wichtige Bezugsperson (für manche die einzige), von der Verläßlichkeit, Wertschätzung und Zuneigung, Gerechtigkeit, Sachwissen und Engagement gefordert wird."
Angelika Störmer, Hallo, Herr Nachbar, 1996, S. 110

Unruhige Klassen

Vor einigen Jahren wurde ich einmal eingeladen, auf einem Studientag von Psychoanalytikern als Soziologe einen Vortrag über Psychoanalyse und Gesellschaft zu halten. Mir war das Thema zu weit gefaßt, und ich bat um einen Vorschlag, es näher zuzuspitzen. „Sprechen Sie über Perversionen! Da hören Psychoanalytiker immer hin," wurde mir gesagt. Nun ja, das tat ich dann auch. Ein Thema, das Pädagogen, zumindest solange sie noch nicht resignieren, fast immer interessiert, scheint das der *Disziplinschwierigkeiten* zu sein. Das ist begreiflich, denn sie müssen mit Schulklassen umgehen, die, in Freuds Worten gesprochen, zuerst einmal *künstliche Massen* sind. In diesen wird „äußerer Zwang aufgewendet, um sie vor der Auflösung zu bewahren und Veränderungen in ihrer Struktur hintanzuhalten. Man wird in der Regel nicht befragt oder es wird einem nicht freigestellt, ob man in eine solche Masse eintreten will; der Versuch des Austritts wird gewöhnlich verfolgt oder strenge bestraft oder ist an ganz bestimmte Bedingungen geknüpft" (Freud 1921, S. 101f.). Das gilt auch für Schulklassen. Ihr äußeres Band ist die Schulpflicht. Ob ein inneres Band entsteht, ist ungewiß, denn sie orientieren sich nicht ohne weiteres spontan und dauerhaft an einem gemeinsamen Interesse: der *dritten Sache,* vielmehr geraten sie leicht in eine Unruhe, die von den Lehrern oft als *Chaos* erlebt wird. Damit habe ich bereits die Stichworte genannt, um die es in diesem Kapitel geht. Es sind nicht nur Stichworte, es sind auch *Stachelworte.* Sie erregen unsere Affekte. Sind diese nicht zu stark, regen sie auch zum *Denken* an, das wir nach Möglichkeit als *Probehandeln* zwischen dem Affekt und unseren Reaktionen darauf einschalten sollten.

Disziplinschwierigkeiten wird jeder Lehrer begegnen. Aber nicht jede Unruhe muß Ursache oder Folge von ihnen sein. Schulklassen sind wie alle menschlichen Gruppen *nichtlineare Systeme.* Sie bestehen aus Schülern und Lehrern, die als Individuen ebenfalls nichtlineare Systeme sind. Diese sind nicht in proportionaler Weise miteinander verbunden, sie können vielmehr äußerst empfindlich auf kleinste Veränderungen reagieren und in der Folge oftmals unvorhersehbares und chaotisches Verhalten zeigen. Wir können auf sie also die *Chaostheorie* anwenden, die sich mit dem Verhalten willkürlicher nichlinearer Systeme befaßt. Sie bestätigt gleichsam die psychoanalytische Lehre, daß menschliches Verhalten vielfach bedingt, mithin überdeterminiert ist. Beide Theorien gehen davon aus, daß man das überdeterminierte Verhalten nichtlinearer Systeme zwar in gewissen Grenzen voraussagen kann, aber immer mit Überraschungen rechnen muß. Wie bei politischen, wirtschaftlichen und militärischen Entscheidungen legen sie auch bei pädagogischen Entscheidungen Skepsis und Bescheidenheit nahe. Daraus folgt nicht, daß man die Hände in den Schoß legen darf, denn auch für menschliche Systeme gilt der *Zweite Hauptsatz der Thermodynamik:* Besagt der Erste Hauptsatz der Thermodynamik, daß die verschiedenen Energieformen ineinander umwandelbar sind, so ist nach dem Zweiten Hauptsatz der verlustlose Energie-Wärme-Übergang grundsätzlich ausgeschlossen. Damit bekräftigt er „jene Alltagserfahrung, daß alle Strukturen mehr oder weniger schnell ihre Ordnung einbüßen, wenn man nicht ständig für die Wiederherstellung dieser Ordnung etwas tut" (Cramer 1988, S. 30). Das Maß des Energieverlustes eines Systems nennt man *Entropie.* Nennen wir ein System entropisch, so bedeutet das: Es geht mit ihm bergab, weil ihm keine Energie, keine Ordnung mehr zugeführt wird. Ordnung wird hier nicht als etwas Totes begriffen, sondern als eine Lebensweise. Auch geht aus dem Zweiten Satz hervor, daß Ordnung ohne Veränderung eines Systems nicht erhalten werden kann, wobei ich das Verb ‚erhalten' in seiner Doppelbedeutung: ‚etwas bekommen' und ‚etwas bewahren, für weiteres Bestehen sorgen' gebrauche.

Eine Schulklasse ist ein lebendiges System. Um es „aufrechterhalten zu können, müssen ständige Aufbauprozesse ablaufen, die den das Leben ebenso ständig begleitenden Zerfall kompensieren. Die Ruhe und Konstanz der lebendigen Ordnung ist nur scheinbar. Unter der Oberfläche des Makroskopischen finden Stoff- und Energiekreisläufe statt, ohne die das Leben sofort zusammenbrechen müßte. Leben strömt und ruht zugleich" (a. a. O., S. 50). Die *Aufbauprozesse*, die das Leben einer Schulklasse bestimmen, sind *Lernprozesse*. Eine Schulklasse, die nicht lernt, zerfällt. Daraus ergeben sich folgende Fragen: Wie schafft man es, daß die Schulklasse als lernende Organisation ihren Energiehaushalt stabilisiert? Wie kann sie die Informationen für ihre Ordnung – das zu Lernende – aufnehmen, bewahren und weitergeben? Dieses Aufnehmen, Bewahren und Weitergeben kann man auch als einen *Dreischritt von Lernen, Erinnern und Gebrauchen* beschreiben. Darüber nachzudenken und zu forschen, ist Aufgabe der Didaktik. Hier gehe ich nur auf ihre *soziale Dimension* ein, auf die Frage also, wie man es schafft, daß eine Schulklasse eine lernende Gruppe wird und bleibt, so lange es nötig ist.

Unruhe in einer Schulklasse bedeutet zuerst einmal nicht mehr und nicht weniger, als daß man sie nicht sich selbst überlassen darf. Erst wenn das geschieht, wird sie ein entropisches System. Sie wird aber auch ein solches, wenn die Lehrer sich am *Law-and-Order-Prinzip* anklammern. Eissler (1971, S. 17) meint in Anlehnung an den Biologen Ehrenberg, man könne das Endstadium des menschlichen Lebens psychologisch als nahezu totale Rigidität, als Mangel an Elastizität beschreiben. Er zitiert Nietzsches Wort: „Ein alter Chinese sagte, wenn Reiche zugrunde gehen sollten, so haben sie zu viele Gesetze". Das kann man auf Schulklassen übertragen. Zuviel Rigidität, zuwenig Elastizität schaffen nicht Ordnung, sondern Entropie. Diese Zustände fördern antisoziale Tendenzen und verhindern lebendiges Lernen.

Gewiß müssen Lehrer ab und zu disziplinierend eingreifen, aber das muß den Verhältnissen angemessen und geduldig geschehen. Vor allem dem Anfänger fällt das schwer. Ist er zu streng, erweckt er den Protest der Schüler und lähmt ihre Lernlust; ist er zu geduldig, bleibt ihr Werksinn und Wißtrieb unbefriedigt. Auf beiden Wegen treibt er sie in eine Art intellektuelle und psychische Frigidität. Ich erinnere mich noch an einige schwierige pädagogische Situationen, in denen ich mich als junger Lehrer befand. Mir fiel es schwer zu brüllen. An die Brauchbarkeit dieses Mittels vermochte ich nicht zu glauben. Mir kam es auf das gemeinsame Lernen an. Wie konnte ich das sichern? Ich teile mit, wie ich mir in meiner Unerfahrenheit zu helfen versuchte. Es waren schon negative Sanktionen, die ich gebrauchte; doch verband ich sie stets mit Möglichkeiten zur Wiedergutmachung. Ich arbeitete mit dem Mittel der Noten. Wer nicht aufpaßte, kam dran, wurde mündlich befragt oder mußte an der Tafel eine Aufgabe lösen. Das wurde sofort bewertet. Das Ergebnis war meist mangelhaft. Ähnlich hielt ich es mit den Hausaufgaben. Ich lief durch die Klasse und schaute mir die Lösungen oberflächlich an. Einige Hefte sammelte ich ein, um sie zu benoten. Da gehörten vor allem die dazu, die Mängel zeigten. Die Chance der *Wiedergutmachung* bestand darin, daß ich den betroffenen Schülerinnen sobald wie möglich Gelegenheit gab, zu zeigen, was sie konnten. Jene, deren Hausaufgaben ich negativ bewertet hatte, konnten dessen sicher sein, daß ich in der nächsten Stunde ihre Hefte wieder einsammelte. Sie machten dann die Aufgaben in der Regel besonders gut und vermochten so, ihre schlechte Note auszugleichen.

Bei anderem Fehlverhalten mußten jedesmal 20 Pfennige in die Klassenkasse gezahlt werden (heute wären das etwa 2 DM). Der Inhalt wurde für Klassenfeste ausgegeben, kam also allen Klassenkameradinnen zugute. Das Eintreiben und Aufbewahren der Gelder übertrug ich einer Schülerin, die mir für dieses Amt geeignet schien. Das hatte ganz gute Wirkungen. Die Schülerinnen begriffen, daß es mir nicht darum ging, ob sie mich verletzten oder nicht, sondern ob möglichst störungsfrei und erfolgreich gelernt werden konnte. Auch merkten sie, daß ich ihnen nichts nachtrug. Nach der Wiedergutmachung waren wir *quitt*. Ich weiß nicht, ob mein Verfahren nachahmenswert ist. Es kommt mir lediglich darauf an zu zeigen, daß es nicht immer ohne negative Sanktionen geht. Diese müssen dann aber auch sofort ergriffen und sobald wie möglich durch positive Sanktionen kompensiert werden. Sowohl die negativen wie die positiven Sanktionen sollten für die Schüler voraussehbar sein.

Die Schüler wollen *gerechte Lehrer* haben und nicht Willkürmaßnahmen ausgesetzt sein. Dazu gehört, daß man sicher ist, daß nur der Störer getroffen wird. Lieber ließ ich etwas durchgehen, als daß ich das Risiko eines Fehltreffers in Kauf nahm. Das stärkte meine Autorität und ihr Vertrauen in meine Entscheidungen. Unberechenbare Lehrer erschrecken die Schüler. Das mag ersteren eine gewisse perverse Befriedigung geben, viel mehr als Sich-Verstecken, Hinterhältigkeit und Verlogenheit lernt man bei solchen Lehrern nicht. Gewiß sind das auch Überlebenstechniken, aber doch solche, die schlechte Systeme nicht verändern, sondern stützen.

Lehrer, die den Schülern und der Sache – den Lehrinhalten – zugewandt sind, kommen ohne launenhafte Sanktionen aus. Manchmal gelingt es ihnen, nicht nur die Schüler, sondern selbst Eltern für ihr Fach zu gewinnen. Das kann z. B. anläßlich eines Elternabends geschehen.

Gruppenbeziehungen

Schulklassen sind komplizierte Geflechte von Gruppenbeziehungen, in denen sich, wie wir mit Georg Simmel (1890, S. 237-257; 1908, S. 457-511) sagen können, sehr unterschiedliche *soziale Kreise* kreuzen. Zuerst einmal ist die Schulklasse eine soziale Gruppe, die durch äußeren Zwang entsteht und Schüler und Lehrer heterogener Herkunft vereinigt. Die Mitglieder der Schulklasse gehören nicht nur dieser Gruppe an, sondern sind mit einer Vielfalt anderer Gruppen verbunden. Man ist nie bloß Lehrer oder Schüler. Zweitens differenziert sich die Schulklasse selbst in Gruppen, welche arbeitsteilig zusammenarbeiten, aber auch miteinander rivalisieren und sich befehden können. Schließlich ist aber auch jede einzelne Persönlichkeit im Wesen ein „Ensemble gesellschaftlicher Verhältnisse" (Marx 1845, S. 6), „der Kreuzungspunkt unzähliger sozialer Fäden" (Simmel 1890, S. 241), bzw. „Niederschlag aufgegebener Objektbeziehungen" (Freud 1923, S. 257), also ein durch und durch soziales Geschöpf, das dennoch nicht ganz in Gesellschaft aufgeht, weil der Mensch eben auch ein Säugetier ist, wohl eins, das sich für

Gott hält (Grunberger 1985, S. 190). Darüber kann man lange nachdenken.

Verständlicherweise möchten die Lehrer die Schüler in ihren Klassen homogenisieren, *gleichschalten,* aus Früchten Spalierobst machen, wie das Erich Kästner ausdrückte. Das sieht man deutlich am *Frontalunterricht.* Die Klasse sitzt dem Lehrer frontal gegenüber. Niemand darf vorauseilen, niemand hinterhertraben. Ich erinnere mich noch an meine Grundschulzeit, in der unser Lehrer uns verboten hatte, im Lesebuch die Geschichten zu lesen, die noch nicht „dran" waren. Für mich kam dieses Verbot zu spät. Ich hatte sie schon vor Beginn des Schuljahres gelesen. So gehorsam ich in der Regel zu Hause war, die Gebote und Verbote der Schule bedeuteten mir wenig. Meine Gehorsamsbereitschaft wurde von meiner Mutter so ausgeschöpft, daß davon für die Schule oder andere gesellschaftliche Mächte wenig übrigblieb.

Der Frontalunterricht verwandelt das Klassenzimmer tendenziell in eine Art Gemeinschaftsschlafraum, in dem die Lernfähigkeit der Schüler vom Lehrer so gestreckt und verstümmelt werden kann, wie das der mythische Unhold *Prokrustes* einst mit den müden Leibern seiner Gäste tat. Den Lehrern à la Prokrustes gelingt das freilich nicht immer, denn je nach Charakter und Gruppendruck ziehen sich die Schüler in Apathie, Tagträumereien und andere Formen der Abwehr zurück. Freilich gibt es auch Lehrer, die zumindest phasenweise spannenden Frontalunterricht geben können, aber auch dann bleibt das eine mühevolle und unökonomische Lehrweise. Ähnliches gilt für den Unterricht an Universitäten. Vor allem Vorlesungen können recht langweilig sein. Immerhin besitzen Studenten noch etwas mehr Freiheiten als Schüler, sind auch älter und zuweilen motivierter. Freilich werden zur Zeit die Lernmöglichkeiten an den Universitäten auf dem Weg ihrer Verschulung mehr und mehr gemindert, denn wo man in Bildungseinrichtungen Geld einsparen kann, wird disfunktional reguliert, so sehr man sonst für Deregulierung schwärmt.

Was der Frontalunterricht fördert, ist die *Verwandlung von Gruppenbeziehungen in Paarbeziehungen.* Dadurch wird die Schulklasse zu einem Kombinat von Paaren, in denen der eine Partner immer der Gleiche ist, nämlich der Lehrer. Von der Gruppendynamik überfordert, wird er häufig dazu neigen, seine Individualität hinter der Maske eines bestimmten Lehrertyps zu verbergen. Oft genug läßt er sich diese

Maske auch aufzwingen. So reduziert er nicht nur die Schüler, sondern auch sich selbst auf einen Persönlichkeitsrest. Vielleicht ist das ein Grund dafür, daß manche Lehrer Außenstehenden oft so unbeholfen und verkürzt erscheinen.

Im ersten Abschnitt dieses Kapitels verglich ich die Schulklasse mit der *künstlichen Masse* Freuds. Diesen Vergleich möchte ich jetzt etwas näher ausführen. Dabei wird vielleicht deutlich, warum auch im Frontalunterricht zuweilen ein Minimum an Funktionalität erreicht werden kann. In seiner Schrift knüpft Freud an Gustave Le Bons *Psychologie der Massen* (1895) an, unterscheidet sich aber von ihm u. a. in zwei Punkten: Wo Le Bon nur negativ über die Massen spricht, würdigt Freud auch ihre schöpferische Kraft (a. a. O., S. 89). Bleibt bei Le Bon die Frage nach dem Bindemittel der Masse unbeantwortet, so analysiert Freud vor allem das Verhältnis der Masse zu ihrem Führer. Er geht davon aus, daß Liebesbeziehungen (indifferent ausgedrückt: Gefühlsbindungen) die Masse zusammenhalten und stützt sich dabei auf zwei Vermutungen: „Erstens, daß die Masse offenbar durch irgendeine Macht zusammengehalten wird. Welcher Macht könnte man aber diese Leistung eher zuschreiben als dem Eros der alles in der Welt zusammenhält? Zweitens, daß man den Eindruck empfängt, wenn der Einzelne in der Masse seine Eigenart aufgibt und sich von den Anderen suggerieren läßt, er tue es, weil ein Bedürfnis bei ihm besteht, eher im Einverständnis mit ihnen als im Gegensatz zu ihnen zu sein, also vielleicht doch ‚ihnen zuliebe'" (a. a. O., S. 100).

Freud zeigt das an zwei künstlichen Massen: der Kirche und dem Heer. Wie stellt sich das in der Schulklasse dar? So wie die Gläubigen erwarten, daß Christus sie alle liebt, und die Soldaten in ihrem Heerführer einen strengen und gütigen Vater erblicken möchten, so wünschen sich die Schüler einen gerechten Lehrer, der sie alle gleichermaßen gern hat. Gelingt es diesem, sie durch seine Zuneigung an sich zu binden, dann wird diese Bindung auch Ursache der Bindung der Schüler untereinander. Gut geführte Klassen sind in der Regel auch *gesellige,* d. h. in freundlicher Verbundenheit zusammenarbeitende Klassen. Um dem Lehrer zu gefallen, wenden die Schüler ihren *Egoismus* mehr oder weniger zum *Altruismus,* wobei dieser sehr ambivalent und labil ist. Ich erinnere an die biblische Geschichte von Kain und Abel, in der Gott Kains Opfer schmähte und ihn so zum Brudermord motivierte. So schlimm geht es in Schulklassen nicht zu. Aber die oft gierige Bereitschaft, mit der viele Schüler sich auf einen vom Lehrer aus der Klassengemeinschaft ausgesonderten Mitschüler stürzen, zeigt, wie schnell Klassen *Hetzmassen* (Canetti 1960, S. 53ff.) werden, und beweist die Brüchigkeit menschlicher Beziehungen. Auch darf nicht übersehen werden, daß der Altruismus einer Gruppe sich nicht nur in der Regel von anderen Gruppen abgrenzt, sondern sich auch aggressiv gegen diese wendet. Freundschaft nach innen, Feindschaft nach außen; das ist die Parole vieler Gemeinschaften. Lehrer versagen, wo sie zerfallendes Wir-Gefühl dadurch zu kitten versuchen, daß sie die antisozialen Tendenzen in der Gruppe auf innere oder äußere Feinde ablenken.

Den Ausdruck *antisoziale Tendenz* habe ich in diesem Buch bereits zwei oder drei Mal verwendet. Er stammt von Winnicott (1984). Die antisoziale Tendenz tritt bei normalen, neurotischen und psychotischen Menschen auf. Sie zeigt sich einerseits als Stehlen und Lügen, andererseits als zerstörerisches Handeln, das sich nicht nur in physischer, sondern auch in psychischer Gewalttätigkeit äußert. Winnicott, der ja vorwiegend mit Kindern und Adoleszenten zusammenarbeitete, interpretiert antisoziales Verhalten als eine Herausforderung, der die Reifen in der Gesellschaft fest entgegentreten müssen, um es aufzufangen. Das Stehlen, das nicht aus materieller Not geschieht, interpretiert er als ein Suchen nach Liebe und emotionaler Wärme, das Zerstören als ein Suchen nach Halt, nach einem Raum, der gleichzeitig schützt und Handlungsfreiheit bietet (a. a. O., S. 163).

Mit Menschen, die der antisozialen Tendenz nachgeben, ging es eine Weile lang ganz gut, bis sie einem emotionalen Verlust ausgesetzt wurden, der sie gleichsam schuldlos schuldig werden ließ: „Das Vorhandensein der antisozialen Tendenz bedeutet, *daß ein wirklicher Verlust (deprivation) stattgefunden hat* (nicht einfacher Mangel), d. h. etwas Gutes, das das Kind bis zu einem bestimmten Zeitpunkt positiv erlebt hat, ist ihm entzogen worden. Dieser Entzug dauerte länger, als das Kind die Erinnerung an die gute Erfahrung in sich lebendig halten konnte. Eine vollständige Beschreibung der Deprivation umfaßt sowohl das frühere Trauma als auch den später, länger anhaltenden traumatischen Zustand, das nahezu Normale sowie das eindeutig Abnormale" (a. a. O., S. 162). Wird die antisoziale Tendenz nicht frühzeitig wirksam aufgehalten, entwickeln sich die Kinder und Jugendlichen zu *antisozialen Persönlichkeiten* (Kernberg 1984). Die antisoziale Tendenz ist noch kein Zeichen von Krankheit. Von der antisozialen Persönlichkeit muß man wohl sagen, daß bei ihr Strukturen von Borderline-Zuständen und Psychosen auffallen (a. a. O., S. 18). Winnicott und Kernberg stimmen darin überein, daß gegen die antisoziale Tendenz und die antisoziale Persönlichkeit eine psychoanalytische Behandlung wenig Erfolg verspricht. Was dann? Zuerst kommt es darauf an, die Opfer zu schützen. Das muß entschieden und unverzüglich geschehen. Aber auch die Täter müssen davor geschützt werden, ihren antisozialen Tendenzen nachzugeben. Mit anderen Worten, sie müssen bekommen, was sie brauchen: „Sie sind darauf angewiesen, falsche Lösungen abzulehnen: Sie haben das Bedürfnis, sich real zu fühlen oder aber zu ertragen, daß sie sich überhaupt nicht fühlen. Sie haben das Bedürfnis, die Gesellschaft immer wieder zu reizen, so daß der Widerstand spürbar wird und mit Widerstand beantwortet werden kann" (Winnicott 1984, S. 97). Zuerst muß man wohl oder übel hart zupacken. Man muß sie sozusagen niederwerfen, auffangen und stützen. Aber was heißt stützen? Angesichts der Trostlosigkeit der Zukunftsperspektiven dieser Menschen gerate ich unversehens in den Konjunktiv: Die beste Möglichkeit, *sich real zu fühlen,* wäre eine gute Arbeit, das mühevolle Schaffen von Gebrauchswerten, von materiellen und geistigen Objektivationen für sich und andere, in denen sie nicht nur sich selbst erkennen, sondern in denen sie auch von anderen erkannt und anerkannt werden. Wie aber könnte man das in einer Gesellschaft realisieren, in der die Arbeit nahezu ebenso ungleich verteilt ist wie der Reichtum?

Auf die antisoziale Tendenz bin ich hier eingegangen, weil sie die Schulklasse zu desintegrieren vermag. Das kann man erschweren, wo es gelingt, die Klasse als Agglomeration von Paarbeziehungen mit dem Lehrer als Universalpartner so zu strukturieren, daß sie eine Gruppe von Lerngruppen wird. Ich meine nicht, daß man die Gruppenbildung in der Klasse ganz der Spontaneität der Schüler überlassen sollte; die Fixierung vieler Lehrer am Frontalunterricht, die übrigens vom untauglichen Ambiente der Lehrräume nur zu oft nahegelegt wird, führt jedoch unglücklicherweise dazu, daß viele von ihnen jede informelle Gruppenbildung als Cliquenwesen fürchten und ablehnen. Das

Überwachen und Strafen wird dann wichtiger als das Lehren und Lernen. Für brauchbarer halte ich es, die Entstehung von *Freundschafts- und Neigungsgruppen* zu fördern und in ihnen *schöpferische Nicht-Homogenität* (Devereux 1982, S. 10) zu ermöglichen. Mit Devereux bin ich von der *Nützlichkeit der Differenzen* überzeugt. Gerade die Hierarchisierung der Rechte der verschiedenen Untergruppen behindert aber schöpferische Nicht-Homogenität, denn der „Versuch, sich der inhärenten Verschiedenheit bei den Mitgliedern irgendeiner Gruppe durch eine Hierarchisierung – eine Ungleichheit – ihrer jeweiligen Rechte anzupassen, [beruht] auf einer *latenten Negation der Verschiedenheit.* Man kann die Probleme, die diese (*nötige* und *nützliche*) Verschiedenheit aufwirft, nicht mittels eines ‚Richtmaßes' lösen – dem des erwachsenen, starken Mannes. Nichtsdestoweniger sind die Rechte des Individuums in dem Maße gemehrt oder gemindert worden, wie sie sich diesem idealen ‚Modell' nähern oder sich von ihm entfernten. Diese Einstellung zur Verschiedenheit ist es, die zu der Vorstellung von der Frau als (kastriertem) ‚mißglücktem Mann', zur Vorstellung vom Kind als kleinem Mann, als ‚Zwerg' usw. geführt hat.

Dieser Versuch, alles mit einem einzigen ‚Maß' zu messen und die Probleme, die in der Verschiedenheit der Geschöpfe liegen, mittels einer Hierarchisierung ihrer *Rechte* zu lösen, gehört zur sozialen Pathologie. Sie führt zu einem *circulus vitiosus:* Je mehr man sich anstrengt, ein bestimmtes Problem zu lösen, desto mehr neue Schwierigkeiten erzeugen die dazu benutzten *Mittel"* (a. a. O., S. 11).

Am deutlichsten wird das bei der *Notengebung.* Sie ist nur wenig geeignet, über die Leistungen der Schüler angemessen zu orientieren. Dennoch werden mit ihrer Hilfe Zukunftschancen verteilt. Wenn sie wirklich nützen sollen, bedürfen sie der Kommentierung. Damit machte ich als Leiter der DAG-Ausbildungsstätte für Stenokontoristinnen in Berlin gute Erfahrungen. Natürlich mußte ich dem Reglement folgen und Noten geben. Aber ich gab schriftliche Erläuterungen mit, woraus der potentielle Arbeitgeber entnehmen konnte, welche beruflichen Fertigkeiten und Kenntnisse die Bewerberin wirklich hatte. Die Note *vier* in Buchführung z. B. schließt ja nicht aus, daß die Absolventin die Lohn- oder Kontokorrentbuchhaltung gut beherrscht. Wie soll der Arbeitgeber das erfahren, wenn ihm das nicht mitgeteilt wird? Der Erfolg war gut. Damals herrschte in Berlin große Jugendarbeitslosigkeit. Die Teilnehmerinnen meiner Kurse aber wurden schneller vermittelt als die Absolventinnen ähnlicher Einrichtungen.

Zurück zu den *Gruppenbeziehungen* in den Schulklassen und zum *Gruppenunterricht.* Hierfür wurde schon eine ganze Reihe Methoden von Reformpädagogen entwickelt und erprobt. Ich kenne die Einwände dagegen: Auf die Dauer hätten sie sich doch nicht bewährt, wird gesagt. Das ist nicht ganz falsch und nicht ganz richtig. Die ersten Erfahrungen mit neuen Methoden sind meist gut. Ihre Erfinder entwickelten sie mit Begeisterung und Engagement. Das übertrugen sie auf ihre Mitarbeiter und Schüler. Aber dann kommen die „Mühen der Ebene", und es erweist sich, daß die Erfolge nicht ohne weiteres fortgesetzt, nicht zur Regel gemacht werden können. Enttäuschungen treten ein, die oft zur Resignation führen. Das muß nicht so sein. Man kann ja auch nüchtern prüfen, ob und wie weit man die neuen Methoden unter den gegebenen Umständen anwenden kann oder auf sie verzichtet. Hier in den Niederlanden gibt es viele öffentliche Schulen, die auch offene Schulen sind, Schulen also, die sich nicht abschließen, sondern sich Neuerungen öffnen, sie prüfen und, wenn für tauglich befunden, behutsam anwenden. Freilich hat auch das niederländische Schulsystem seine Mängel. Dies hier zu erörtern, ist nicht der richtige Ort. In allen menschlichen Einrichtungen herrscht eine Tendenz zur Mittelmäßigkeit, so auch in der Schule. Das ganz Andere der pädagogischen Utopien ist nicht zu haben. So müssen wir auch hier an einem Mehr oder Weniger arbeiten.

Die dritte Sache

Freud vergleicht die Beziehung der Masse zu ihrem Führer mit einer Liebesbeziehung. Die Anzahl der Massenmitglieder spielt bei ihm keine Rolle; die *hypnotische Beziehung* z. B. nennt er „eine Massenbildung zu zweien" (1921, S. 126). Dieser Auffassung nach kann auch die Schulklasse eine Massenbildung zu zweien werden. Es gibt Pädagogen, die das erstreben und, wenn sie charismatische Persönlichkeiten sind, auch erreichen. Vor allem in der Jugend- und Schulreformbewegung kamen sie vor. Von diesen Bewegungen gibt es zur Zeit nur noch Reste, aber die *charismatischen Persönlichkeiten* sterben nicht aus. Paul Heimann sprach von einem „,suggestiven lehrertyp', der ganze schülergruppen in unfreie, kritiklose ,gefolgschaften' zu verwandeln vermag" (1947, S. 9). Er bindet die Menschen schnell an sich. Aber ist das die Aufgabe der Pädagogen? Hier möchte ich an das Wort *Edukation* erinnern. Es ist abgeleitet von educere ,herausführen, herausziehen'. Woraus? Meiner Auffassung nach aus unmündiger Abhängigkeit.

Mit der Bindung an charismatische Persönlichkeiten ist es wie mit der Verliebtheit, beide sind nicht krisenbeständig. Im „Buch der Wendungen" von Bert Brecht (1967, S. 555) erwartet Mi-ti Gutes, wenn zwei Hände, etwa von Mann und Frau, sich bei einer gemeinsamen Arbeit, beim Eimertragen berühren. Mich spricht das an, weil es andeutet, daß eine Liebe erst dann beständig ist, wenn sie durch eine *dritte Sache* verbunden ist. Die dritte Sache kommt auch in Brechts Dramatisierung von Maxim Gorkis Roman „Die Mutter" vor. Hier bedeutet sie den Kommunismus. Nun – Maxim Gorki verstand vermutlich unter dem Kommunismus etwas anderes als das, was in Rußland und anderswo daraus geworden ist; auch von Bert Brecht wissen wir, daß er schließlich ein ambivalentes Verhältnis zu dem entwickelte, was später „real existierender Sozialismus" genannt wurde. Darum geht es hier nicht. Was aber Bert Brecht wohl begriffen hatte, war, daß von ihrem psychischen Ursprung her ambivalente Beziehungen durch eine „dritte Sache" gefestigt werden können. In seinem „Lob der dritten Sache" heißt es:

> Immerfort hört man, wie schnell
> Die Mütter die Söhne verlieren, aber ich
> Behielt meinen Sohn. Wie behielt ich ihn? Durch
>
> Die dritte Sache.
> Er und ich waren zwei, aber die dritte
> Gemeinsame Sache, gemeinsam betrieben, war es, die
> Uns einte.

Was die „dritte Sache" real ist, kann etwas sehr Unterschiedliches sein: für Ehepaare das Kind, für Menschen, die zusammenarbeiten, ihr Produkt, für Lehrer und Schüler der Unterrichtsstoff, jedenfalls etwas, woran und worin man sich wiederzufinden vermag, wenn die Beziehung – aus welchen Gründen auch immer – auseinander gegangen ist. Meine Eltern sind tot, aber ich finde sie wieder in dem, woran wir gemeinsam Anteil und Freude hatten. So könnte ich noch eine ganze Reihe vergangener Beziehungen nennen, auch pädagogische Beziehungen, die aufgelöst sind und dennoch in der dritten Sache, an der wir gemeinsam tätig waren, lebendig bleiben.

Georg Simmel weist in seiner Soziologie (1908, S. 100ff.) auf die besondere Gefährdung von Gruppen hin, die nur aus zwei Elementen bestehen. Wenn eines von ihnen austritt, verloren geht, stirbt, wird das Ganze zerstört. Ich gehe noch einen Schritt weiter und behaupte, daß in Zweiergruppen eine Tendenz zur Symbiose besteht. Symbiose bedeutet Selbstaufgabe, Selbstverlust, Hörigkeit: Das gilt nicht nur für Liebespaare ohne dritte Sache, das gilt auch für narzißtische Kollektive: „Du bist nichts. Dein Volk ist alles", hieß es und für Millionen endete das folgerichtig mit der Vernichtung.

Nun kann man sagen: „Lehrer und Schüler vergehen, aber die Schule bleibt bestehen". Doch sollte die Schule mehr sein als ein Tunnel, nach dessen Durchgang man erleichtert ausstößt:

> „Es freue sich, wer da atmet im rosigen Licht."
> *Schiller*

Sie soll ja das fortsetzen, was unter günstigen Umständen der Vater dem Kind wies: den Weg in die äußere Realität, die Brücke von der Mutter-Kind-Zweiheit in die soziale Welt. Charismatische Persönlichkeiten vermögen das nicht zu leisten. Sie führen ihre Gefolgschaft in eine *Hörigkeit,* in der die Menschen auf ihre kritische Ichfunktion, auf die Realitätsprüfung verzichten. Die Hörigkeit ist von der *Identifizierung* zu unterscheiden (Freud a. a. O., S. 125f.). In der Hörigkeit wird das Liebesobjekt auf Kosten des Ichs überbesetzt. Das Ich verarmt; bei der Identifizierung dagegen erfolgt Ich-Wachstum. Das verlorene Objekt, bzw. das Objekt, von dem man ahnt, daß man es verlieren wird, wird im Inneren wiederaufgerichtet. Die Hörigkeit will die Verschmelzung mit dem Liebesobjekt. Bei der Identifizierung möchte man so werden wie das Liebesobjekt und zugleich sich selbst treu bleiben. Die Identifizierung geht selektiv vor. Die Hörigkeit fordert das ganze Subjekt, seine totale Unterwerfung, die das Wort Subjekt, das heute eher in seinem Gegensinn gebraucht wird, ja auch andeutet: Es stammt vom lat. *subicere* – ‚darunterwerfen, unterlegen, folgen lassen, unterordnen, überantworten, feilbieten'.

Die charismatische Persönlichkeit ist ebenso wenig frei wie der Hörige. Sie muß stets bedacht sein, ihr Charisma zu erhalten. Gewöhnlich schafft sie wenig Reales und erscheint als Wundertäter. Wunder muß man glauben. Irgendwann zerschellt der Wunderglaube, dann wenden sich die Hörigen enttäuscht ab, oft einer anderen Mana-Persönlichkeit zu. Manchen gelingt es, die Enttäuschung durchzuarbeiten und auf Dauer nüchtern zu werden. Es ist jedenfalls anstrengend, ein charismatischer Lehrer zu sein, und lohnt sich nicht. Denn zur Erziehung zur Mündigkeit trägt ein solcher Lehrer kaum etwas bei. Hierzu bedarf man der dritten Sache. In der Schule wird diese der *Stoff* oder der *Unterrichtsgegenstand* sein. Paul Heimann betrachtete ihn in seinem Aufsatz „Die pädagogische situation als psychologische aufgabe" als *„weltmodell"*, dem „zunächst im psychologischen beziehungsgefüge der pädagogischen situation der charakter einer bedeutsamen emotionalen entlastung" zukommt (1947, S. 10). Lehrer und Schüler sollen sich ja nur *zielgehemmt lieben* (Freud). Die Libido, die hierbei freigesetzt wird, kann dann den Unterrichtsgegenständen zugewandt werden. Voraussetzung hierfür ist, daß der Lehrer sie selbst libidinös besetzt und dies nicht überschwänglich, sondern dezent und taktvoll bekundet. Zum Beispiel gelang das, wie mir eine Studentin berichtete, einmal recht gut meinem Bremer Kollegen, dem Germanisten Gert Sautermeister. Er besprach mit ihnen in einer Phase, in der sich viele Studenten zu einem erfahrungslosen Kommunismus bekannten, ein Gedicht von Eichendorff. Sie erinnerten an die soziale Herkunft des Dichters und lehnten sein Gedicht vom „Klassenstandpunkt" aus ab. Sautermeister erwiderte darauf, das möge ja alles richtig sein, aber das Gedicht gefalle ihm doch. Er hatte recht. Alle Kunst ist zwar sozial bedingt, aber damit ist sie noch lange nicht zureichend erklärt. Ein Kunstwerk ist mehr als bloß ein soziales Konstrukt.

Es muß auch nicht immer der Unterrichtsgegenstand sein, den der Lehrer libidinös besetzt, es kann auch der Unterrichtsprozeß, das Arbeitsbündnis selbst mit Lust betrieben werden. Die Fächer Betriebswirtschaftslehre, Buchhaltung und kaufmännisches Rechnen interessierten mich, als ich Berufsschullehrer war, herzlich wenig. Aber ich war daran interessiert, daß meine Schüler eine realistische Erwerbsperspektive, daß sie in ihrem Arbeitsleben Erfolg haben sollten, und so bemühte ich mich, sie in diesen Fächern so gut wie möglich zu unterrichten. Ich wollte einfach meine Arbeit gut machen. Es war nicht nur Zuneigung zu ihnen, sondern auch Einsicht in die Notwendigkeit – wie hätte ich damals für mich und wenige Jahre später für meine junge Familie anders das Brot verdienen können? Beim Unterrichten entstand auch eine gewisse *Funktionslust*. Hier stellt sich freilich die Frage, wohin diese zu führen vermag. Kann man auch verantworten, was man tut? In seinen Ausführungen über den „stoff als weltmodell" meinte Paul Heimann: „Ihren eigentlichen inhalt empfangen die einzelnen pädagogischen akte im unterrichtsgeschehen durch den unterrichtsgegenstand, den lehrstoff. Hier tritt die gesellschaft mit ihren forderungen und normsetzenden funktionen direkt als mitgestalter der pädagogischen situation auf. Auswahl und aufbau der stofflichen lehreinheiten unterliegen aus diesem grunde wesentlich soziologischen gesetzmäßigkeiten, sie spiegeln nach bedeutung und rangordnung das jeweilige gesellschaftliche wider" (a. a. O., S. 10). Den „soziologischen gesetzmäßigkeiten", man spricht auch von „Sachzwängen", wollte ich mich nicht ohne weiteres fügen. Oft hielt ich Bremsen, Gegensteuern, Verweigern für nötig und tat das auch. Mit List und Phantasie versuchte ich den Schülern etwas von dem zu vermitteln, was ich für gut und vernünftig hielt, was aber nicht in den Lehrplänen und Richtlinien stand. Gelang mir das, freute ich mich darüber. „Brauchbare Illegalität" war mir bereits ein vertrautes Tun, bevor ich den von Luhmann formulierten Begriff überhaupt kannte; und darüber, was ich für brauchbar hielt, entschied ich selber. Je mehr die Schule durch Rahmenpläne und Richtlinien verregelt und verriegelt wird, desto mehr brauchbare Illegalität wird nötig.

Im Lehrerberuf kann man an einen Punkt geraten, wo man sein Tun vor sich, seinen Schülern und ihren Eltern nicht mehr verantworten kann. Hat man diesen Punkt erreicht, sollte man die Sache hinwerfen. Ich habe das in meinem Leben zweimal getan. Es gibt Zumutungen, die darf man nicht akzeptieren, will man nicht die Selbstachtung verlieren. Aber so eng und bedrückend geht es in Schulen und Universitäten gewöhnlich nicht zu. Es lohnt sich auch für die dritte Sache: bessere Schulen, vernünftige Lehrpläne, brauchbare Unterrichtsgegenstände und eine freundliche Bildungsarbeit zu streiten. Das kann man nicht nur in der Schule, das muß man auch in der Politik tun.

13. Erziehung zum Genuß

„Handeln wird zu Recht oft der Vorstellung gegenübergestellt, aber um vernünftig zu sein, muß das Handeln aus Vorstellungen entstehen: Es muß vorhersehen, ‚was geschehen wird, wenn ich dieses und nicht jenes tue'. Beide, Spiel wie Kunst, brauchen Vorstellungskraft, aber das Spiel ist in erster Linie eine kindliche Aktivität. Es hat oft die Qualität eines Tagtraumes. Spielen kann nur mit minimalen Vorstellungen vor sich gehen, oder es kann im Gegenteil sehr einfallsreich sein. Natürlich bedeutet es auch den Anfang von Arbeit. Es kann mit Frustration und Schmerz verbunden sein und Ausdauer verlangen. Aber im großen und ganzen wird es, wenn es nicht mehr überwiegend vergnüglich ist, aufgegeben.
Nicht so die Kunst. Im Gegenteil zum Spiel hat die künstlerische Kreativität mit viel Schmerz zu tun, und es gibt ein zwingendes Bedürfnis etwas zu erschaffen. Es kann nicht einfach aufgegeben werden. Wenn eine künstlerische Unternehmung aufgegeben wird, so wird das als Versagen erlebt, manchmal als Katastrophe. In der kreativen Arbeit selber ist, so genußvoll sie auch sein mag, immer auch ein wichtiges Element von Schmerz enthalten. Und sie erfordert nicht nur psychische Arbeit, ... , sondern auch ein hohes Maß an Selbstkritik, die oft sehr schmerzhaft ist. Künstlerische Kreativität hat vieles mit dem Spiel gemeinsam, aber sie ist alles andere als ein ‚Kinderspiel'."
Hanna Segal, Eine psychoanalytische Betrachtung der Ästhetik, 1991, S. 145

„Lieben und Arbeiten" oder „Genuß- und Leistungsfähigkeit"?

Auch Zitate haben ihre Schicksale. In seinem Buch „Identität und Lebenszyklus" (1959, S. 116) schreibt Erik Erikson, Freud sei einst gefragt worden, „was seiner Meinung nach ein normaler Mensch gut können müsse. Der Frager erwartete vermutlich eine komplexe und ‚tiefe' Antwort. Aber Freud soll einfach gesagt haben: ‚Lieben und arbeiten'. Es lohnt sich, über diese einfache Formel nachzudenken; je länger man es tut, um so tiefer wird sie. Denn wenn Freud ‚lieben' sagte, so meinte er damit ebensosehr das Verströmen von Güte wie die geschlechtliche Liebe; und wenn er sagte ‚leben *und* arbeiten', so meinte er damit ein Berufsleben, das den Menschen nicht völlig verschlingt und sein Recht und seine Fähigkeit, auch ein Geschlechtswesen und ein Liebender zu sein, nicht verkümmern läßt". Erikson wählte für die Freud zugeschriebene Aussage den Konjunktiv, für deren Interpretation den Indikativ. Das ist richtig, denn er weiß nicht, ob Freud wirklich die Worte lieben und arbeiten gebraucht hat, wohl meint er, sie richtig zu deuten. Aus dem, was Freud „einfach gesagt haben" *soll*, wurde bei anderen: „Freud *hat* gesagt ...".

Ich habe das Freud unterstellte Zitat in seinen Schriften nicht auffinden können. In zwei Briefen an seine spätere Frau (15. 4. 1884 und 24.11.1884) – darauf machte mich Harry Stroeken dankenswerter Weise aufmerksam – gebrauchte er freilich die beiden Worte „lieben" und „arbeiten". Aber sie stehen hier nicht in einem theoretischen Kontext. Im ersten Brief schreibt er seiner Braut: „Wir wollen uns lieben und arbeiten" (1960, S. 111); im zweiten lesen wir: „Mein Ehrgeiz bescheidet sich, in einem langen Leben etwas von der Welt verstehen zu lernen, und meine Pläne für die Zukunft sind, daß wir heiraten, uns lieben und arbeiten, um mitsammen genießen zu können ..." (1960, S. 189). Heiraten, lieben und arbeiten hält Freud offensichtlich für Leistungen, die ihren Wert erst erlangen, wenn sie Genuß ermöglichen.

Freuds sensibler Sprachgebrauch regt mich an, darüber nachzudenken, warum er, als er kennzeichnete, was er unter „nervöser Gesundheit" verstand, nicht von Lieben und Arbeiten sprach, sondern die Worte „Genuß- und Leistungsfähigkeit" wählte (1917, S. 476). Meinem Sprachgefühl nach weisen die Worte *arbeiten* und *lieben* ins Grenzenlose, dagegen scheinen mir die Fähigkeiten, etwas zu genießen und zu leisten, an menschliche Maße gebunden zu sein. Um das einigermaßen zu klären, greife ich zum Deutschen Wörterbuch von Jacob und Wilhelm Grimm. Für die Gebrüder Grimm ist Arbeit „ein uraltes, viel merkwürdige seiten darbietendes wort", dessen Geschlecht mal weiblich, mal neutral ist (Bd. 1, S. 538). Ursprünglich bezog sich das Wort Arbeit auf die vor allem dem Knecht zugemuteten Anstrengungen und Mühen bei der Feldarbeit. Allmählich wird es auf das Schaffen der Handwerker und Tagelöhner angewandt. Später spricht man von Kopfarbeit, geistiger Arbeit, Bücherarbeit, gelehrte Arbeiten. Schließlich „übertragen wir *arbeit* auf andere verrichtungen, ohne daß ein bestimmtes werk hervorgebracht und aufgestellt wird" (Bd. 1, S. 540). Die Ausgangsbedeutung ist also ‚schwere körperliche Anstrengung, Mühsal'. Heute meint Arbeit jede „zweckgerichtete, zunächst körperliche, später auch geistige Tätigkeit des Menschen. Die positive Bewertung der Arbeit (zuerst bei Luther) vollzieht sich unter dem Einfluß des aufsteigenden Bürgertums und der zunehmenden Entwicklung kapitalistischer Produktionsverhältnisse" (Pfeifer 1992, S. 53f.).

Für problematisch an diesem Bedeutungswandel halte ich die endliche Heiligung der Arbeit nicht nur durch das Christentum, sondern auch durch postchristliche Diesseitsreligionen wie den Nationalsozialismus („Arbeit macht frei") und den Marxismus-Leninismus (in der DDR der Orden „Banner der Arbeit"). Hier wird der Arbeitsbegriff verklärt, um sozialen Masochismus zu rechtfertigen und zu steigern.

Ähnliches gilt für die Worte *lieben* und *Liebe*. Im DWB wird unter „lieb" auf die Verwandtschaft mit lat. „lubens, lubet, lubito, libido, *und das sanskr.* lubh *begehren, heftiges verlangen empfinden,* lôbha *gier, habsucht, verlangen*" hingewiesen; *„so daß die bedeutung von lieb aus der vorstellung des heftig verlangten, begehrten, erwachsen ist"* (Bd. 12, S. 896). Auch hier können wir im Laufe der Geschichte eine Bedeutungserweiterung und -abschwächung wahrnehmen. Die Spanne reicht von der innigsten Zuneigung, die wir einem Menschen zeigen, bis zur formelhaften Verwendung, wenn z. B. von *liebem Getreide* oder der *lieben Zeit* die Rede ist. Man kann jemanden *erbarmungslos lieben,* wobei sich die Erbarmungslosigkeit gegen das eigene Selbst wie gegen das Liebesobjekt und manchmal gegen beide zu richten vermag; und man kann mit jemandem *unverbindlich liebeln,* also kokettieren oder flirten. Im 7. Kapitel erwähnte ich bereits die von Winnicott so genannte erbarmungslose Liebe des Säuglings gegen die Mutter. Viele Mütter revanchieren sich später hierfür, indem sie die heranwachsenden Kinder an sich zu fesseln suchen. Auch der Christen Gott ist nicht so barmherzig, wie es scheint. Nichtchristen können das Sohnesopfer als einen Erpressungsversuch interpretieren. Jedenfalls erreicht man Gottes Erbarmen nur durch Demut, Gebet und Opferbereitschaft – je nach Konfession durch Werk- oder/und Glaubensfrömmigkeit. Das, was der Paidea (Bildung) der griechischen Antike als menschliche Tragik erschien: unsere Maßlosigkeit, wurde durch Thomas von Aquin der christlichen Morallehre eingefügt. Zu den vier Haupttugenden: Besonnenheit, Tapferkeit, Weisheit und Gerechtigkeit, die ja als Angemessenheit an die Normen ethische und ästhetische Momente vereinen, traten der Glaube, die Liebe und die Hoffnung hinzu. Sie erscheinen mir als narzißtisch, weil sie potentiell grenzenlos sind (vgl. Gottschalch 1988b, S. 111-125).

Mit dem *Genießen* und dem *Genuß* ist das anders. Das Wort Genuß ist eigentlich recht jung. Es kam erst nach 1700 auf. Vorher sprach man von *Genieß*, das *gemeinsame Nutznießung* meinte. Darauf weist die Vorsilbe *ge-* hin, deren Bedeutung „im Germ. von dem Begriff des Zusammenseins, der Zusammengehörigkeit, der Vereinigung" ausgeht, „am deutlichsten in Substantiven, die teilnehmende Personen bezeichnen *(Gefährte, Genosse, Geselle, Gespiele, Gevatter)*, seltener in Adjektiven *(gemein)* und Verben (*gefrieren, gerinnen*, eigentlich ‚zusammenfrieren')" (Pfeifer 1992, S. 403f.). Später ging die Bedeutung auf den Genuß des Einzelnen über, „eigentlich doch auch als theilhaber einer gemeinschaft", wie es im DWB (Bd. 5, S. 3451) heißt. Über das Wort *genießen* erfahren wir hier, daß es von Vulfila (got.) als niutan im Sinne von „nutzen und freude haben, mit anklang unseres späten genießen auf freude u. ähnl. angewandt" wurde. (Bd. 5, S. 3454). Vermutlich stammt es noch aus der Zeit vor dem seßhaften Leben und bezog sich auf die auf Jagd und Fischfang gemachte Beute. Später dehnte es sich auf Nutznießung aller Art aus, besonders in Gemeinschaft: *„wenn uns jetzt dabei ein verzehren im vordergrund steht, von dem wir dann alle weiteren verwendungen ausgehend empfinden, so ist das allerdings im begriffe von haus aus mit eingeschlossen, wie es der umgang mit sich bringt (...) ist aber nicht der hauptbegriff, dieser war vielmehr: nutzen und gewinnen für unterhalt und hauswesen u.s.w. ..." (Bd. 5, S. 3455).* Der Goethe-Forscher Ernst Beutler (1943, S. 360) erinnert daran, daß das Wort *genießen* im 16. Jahrhundert dem *genesen* nahestand; „und die Geniezeit, vor allem Herder, gaben ihm den Sinn: ‚ein Wesen bis zum tiefsten Sinn erfassen'." Heute bedeutet *genießen* ‚Freude, Wohlbehagen bei etwas finden, erhalten, zur Verfügung haben, Speisen und Getränke zu sich nehmen' (Pfeifer 1992, S. 424).

Mir kommt es hier auf die *Endlichkeit* und die *Gemeinschaftsbezogenheit* des Genusses an. Endlich ist der Genuß, wenn er zumindest eine Zeitlang zur Sättigung, zu stillem Wohlbehagen führt. Das vermögen nur genußfähige Menschen zu erreichen. Der Genußsüchtige kann nicht genießen. Er taumelt von Begierde zu Genuß, und im Genuß vergeht er nach Begierde (Faust I, Wald und Höhle). Er kann sich dem Genuß nicht überlassen und bleibt unersättlich. Die Neigung zur Unersättlichkeit, zur Maßlosigkeit ist wohl in uns allen angelegt. Sie findet Begrenzung, wo wir der Besorgnis um andere fähig sind, wo wir die Wechselseitigkeit von Genußfähigkeit und Fähigkeit zur Besorgnis leben: Ein Gastmahl, an dem wir gebend und nehmend teilnehmen, schmeckt uns besonders gut, und geteilte Freude erfahren wir als doppelte Freude.

Auch die Worte *leisten* und *Leistung* haben ursprünglich eine sinnliche Bedeutung und beziehen sich nicht auf das Grenzenlose. Sie gehören in die Nachbarschaft des Wortes *Leisten* ‚Weg, Spur, Form, Schusterleisten'. „Die germ. Verbalbildung bedeutet demnach eigentlich ‚einer Spur nachgehen, nachfolgen', sie ist verwandt mit *lehren, lernen, List* (...) und gehört mit diesen (...) sowie mit *Gleis* zur Wurzel ie. *leis-* ‚am Boden gezogene Spur, Furche'. Der Gebrauch des dt. Verbs im Sinne von ‚sich erlauben, sich gönnen, die finanziellen Mittel haben' (2. Hälfte 19. Jh.) stammt wohl aus zunächst ironischer Verwendung in der Studentensprache" (Pfeifer Bd. 1, S. 789).

Das Wort *leisten* hat somit eine durchaus sinnliche, d. h. auch begrenzte Bedeutung. Von den im DWB gegebenen näheren Bestimmungen teile ich nur die ersten drei mit:

1) „leisten, *einer verpflichtung nachkommen, etwas schuldiges thun oder erfüllen;* leisten, gäben, *praestare,* halten was einer schuldig ist oder versprochen hat" (Bd. 12, S. 722).
2) „..., *auch eine verpflichtung eingehen, übernehmen; eine bedeutung, die im mhd. noch nicht vorhanden scheint, die sich aber nur auf grund der anschauung entwickelt, daß man an eine als richtlinie gegebene formel sich anschließt*" (Bd. 12, S. 724).
3) „..., etwas gewähren oder vollführen, wobei nicht sowol oder nicht nur die verpflichtung, sondern mehr die fähigkeit des subjects betont wird" (ebd.).

Das, was Freud wirklich gesagt hat, ziehe ich also dem vor, was ihm nachgesagt wird. Seine Worte „Genuß- und Leistungsfähigkeit" bieten meinem Denken mehr halt als die Rede vom Lieben und Arbeiten. Die ersten sprechen für nüchterne Güte, die zweiten vermögen zu rastloser Selbst- und Fremdausbeutung zu verführen. Diese und ähnliche Einsichten bewegen mich dazu, die Begrenztheit des Menschenmöglichen nicht außer Acht zu lassen.

Rehabilitierung der Sinnlichkeit

Leistungsfähigkeit gilt vielen als ein selbstverständliches Erziehungsziel. Soll es dabei bleiben? Es kommt darauf an, was man darunter versteht. Ich denke an das Richard Wagner zugeschriebene Wort: „Deutsch sein heißt, eine Sache um ihrer selbst willen tun". Abgesehen davon, ob dieser Satz je richtig war, können wir ihm heute nicht mehr guten Gewissens zustimmen. In ihm wird Leistung zum obersten Prinzip erhoben, ohne danach zu fragen, ob sie guten oder schlechten oder gar keinen Zwecken dient. Sie wird zum Wert an sich, zu etwas Übermenschlichem; psychologisch gesehen, wird sie auf Funktionslust reduziert, deren Befriedigung zum Verbrechen führen kann. Beispielsweise wurde mancher, ohne Antisemit zu sein, aus bloßer Funktionslust zum perfekten Betreiber der Shoah, also zum Mörder. Aber noch anderes ist zu bedenken: Gewiß können wir nur perspektivisch leben und die Totalität unserer Anlagen nur fragmentarisch entfalten, daraus ergibt sich jedoch nicht der Verzicht darauf, immer wieder ein, wenn auch labiles Gleichgewicht unserer psychischen Möglichkeiten zu schaffen. Deshalb nennt Freud jene gesund, denen ein genügendes Maß von Genuß- und Leistungsfähigkeit geblieben ist. Freud meint also, daß die menschliche Konstitution auf das Genießen wie auf das Leisten angelegt ist, daß aber unsere Kultur dazu führt, daß unsere Genuß- und Leistungsfähigkeit nicht nur in ein Ungleichgewicht geraten, sondern auch vermindert und zerstört werden kann.

Unsere christlich-postchristliche Kultur hat vor allem *Schwierigkeiten mit der Genußfähigkeit.* Nicht erst das Christentum, schon Platon entwertete die Sinne und die Sinnlichkeit. Auch in anderen Kulturen besteht diese Tendenz. Vermutlich ergibt sie sich aus der Furcht, nicht immer Herr der eigenen Sinnlichkeit zu sein, wäre also auch Resultat unserer unsicheren Beziehung zur Genitalität. Aus welchen Gründen auch immer, unsere Kultur neigt zur *Abspaltung des gnostischen Moments vom pathischen* (vgl. Erwin Straus 1930, S. 150ff.), der begrifflichen Erkenntnis vom unmittelbaren Erlebnis. Doch wäre Leonardo ein genialer Maler ohne seine empirischen Forschungen, Goethe der große Dichter ohne seine Beiträge zur Naturwissenschaft, Einstein der einzigartige Physiker ohne seine Geige? Sie hatten beide Momente nötig und eine offene Tür zwischen Wissenschaft und Kunst dazu, sonst wären sie aus ihrem labilen psychischen Gleichgewicht geraten und hätten nicht so weiträumig die Normen ihrer Zeit überschreitend schaffen und forschen können. Auch wir gewöhnlichen Menschen haben dieses *Wechselspiel zwischen Genießen und Leisten* nötig, anders werden wir zu Normo- oder Psychopathen. Wie könnte ich etwas leisten, ohne Zuneigung zu denen, die ich mag, ohne ab und zu meine Blicke auf schönen Gegenständen ruhen zu lassen oder dann und wann guter Musik zu lauschen? Zweifellos entstehen viele Leistungen, zu denen das pathische Moment wenig beiträgt, aber sie wirken kalt, abweisend und dürftig. In ihnen drücken sich weder Freude noch Trauer aus, sondern jene innerliche Leere, die tiefer depressiver Stimmung eigen ist. Sie zeugen für menschliche Not, nicht für Schöpfertum.

Auf einer Tagung des Internationalen Arbeitskreises Sonnenberg sprach ich einmal über *Freizeit in der verwalteten Welt*. Mir kam es darauf an zu zeigen, daß in einer nahezu total verwalteten Welt Freizeit nicht mehr freie Zeit ist, über die wir nach eigenem Willen verfügen können, sondern daß auch diese einseitig dem Leistungsprinzip unterworfen wird. Ferien sind dann keine unterrichts- und arbeitsfreie Zeit mehr, wie es das aus dem Lateinischen stammende Wort verspricht, sondern dienen, von der Freizeitindustrie vermarktet, der Kapitalverwertung. Freizeit wird nicht mehr genossen, sondern konsumiert. Das „consumo ergo sum" (Wolfgang Haug) verstümmelt die Menschen zu Marktcharakteren, die sich ihrem Sein entfremden und dem Schein nachlaufen.

Die Zuhörer merkten, daß meine Kritik eine sozialistische war. Einer von ihnen fragte mich darauf, was ich mir denn unter Sozialismus vorstelle. Ich antwortete: „Rokoko für alle". Dabei dachte ich nicht an die Puderperücken und die Überfülle an Ornamenten, welche von der nachrevolutionären Kunstkritik verspottet wurden, sondern an die beschwingten, heiteren Formen, mit denen z. B. das Schloß Pillnitz bei Dresden den Stil des Barocks mit dem des Klassizismus vermittelt, und an freundlich aufeinander zugehende, dann wieder Distanz nehmende Umgangsformen, wie sie sich im *Menuett* ausdrücken. Ich selbst bin gar kein Tänzer und spreche hier für etwas, das ich weniger verkörpern als wünschen kann; aber ich stimme Erwin Straus zu, der im Tanz eine ursprüngliche Schöpfung des Menschen sieht, ein Erlebnis, das sich der Strenge des Begriffs verweigert. Er schreibt: „Suchen wir ... das Erlebnis des Tanzes dem Zugriff der Ratio zu unterwerfen, so vergessen wir doch keinen Augenblick, daß es nicht begrifflicher Natur ist, daß der Tanz die Subjekt-Objektspaltung nicht im Begriff überwindet, sondern durch Verleiblichung ihres Sinnes viel ursprünglicher ein Einswerden des Getrennten verwirklicht" (Straus 1930, S. 167).

Straus meint, in den Tanzformen lasse sich die Verschiedenheit im Lebensstil einzelner Stände und die Wandlung der Grundverschiedenheit verschiedener Zeitalter unmittelbar ablesen. Er zeigt das am Vergleich zwischen Menuett und Walzer. „Der Tänzer des Menuetts spürt die homogenisierende Kraft der Musik, ohne sich ihr ganz zu überlassen, er bleibt individuelle Figur" (a. a. O., S. 173). Auf einen dem Menuett ähnelten Sozialismus kam es mir an, auf eine *soziale* Lebensform, in der sich die Menschen nicht ganz der *homogenisierenden Kraft der Kollektive* überlassen müssen, sondern auch ihre *Individualität* entwickeln und bewahren können. Das wäre freilich etwas ganz anderes als der damals real existierende Sozialismus. So war denn auch meine Äußerung als Kritik am westlichen Kapitalismus wie am östlichen Staatsökonomismus gemeint.

Erwin Straus konstatierte: „Die Reihe Menuett – Walzer – Jazz ist darum so charakteristisch für den Stilwandel der Jahrhunderte überhaupt, weil das Maß des Aufgebens der Sonderexistenz, des Untertauchens in die allgemeine Bewegung, darin so sinnfältig deutlich wird." Das wäre in einer Sozialgeschichte des Tanzes, der Musik, der Kunst überhaupt zu relativieren. Ich vermute, daß es in allen Epochen ein Nebeneinander von Kunstformen gab, die einerseits Individualität, andererseit Kollektivität mehr oder weniger grob oder fein ausdrückten. In der Zeit des Menuetts z. B. gab es nicht nur dieses, sondern vom sublimen Oratorium bis zum monoton suggestiven rituellen Singsang, von der Symphonie bis zur monotonen Marschmusik auch andere Formen der Musik. Entscheidend ist, ob man ihnen ausweichen kann, ob man Ruhe vor ihr zu finden vermag, denn wir können zwar von etwas wegsehen, nicht aber weghören. Das Ruhefinden ist heute vermutlich schwerer geworden als früher – obwohl der Klang der Kirchenglocken auch früher bereits von etlichen vor allem als Lärm empfunden wurde.

Ich kann nicht die ganze Fülle des Aufsatzes: *Formen des Räumlichen* von Erwin Straus erörtern, nur so viel möchte ich noch sagen: Straus unterscheidet in ihm zwischen vitalem Tun und Handeln. *Vitales Tun* ist unmittelbares Erleben, *Handeln* sinn- und zukunftsbezogen (a. a. O., S. 162). In der *bildenden Kunst* kommen sich beide nahe, im

Tanz werden sie eins. Die Künste haben mehrfache Funktionen. Sie können gebraucht und mißbraucht werden. Indem sie zum Genuß locken, verheißen sie, daß Leben gut sein kann. In finsteren Zeiten vermögen sie eine *Ästhetik des Widerstandes* (Weiß 1975-1978) zu entfalten. Mißbraucht werden können sie als Warenästhetik, als Agitation und Propaganda.

Schon 1968 (S. 145) forderte ich eine Erziehung zum Genuß. Das freilich setzt eine Rehabilitierung der Sinnlichkeit voraus. Die Erziehung zum Genuß ist sicher eine der schwierigsten Aufgaben der Pädagogik, denn sie richtet sich einerseits gegen eine früh indoktrinierte Genußfeindlichkeit, andererseits gegen die ubiquitäre Neigung zur Maßlosigkeit. Mein Ausspruch: Sozialismus sei Rokoko für alle, löste seinerzeit nicht nur Zustimmung aus; ein Teilnehmer an jener Veranstaltung trat in der Pause auf mich zu und sagte mir, ich hätte ihn enttäuscht, ein Pädagoge dürfe nicht Hedoniker sein. Ich entgegnete ihm, *ich sei Hedoniker, wo ich könne, Stoiker, wo ich müsse.* Gewöhnlich müsse ich. Offen gesagt, ich würde gern häufiger genießen, als es mir möglich ist. Damit spreche ich mich nicht prinzipiell gegen *Askese* aus. Wenn Eltern und Erzieher sich Genüsse vorenthalten, um für ihre Kinder hinreichend gut sorgen zu können, ist das sinnvoll. Aber Askese um ihrer selbst willen oder für ein vermeintliches Weiterleben nach dem Tod halte ich für Unsinn. Da meine ich mit Heinrich Heine:

> Den Himmel überlassen wir
> Den Engeln und den Spatzen.

Einer der ersten, der sich um die Rehabilitierung der Sinnlichkeit bemühte, war Nikolaus Cusanus. Ich las über ihn zuerst als Schüler, als ich mich eine kurze Zeit lang für die deutsche Mystik interessierte. Aber deren Lehren blieben mir dunkel, und ihre Abkehr von der Sinnenwelt mochte ich nicht teilen. Allein einige Verse des „Cherubinischen Wandersmannes" von Angelius Silesius sprachen mich an. Mochte Nikolaus Cusanus auch von Meister Eckehart ausgehen, so schritt er doch weit über ihn hinaus. Mit seinem Anti-Judaismus blieb er freilich wie viele christliche und nachchristliche Philosophen im Mittelalter stecken (Breuer 1996, S. 56). Es ist nicht so, daß ich ein guter Kenner seiner Philosophie und Theologie bin. Von ihm gelesen habe ich lediglich sein „Liber de Mente" in der Übersetzung von

Heinrich Cassirer. Als Schüler kannte ich ihn aus Nachschlagewerken und aus einer Geschichte der Philosophie. Später wurde er mir über Ernst Cassirer (1906, 1926) und Kurt Eissler (1961, S. 351-371) einigermaßen vertraut.

Nikolaus Cusanus erkennt den Gegensatz des Seins des Absoluten und des Empirisch-Bedingten, des Endlichen und des Unendlichen an. „Aber dieser Gegensatz wird nun nicht mehr schlechthin dogmatisch gesetzt, sondern er soll in seiner letzten Tiefe erfaßt, er soll aus den Bedingungen der menschlichen Erkenntnis begriffen werden. Diese Erkenntnis", so Ernst Cassirer, „charakterisiert Cusanus als den ersten modernen Denker" (1927, S. 10). Nicht die Ideen werden von Cusanus als schöpferische Kräfte angenommen, sondern das konkrete Subjekt. Von ihm geht jede wahrhaft schöpferische Tätigkeit aus. Daraus ergibt sich, daß alles Erkennen sich nicht auf bloßes Abbilden der Wirklichkeit richtet, sondern stets eine bestimmte Richtung geistigen Tuns darstellt (a. a. O., S. 43). Es sind die sinnlichen Gegebenheiten und die sinnliche Erkenntniskraft, die den Intellekt bewegen, sich dem Sinnlichen zu „assimilieren". In dieser Betätigung sieht Cusanus nicht mehr einen „Abfall", „eine Art Sündenfall der Erkenntnis – in ihm vollzieht sich vielmehr", wie Cassirer für ihn sagt, „der Aufstieg der Sinnenwelt selbst, die nunmehr aus der Mannigfaltigkeit zur Einheit, aus der Beschränkung zur Allgemeinheit, aus der Zerstreuung zur Klarheit sich erhebt" (a. a. O., S. 47). Nikolaus Cusanus vergleicht den menschlichen Geist mit einem „göttlichen Samen", der in das Erdreich des Sinnlichen gesenkt werden muß, damit er aufgehen und Frucht tragen kann. So versucht Cusanus die Stimmen der Weltflucht zu besiegen und der von ihnen erniedrigten Sinnlichkeit die ihr angemessene Bedeutung im Denken und Trachten der Menschen zu geben.

Ernst Cassirer weist auf den großen Einfluß hin, den Cusanus auf die Laien ausübte. Sein „Liber de Mente" ist denn auch ein Lob des Laienverstandes. Der Laie erweist sich in ihm seinem Gesprächspartner, dem Philosophen, überlegen. Befragt, ob er ein Pythagoräer sei, antwortet der Laie dem Philosophen: „Ich weiß nicht, ob ich ein Anhänger des Pythagoras oder eines anderen bin. Das aber weiß ich, daß ich mich durch die Autorität keines Menschen, auch wenn sie mich zu beeinflussen sucht, bestimmen lasse" (1926, S. 235). Das erinnert an das von Freud (1910, S. 194) zitierte Wort Leonardos, mit dem er die freie

Forschung rechtfertigt: *„Wer im Streite der Meinungen sich auf die Autorität beruft, der arbeitet mit seinem Gedächtnis, anstatt mit seinem Verstand"*. Diese Haltung ermöglicht denn auch eine Selbstbejahung, die zur Bejahung der Welt führt, nicht durch narzißtische Symbiose mit ihr, sondern durch tätige Teilhabe vor allem in Wissenschaft und Kunst: „die Wissenschaft ist eine zweite Schöpfung der Natur, die durch die Vernunft, die Kunst, eine zweite Schöpfung der Natur, die durch die Einbildungskraft hervorgebracht wird" (Cassirer 1926, S. 72).

Vom Spiel zum schöpferischen Tun

Wohl niemand bezweifelt, daß das Spiel und die Kunst Themen der Pädagogik sind. Schwierig wird es, wo sie innerhalb der Schule in den Dienst der Erziehung zum Genuß gestellt werden. Lieben und Arbeiten sind als Leistungen erwünscht. Ihr Gegengewicht – der Genuß – wird nicht ernstgenommen. Das Streben nach Geld und Geltung stellt sich unserem Bedürfnis nach Genuß entgegen und erweist sich in seiner Grenzenlosigkeit oft stärker als dieses. Dabei leben wir in einer Zeit, in der der Stand der Produktivkräfte das Mußeideal der Antike für alle realisierbar machen könnte, würden nur die Verteilungsprobleme gelöst. Es sei daran erinnert: zwei Grundbegriffe der Pädagogik: *Paidea* und *Schola* weisen uns zurück auf eine der beiden *Saatbett-Gesellschaften* unserer Kultur: das alte Griechenland (die andere ist Israel, Parsons 1966, S. 149-167). Paidea heiß eigentlich ‚Erziehung', ‚Bildung' des Kindes und bezeichnete schließlich das altgriechische Erziehungsideal, das vor allem die musische, gymnastische und politische Erziehung umfaßte, eben jene Bereiche, die in unseren Schulen an chronischer Schwindsucht leiden. Dem entspricht das Wort: Schule, Schola, das griech. und lat. Ursprungs ist und ‚Muße, Ruhe von der Arbeit', eigentlich ‚das Innehalten bei der Arbeit' bedeutet.

Man muß freilich die sozialhistorische Bedingtheit dieser Begriffe beachten. Aristokratische Abkunft und Reichtum waren nötig, um die harmonische körperlich-geistige Bildung, für die in der Antike Paidea und Schola standen, zu erreichen. Werner Jaeger (1933-1947) wollte sie mit der Absicht der *Formung eines höheren Menschen* als *dritten Humanismus* wiederholen. So lesenswert und anregend sein inhaltsreiches Buch auch ist, sofern die Paidea Privileg von Abstammungsgemeinschaften oder gesellschaftlichen Eliten sein soll, folge ich ihm nicht. Mir steht nicht Jaegers dritter Humanismus vor Augen, sondern ein *realer Humanismus,* der allen Menschen ein anständiges Dasein ermöglicht, in dem jeder Einzelne hinreichend am Reich der Arbeit wie an dem des Genusses teilhat. Das Maß an Leistungs- und Genußfähigkeit, das hierzu nötig ist, ist freilich keine bloße Naturgegebenheit, es ist vielmehr eine kulturelle Errungenschaft, die ohne Erziehung nicht erreicht werden kann.

Kulturromantischen Vorstellungen entgegen war Paidea auch in der Familie nur ausnahmsweise möglich. Gerade die Familie, die als *ganzes Haus* in die Gesellschaft integriert war, bot nicht die Muße, die nötig ist, um eine harmonische körperlich-geistige Entwicklung zu gewährleisten. So wurden wesentliche Bildungsaufgaben recht früh der Schule übertragen. Aber dort *veranstaltet,* wollte Schule auch nicht recht gelingen. Wer es sich leisten konnte, reintegrierte sie daher wieder in die Familie, stellte Hauslehrer und Gouvernanten an, oder gab, wie Goethes Vater, die Berufsarbeit auf, um seine Kinder den eigenen Idealen entsprechend zu bilden. Auch das mißlang oft genug. Die meisten Familien heute haben gar kein Bildungsideal im klassischen Sinn des Wortes mehr, und hätten sie noch eins, dann fehlten ihnen die Mittel, es zu realisieren. Die Desintegration der Familie (René König 1946) reduzierte sie zu einer Kostenstelle. Auch als Konsumgemeinschaft ist sie verkümmert, denn vom geselligen Genuß am Familientisch und gemeinsamen Wertorientierungen, außer der am Marktwert, kann kaum noch die Rede sein. Zwar jagen alle nach dem Glück – „das Glück jagt hinterher" (Bert Brecht) –, aber was das Glück sei, lassen sie sich von Marketingmanagern vorschreiben. Da bleibt der Genuß auf der Strecke. Es erscheint mir nötig, daß jene, die dieses Elend erkannt haben, sich dafür engagieren, Enklaven des Genusses zu schaffen, jeder an seinem Ort, Pädagogen also in der Schule. Etwas ironisch schlage ich vor, von *Genußaskese* zu sprechen. Askese gilt ja in unserer Kultur beinahe als ein heiliges Wort, heißt aber nichts anderes als Übung. *Warum also sollen die Schulen nicht Orte der Muße für alle Schüler und Lehrer werden, Orte, an denen man lernt, den Forderungen des Marktes zu entsagen und dafür das Genießen zu üben?*

Noch einmal: Paidea meinte bei den alten Griechen musische, gymnastische und politische Bildung für die Vornehmen und Reichen. Warum heute nicht für alle? Weil das dem sozialen Sadomasochismus und kollektiven Narzißmus die Triebzufuhr vermindern würde. Das aber hätte umwälzende Voraussetzungen und Folgen, vor denen sich viele, die aus dem heutigen Elend Profit ziehen, fürchten. Deshalb treiben sie sich und ihre Kinder zur systemkonformen Jagd nach Geld und Geltung an, bis sie erschöpft ins Grab sinken.

Paidea für alle wäre schon möglich. Aber, so wird eingewandt, wo soll die Zeit hergenommen werden für ausreichende musische, gymnastische und politische Bildung? In den Schulen, wie sie sind, ist das in der Tat sehr schwierig. Doch müssen die so sein, wie sie sind? Es ist doch purer Fachimperialismus, wenn jeder Fachlehrerverband für sein Fach mehr Mittel, mehr Stunden usf. verlangt. Dabei weiß jeder, wie schnell gerade arbeitsmarktspezifische Wissensinhalte und Unterrichtsziele veralten. Meiner Auffassung nach kommt es auf einen soliden Basisunterricht in Deutsch, Englisch, Mathematik und Gymnastik an. Alle anderen Fächer könnten in Neigungsgruppen unterrichtet werden, in denen vor allem die musische Bildung gefördert werden sollte. Ich meine nicht, daß allen das Gleiche vermittelt werden muß, aber Schule sollte so gehalten werden, daß es zu befriedigenden Leistungen kommt und Schüler und Lehrer hinreichende Lust an ihrem Tun gewinnen können.

Das kann nur gelingen, wenn das *Spiel als eine „Beschäftigung, die für sich selbst angenehm ist"* (Kant 1790, S. 402) im Schulleben genügend Raum und Zeit erhält. In den Worten von Erwin Straus ist solches Spielen primär „vitales Tun" und nur sekundär sinn- und zukunftsbezogenes Handeln. Dafür spricht auch die Etymologie des Wortes, dessen Ausgangsbedeutung ‚Tanz, tanzen' zu sein scheint (Kluge 1989, S. 687). Wieweit das Spiel jeweils als Nichtarbeit „Gegenregion der Arbeit" (Plessner 1967, S. 307) war und ist, wäre zu untersuchen; denn, soweit Arbeit libidinös besetzt werden kann, gleicht sie sich dem vitalen Tun an. Hierfür gibt Karl Büchers Buch *Arbeit und Rhythmus* (1896/1924) viele anschauliche Beispiele. Auch in unserem eigenen Tun erfahren wir das, wo wir nicht allzu entfremdet arbeiten müssen. Jedoch, je größer die Entfremdung von der Arbeit, desto weiter wird auch ihre Entfernung vom Spiel. Insofern ist das Reich des Spieles schon eine Gegenregion zum Reich der Arbeit. Aber: „Der Gegensatz zu Spiel ist nicht Ernst, sondern – Wirklichkeit". So lesen wir in Freuds Aufsatz „Der Dichter und das Phantasieren", wo er anregt, die ersten Spuren dichterischer Betätigung schon beim Kind zu suchen: „Jedes spielende Kind benimmt sich wie ein Dichter, indem es sich eine eigene Welt erschafft oder richtiger gesagt, die Dinge seiner Welt in eine neue, ihm gefälligere Ordnung versetzt. Es wäre dann unrecht zu meinen, es nähme diese Welt nicht ernst; im Gegenteil, es nimmt sein Spiel sehr ernst, es verwendet große Affektbeträge darauf ... Das Kind unterscheidet seine Spielwelt sehr wohl ... von der Wirklichkeit und lehnt seine imaginierten Objekte und Verhältnisse gern an greifbare und sichtbare Dingen der wirklichen Welt an. Nichts anderes als diese Anlehnung unterscheidet das ‚Spielen' des Kindes noch vom ‚Phantasieren'.

Der Dichter tut nun dasselbe wie das spielende Kind; er erschafft eine Phantasiewelt, die er sehr ernst nimmt, d. h. mit großen Affektbeträgen ausstattet, während er sie von der Wirklichkeit scharf sondert" (1908, S. 214). Auch Johan Huizinga hebt in seinem Buch „Homo Ludens" (1930) den Ernstcharakter des Spieles hervor. Angeregt von einer Bemerkung von L. Frobenius über die Ergriffenheit des Kindes im Spiel, schreibt er: „Vermöge der Ergriffenheit verdichtet sich sein Naturgefühl reflexmäßig zu einer poetischen Konzeption, zu einer Kunstform. Dies ist vielleicht die beste Annäherung in Worten, die wir für den Prozeß der schöpferischen Phantasie geben können ..." (a. a. O., S. 26).

Was das Spiel mit der Kunst, aber auch, wie ich meine, mit der Wissenschaft verbindet, ist die *schöpferische Phantasie*. Sie bewegt uns beim Spielen, beim Schaffen von Kunstwerken und bei der methodischen Inszenierung von Erfahrungen zu Theorien (Gottschalch 1988, S. 11-18). Wie die künstlerische Produktion ist die wissenschaftliche Produktion nicht nur eine für sich selbst, sondern auch für andere. Auch für sie gilt Bert Brechts Aufforderung: „Anmut sparet nicht noch Mühe!" Der Künstler wie der Wissenschaftler wollen Ordnung im Chaos der Welt schaffen. Von alleine geschieht das nicht. Der Künstler schafft sich und anderen eine eigene Welt (Segal 1952). Der schöpferische Wissenschaftler versucht das Unbekannte, das Verborgene so zu erhellen und zurechtzulegen, daß wir die Welt verstehen.

Beides ist mit unermüdlichen Anstrengungen verbunden. Daß Künstler und Wissenschaftler diese Anstrengungen auf sich nehmen und trotz tiefer Enttäuschungen nicht von sich werfen, kann mit Hilfe psychoanalytischer Theorien über den schöpferischen Prozeß, wie sie von Sigmund Freud, Melanie Klein, Hanna Segal, Kurt Eissler und Donald Winnicott vorgelegt worden, verstanden werden. Vieles spricht dafür, daß der schöpferische Prozeß sich bereits in der erbarmungslosen Liebe des Säuglings gegen seine Mutter anbahnt. Im Banne seiner unkontrollierbaren, gierigen und sadistischen Triebe – das Baby hat das geliebte Objekt „zum Fressen gern" – attackiert es die Mutter mit seinem Verlangen. Dann fürchtet es, sie zu verlieren oder von ihr verfolgt zu werden, kann aber nicht anders als rücksichtslos mit ihr umgehen. Der Säugling entwickelt nun depressive Phantasien über sich selbst und das geliebte Objekt, die in ihm den Wunsch nach Wiedergutmachung und Wiederherstellung des Zerstörten hervorbringen.

Depressive Phantasien werden freilich, so Hanna Segal (1952, S. 236), „nur insofern zum Stimulus weiterer Entwicklung, als die depressive Angst vom Ich toleriert werden kann und das Gefühl der psychischen Realität beibehalten wird. Wenn nur wenig Glaube in die Fähigkeit zur Wiederherstellung vorhanden ist, wird das gute Objekt außen wie innen als unwiederbringlich verloren und zerstört empfunden". Einen Absatz weiter lesen wir: „Bei einer erfolgreichen Entwicklung jedoch wird das Kind durch die Erfahrung der Liebe in seiner Umgebung nach und nach über sein Objekt beruhigt. Seine wachsende Liebe, Stärke und sein wachsendes Können geben ihm immer mehr Vertrauen in seine eigenen Fähigkeiten zur Wiederherstellung. Und mit wachsendem Vertrauen kann es nach und nach die manische Abwehr loslassen, es kann die zugrundeliegenden Gefühle von Verlust, Schuld und Liebe immer intensiver erfahren und immer neue und erfolgreiche Versuche zur Wiedergutmachung unternehmen". Wo in der Schule das Spiel „als Beschäftigung, die für sich selbst angenehm ist" und die Musen hinreichend Entfaltungsmöglichkeiten erhalten, vermag sie einen wesentlichen Beitrag zu einer solchen erfolgreichen Entwicklung zu leisten.

Im Spiel geben Kinder gern ihren Phantasien von einer guten Zukunft nach. Aber sie verlieren sich hierbei selten in Wahngebilden, vielmehr schaffen sie mit ihnen Figurationen ihrer gewünschten Wirklichkeiten. Die Puppen sind ihre Traumkinder; die Häuser, die sie aus Klötzen und Steinen erstellen, werden nach Vorstellungen entworfen von Gebäuden, in denen sie später wohnen und arbeiten wollen. Immer antizipieren sie eine vielversprechende Zukunft. Spielen sie mit anderen Kindern zusammen, suchen und erfinden sie Regeln, die Ordnung in ihr Tun bringen. So lernen sie, ihre Wünsche mit denen anderer Kinder zu vermitteln. Immer, auch wenn sie allein spielen, sehen sie ihr Tun auch mit den Augen anderer: denen der Mutter, des Vaters, der Geschwister, der Spielgefährten, der Lieblingslehrerin usf. Immer sublimieren sie zugleich Triebbedürfnisse und entlasten sich damit wenigstens zum Teil von deren Druck. Es ist ja nicht leicht enkulturiert und sozialisiert zu werden; aber das Spiel vermag doch das Unbehagen in der Kultur zu mindern und damit unser Zusammenleben friedfertiger zu machen. Viele von den antizipierten Freuden des Erwachsenseins werden später gar nicht realisiert werden können. Möglicherweise gelingt es jedoch, etwas von der Lust, die man einst beim kindlichen Spiel erfuhr, in das Erwachsenenalter mitzunehmen. Dann könnte man Arbeit wenigstens mit dem zum Überleben nötigen Minimum an Libido besetzen. Voraussetzung hierfür ist, daß man als Kind oft genug Lust am Spiel, am vitalen Tun erleben durfte und später eine einigermaßen menschenwürdige Arbeit findet. Wo das nicht der Fall ist, sollte man sich mit dem Elend und den Erniedrigungen, die einem selbst und den Mitmenschen auferlegt werden, nicht abfinden, sondern unermüdlich versuchen, seine Lage zu ändern.

14. Schlußbemerkung: Leidenschaft und Skepsis

„Unsere Sprache stuft ihre Aussagen nach dem Verhältnis zur Wirklichkeit ab und unterscheidet zwei Formen von Möglichkeit, das ‚Kann' und das ‚Könnte'. Während der Indikativ zur Feststellung des Wirklichen und des Möglichen dient, schafft der Konjunktiv einen Spielraum innerhalb des Möglichen. Das Unmögliche prägt sich wieder indikativisch aus."
Helmut Plessner, Der kategorische Konjunktiv, 1968, S. 346f.

Mit Helmuth Plessner (1969, S. 338) meine ich, daß wir Menschen von einem *kategorischen Konjunktiv* abhängig sind. Das Ich erfahren wir als einen Ort, von dem alle unsere Impulse ausgehen und auf das hin alle Perspektiven zusammenlaufen. Wir erleben uns einerseits als einzigartig, andererseits als ersetzbar. Unsere Einzigartigigkeit läßt uns zum Hochmut neigen. Unsere Ersetzbarkeit hilft uns einzusehen, daß jeder von uns nur ein Fall unter unzählig vielen ist. Das gibt uns die Chance, unseren Hochmut ironisch zu brechen und zu uns und den anderen eine versöhnungsbereite, vor- und nachsichtige Distanz zu gewinnen.

Plessner spricht von der *Paradoxie der Ich-Position.* Er denkt dabei daran, daß soziale Positionen Leerstellen sind, die auch andere ausfüllen können. Zugleich ist jedem Menschen eine Binnendimension eigen, die er einfach hat und ist. Psychoanalytisch gesprochen, muß sich die innere Welt eines jeden ständig mit der sozialen Realität auseinandersetzen. „Individuelle und generelle Subjektivität, d. h. Intersubjektivität, implizieren einander. Als Individuum unersetzbar, steht jeder Mensch in seiner möglichen Ersetzbarkeit. Er könnte, aber er kann nicht" (a. a. O., S. 340). Lehrer erfahren diese Antinomie besonders intensiv. Wenn es ihnen z. B. gelingt, Arbeitsbündnisse mit ihren Schülern und Kollegen zu stiften, werden diese auch libidinös besetzt. Weder Lehrer noch Schüler können jedoch deren Dauer selbst bestimmen. Lehrerwechsel, Klassenwechsel, Ablauf der Schulkarriere, manchmal auch deren Abbruch usf. werden als Eingriffe von außen erlebt, die zum Abschiednehmen zwingen, freilich auch neue Chancen öffnen. Unersetzbar können sich Lehrer auf die Dauer kaum fühlen, wenn sie es in bestimmten Situationen oft auch sind.

Aus der Spannung zwischen Ichsubjektivität und Intersubjektivität resultiert, daß sich kein Individuum „damit zufrieden gibt, so zu sein, wie es nun einmal ist – es sei denn, es ließe sich gehen, resignierte und gäbe sich auf" (ebd.). Wie die Menschen sich mit dieser Unzufriedenheit, die sich aus der im zweiten Kapitel erwähnten Verschränkung zwischen Umweltgebundenheit und Weltoffenheit ergibt, umgehen, kann sehr verschieden sein. Unsere exzentrische Position befähigt uns zur Selbstreflexion, vermittelt uns aber auch das Gefühl der Unzulänglichkeit. Dieses wiederum fordert, ist es nicht zu stark, unsere Produktivität heraus. *So stellen wir dem resignierenden „es ginge schon, aber es geht nicht", die Frage entgegen: Was müssen wir tun, damit, was nicht geht, dennoch ginge?* Damit wird der kategorische Konjunktiv in eine kategorische Interrogation umgewandelt.

Das Bewußtsein seiner Individualität kann dem Menschen unerschöpfliche Energien erschließen, die kein Maß mehr kennen (vgl. a. a. O., S. 342). Das Gefühl einzigartig zu sein, weckt bei vielen Allmachts- und Ohnmachtsgefühle hervor. Nicht nur Dostojewskis Raskolnikov fragte sich: „Bin ich ein Napoleon oder eine Laus?"; vielmehr sind Bestialität und Genialität enge Nachbarn. Es ist wahr: die Menschheit lebt von den Allzuvielen, den Bescheidenen und Zufriedenen, die „nur ihre Pflicht tun", aber auch von den Unruhestiftern, den Unzufriedenen und den Neuerern. „Von ihnen", so schreibt Helmuth Plessner, „lebt die Menschheit nicht weniger, vielmehr findet sie durch sie zu ihrer *Bestimmungskraft der Leidenschaft,* die sie zu ihren Taten treibt. Sie gefährden die etablierte Ordnung, keineswegs immer aus persönlichem Ehrgeiz, eher aus Liebe zur Sache, gefesselt von einem Einfall im Bann einer Vision, aus Empörung über ein Unrecht" (a. a. O., S. 344). So kommt mir am Ende dieses Buches die Dialektik von Leidenschaft und Skepsis in den Sinn.

Leidenschaft und Skepsis erscheinen mir als ähnlich gegensätzlich verbunden wie Liebe und Haß. Freilich unterscheiden sie sich vom psychischem Ursprung her stärker als letztere. Die Triebkräfte von Liebe und Haß stammen aus dem Es. Für die Leidenschaft gilt das ebenfalls. Die Skepsis, wie sie in diesem Buch als schauende und fragende Haltung erörtert wird, ist eine Ichleistung; aber sie ist nicht immer abgeschirmt gegen die Triebbedürfnisse des Es einerseits – die Schaulust des Voyeurs beispielsweise, und die Herrschsucht des Überichs andererseits – ich denke an das Mißtrauen des Paranoikers und die Grübelsucht des moralischen Masochisten. Doch erscheint Skepsis eher als Ichleistung mit Gelassenheit verbunden zu sein als mit Leidenschaftlichkeit. Andererseits brauchten wir ohne Leidenschaften gar nicht skeptisch zu sein. Die Umweltgebundenheit des Tieres entlastet es von Skepsis und Leidenschaft. Die Weltoffenheit des Menschen unterwirft ihn seinen Leidenschaften und nötigt ihn dazu, diese zu zügeln, also auch skeptisch gegen sich und andere zu sein. In seinem Aufsatz *Trieb und Leidenschaft* schreibt Helmuth Plessner: „Tiere leiden an dem, was ihnen versagt ist: Hunger und Durst, an mangelnden Möglichkeiten, ihre Triebe zu befriedigen, an Gefangenschaft. Der Stau kann wie beim Menschen Aggressionen auslösen, doch nur der Mensch leidet an seiner Leidenschaft *für* einen Menschen oder eine Sache" (1971, S. 371). Unzureichend instinktgesichert und insofern den Tieren unterlegen – positiv ausgesprochen: von ihrer Instinktbasis emanzipiert –, verliert die Triebkraft des Menschen an reaktiver Stärke. Sie wird in *libidinöses Heizmaterial* umgewandelt. Das ermöglicht dem Menschen, diese in den Dienst seiner Leidenschaften zu nehmen, die freilich nur zu oft fremd- und selbstzerstörerische Tendenzen haben.

In seinem Vortrag „Wissenschaft als Beruf" sagte Max Weber, nichts sei „für den Menschen als Menschen etwas wert, was er nicht mit *Leidenschaft* tun *kann*" (1919, S. 589). Darin stimmt er mit Nietzsche überein, der von den Leidenschaften meinte, man brauche sie wie die „großen Krankheiten", „das Anormale". Durch sie geben wir, so lesen wir bei ihm, „dem Leben einen ungeheuren Schock" (Aus dem Nachlaß, S. 724f.). Max Weber litt vor allem an der Leidenschaft zur Wissenschaft. Er war ein leidenschaftlicher Denker ganz im Sinne Nietzsches (vgl. 1886b, S. 1241), einer, dessen Gedanken „eine leidenschaftliche Seelen-Geschichte" ausmachen. Kennt man seine Biographie, vermag man aus seinen Schriften *Krisen, Katastrophen, Todesstunden* zu erraten, um Worte aus Nietzsches „Morgenröte" zu wählen, und zu begreifen, daß sein Leben *in der Leidenschaft seines Denkens* zu verbrennen drohte. Seine Frau, Marianne Weber, schrieb über ihn: „Als Weber einmal nach dem Sinn seiner Wissenschaft für ihn selbst gefragt wurde, antwortete er: ‚Ich will sehen, wieviel ich aushalten kann.' – Was wollte er damit andeuten? Vielleicht – daß er es als seine Aufgabe ansehe, die *Antinomien* des Daseins zu ertragen, ferner: seine Kraft zur *Illusionslosigkeit* aufs äußerste anzuspannen und trotzdem die Ungebrochenheit seiner Ideale und die Hingabefähigkeit an sie zu bewahren" (1926, S. 690).

Leidenschaft und Skepsis sind also durchaus vereinbar, wenn auch kaum zu harmonisieren – ja, schöpferisch werden diese Haltungen erst, wenn sie einander durchdringen. Das hat Max Weber bereits in der Werturteils-Debatte gezeigt. Weber hat sich stets nur Aufgaben gestellt, um die zu bemühen, er für wert hielt. Ihm war es nie gleichgültig, womit er sich befaßte. Insofern verkennen viele seiner Anhänger und Kritiker ihn. Mit leidenschaftlichem Interesse hatte er sich seinen Forschungsobjekten zugewandt. Bei deren Auswahl wertete er, aber während des Forschunsprozesses stellte er sein Urteil aus. Dazu verpflichtet auch intellektuelle Redlichkeit. Das ist keine leichte, wohl eine notwendige wissenschaftliche Haltung, denn, noch einmal zitiere ich Nietzsche: „Aus den *Leidenschaften* wachsen die Meinungen; die *Trägheit des Geistes* läßt diese zu *Überzeugungen* erstarren. – Wer sich aber *freien,* rastlos lebendigen Geistes fühlt, kann durch beständigen Wechsel diese Erstarrung verhindern ..." (1886 a, S. 729).

Ich schreibe das hier weniger, um Max Weber zu ehren – er fordert auch zur Kritik heraus –, sondern um eine Haltung zu kennzeichnen, die mir nicht nur in der Wissenschaft, sondern auch in der Pädagogik als notwendig erscheint. Ohne Leidenschaft zur Pädagogik – nüchterner gesagt: ohne libidinöse Besetzung der Erzieher- und Lehrerarbeit kann man meiner Auffassung nach kein guter Pädagoge sein. Aber die Leidenschaft zur Pädagogik enthält auch Gefahren. Freud warnte seine Kollegen vor dem *furor sanandi,* dem Drang zu Heilen (1915, S. 320), und dem *furor prohibindi,* der Neigung zum Bevormunden, Eingreifen und Verbieten (1926, S. 268). Beide Leidenschaften kommen nicht nur bei Ärzten vor, sondern auch in den zwei anderen „unmöglichen Berufen", die er nannte: in dem des Pädagogen und des Politikers. Daß sie dort häufig vorkommen, ist verständlich. Ärzte, Pädagogen, Politiker müssen ja in der Tat heilen, verbessern, bevormunden, eingreifen und verbieten; und da sie der Erfolge nie sicher sein können, kompensieren sie ihre begrenzten Fähigkeiten und Möglichkeiten oft mit Übereifer. Ich halte dafür, daß sie ihren Übereifer zu überwinden versuchen, aber auch die unter ihnen aus schmerzlichen Enttäuschungen erwachsenen destruktiven Haltungen wie Resignation, Indifferenz und Zynismus. Es kommt darauf an, den Kindern und Heranwachsenden, den Schülern und Studenten zu zeigen, daß Leben gut sein kann und sie, wo es nur möglich ist, hier und jetzt eines guten Leben teilhaftig werden zu lassen. Das meine ich durchaus im irdischen Sinne des Wortes.

Literatur

Adorno, Th. W. (1965): Tabus über dem Lehrerberuf. In: Ders.: Erziehung zur Mündigkeit. Frankfurt/M. 1970, S. 70-87.

Aichhorn, A. (1936): Zur Technik der Erziehungsberatung. In: Zs. f. psa. Pädagogik, X. Jg. 1936, S. 5-74.

Améry, J. (1976): Hand an sich legen. Stuttgart.

d'Arcais, P. F. (1994): Das freigesetzte Individuum. In: Freibeuter 61, S. 8-21.

Balint, A. (1932): Die Psychoanalyse des Kinderzimmers. In: Zs. f. psa. Pädagogik 1932, S. 49-130.

Balint, E. (1993): Bevor ICH war. Stuttgart 1997.

Balint, M., Balint, E. (o. J.): Psychotherapeutische Techniken in der Medizin. München, o. J.

Beck, J., Wellershoff, H. (1989): Sinneswandel. Die Sinne und die Dinge im Unterricht. Frankfurt/M.

Benedek, T. (1964): Über Orgasmus und Frigidität. In: Jb. d. Psa. III, S. 11-29.

Benjamin, W. (1985): Berliner Chronik. In: GS Bd. VI. Frankfurt/M., S. 465-519.

Bernfeld, S. (1925): Sisyphos oder die Grenzen der Erziehung. Leipzig, Wien, Zürich.

– (1931): Zur Sublimierungstheorie. In: Ders.: Antiautoritäre Erziehung und Psychoanalyse Bd. 2. Darmstadt 1969, S. 556-566.

Bettelheim, B. (1943): Individuelles und Massenverhalten in Extremsituationen. In: Ders. (1980), Stuttgart, S. 58-95.

– (1950): Liebe allein genügt nicht. Die Erziehung emotional gestörter Kinder. Stuttgart 1970.

– (1962): Gespräche mit Müttern. München 1977.

– (1974): Der Weg aus dem Labyrinth. Stuttgart 1975.

– (1975): Kinder brauchen Märchen. Stuttgart 1977.

– (1979): Überlegungen zur Privatsphäre. In: Ders.: Erziehung zum Überleben. Stuttgart 1980, S. 366-378.

– (1983): Freud und die Seele des Menschen. Düsseldorf 1984.

Bettelheim, B., Zelan, K. (1981): Kinder brauchen Bücher. Stuttgart 1982.

Beutler, E. (1943): Erläuterungen zu: Goethe: West-Östlicher Divan. Leipzig.

Le Bon, G. (1895): Psychologie der Massen. Leipzig – Stuttgart nach 1945.

Bohr, N. (1931): Atomtheorie und Naturbeschreibung. Berlin.

Brecht, B. (1948): Kleines Organon für das Theater. In: Ders.: Gesammelte Werke. Bd. 16. Frankfurt/M. 1967, S. 661-708.

– (1967): Buch der Wendungen. Frankfurt/M.

Breuer, M. (1996): Das jüdische Mittelalter. In: Ders. u. Graetz, M.: Deutsch-jüdische Geschichte. 1. Bd. München, S. 19-82.

Bücher, K. (1896): Arbeit und Rhythmus. Leipzig 1924.

Burckhardt, J. (1903/5): Weltgeschichtliche Betrachtungen. Mit einer Einleitung und textkritischem Anhang von R. Stadelmann. O. O., o. J.

Cassirer, E. (1906): Das Erkenntnisproblem der Gegenwart. Bd. 1. Darmstadt 1974.

– (1927): Individuum und Kosmos in der Philosophie der Renaissance. Darmstadt 1977.

Castioradis, C. (1996): Psychoanalyse und Politik. In: Psyche 50, S. 902-915.

Chasseguet-Smirgel, J. (1975): Das Ichideal. Psychoanalytischer Essay über die „Krankheit der Idealität". Frankfurt/M. 1981.

– (1986): Zwei Bäume im Garten. Zur psychischen Bedeutung der Vater- und Mutterbilder. München, Wien 1988.
Copei, F. (1930): Der fruchtbare Moment im Bildungsprozeß. Heidelberg.
Cramer, F. (1988): Chaos und Ordnung. Die komplexen Strukturen des Lebendigen. Frankfurt/M. 1993.
Cusanus, N. (1926): Liber de Mente. In: Cassirer 1926, S. 204-297.
Dannecker, M. (1996): Sexueller Mißbrauch und Pädosexualität. In: Volkmar Sigusch (Hg.): Sexuelle Störungen und ihre Behandung. Stuttgart, New York, S. 266-275.
Devreux, G. (1972): Ethnopsychoanalyse. Die komplementaristische Methode in den Wissenschaften vom Menschen. Frankfurt/M. 1984.
– (1982): Frau und Mythos. München.
Dierse, U. (1974): Glauben und Wissen. In: Hist. Wtb. d. Philosophie. Bd. 3, S. 646-655.
Dilthey, W. (1884-1894): Pädagogik. Geschichte und Grundlinie des Systems. GS Bd. IX. Göttingen.
– (1894): Ideen über eine beschreibende und zergliedernde Psychologie. In: GS Bd. V, Göttingen, S. 139-240.
– (1900): Die Entstehung der Hermeneutik. In: GS Bd. V, Göttingen, S. 317-338.
Dörner, K. und Plog, U. (1978): Irren ist menschlich oder Lehrbuch der Psychatrie. Wunstorf 1978.
Eissler, K. R. (1961): Leonardo da Vinci – Psychoanalytische Notizen zu einem Rätsel. Basel, Frankfurt/M. 1992.
– (1963): Goethe. Eine psychoanalytische Studie. Bd. 1 u. 2. Frankfurt/M.
– (1963): Bemerkungen zum Problem der Umwandlung von Triebenergie. In: Ders.: Goethe. Bd. 2, S. 1545-1579.
– (1971): Todestrieb, Ambivalenz, Narzißmus. München 1980.
Elias, N. (1939): Der Prozeß der Zivilisation. Bern 1969.
Erikson, E. (1956): Das Problem der Ich-Identität. In: Ders.: Identität und Lebenszyklus. Frankfurt/M. 1959, S. 123-212.
– (1968): Jugend und Krise. Die Psychodynamik im sozialen Wandel. Stuttgart 1974.
Fast, I. (1984): Von der Einheit zur Differenz. Psychoanalyse der Geschlechtsdifferenz. Berlin, Heidelberg u. a. O. 1991.
Ferenczi, S. (1909): Introjektion und Übertragung. In: Schriften zur Psychoanalyse. Bd. I. Frankfurt/M. 1970, S. 12-47.
– (1933): Sprachverwirrung zwischen den Erwachsenem und dem Kind. In: a. a. O. Bd. II, S. 303-313.
Freud, A. (1927): Einführung in die Kinderanalyse. In: Dies.: Schriften. Bd. I. München 1980, S. 3-138.
– (1952): Die Wechselwirkung in der Entwicklung von Ich und Es. In: a. a. O. Bd. IV. S. 1229-1242.
– (1965): Wege und Irrwege in der Kinderentwicklung. Bern, Stuttgart 1968.
Freud, S.* (1895): Studien über Hysterie. GW I, S. 75-312.
– (1905): Drei Abhandlungen zur Sexualtheorie. GW V, S. 27-145.
– (1908): Der Dichter und das Phantasieren. GW VII, S. 211-223.
– (1909): Analyse der Phobie eines fünfjährigen Knaben. GW VII, S. 241-377.
– (1910): Eine Kindheitserinnerung des Leonardo da Vinci. GW X, S. 128-211.
– (1911): Die zukünftigen Chancen der psychoanalytischen Therapie. GW VIII, S. 103-115.
– (1911): Formulierungen über die zwei Prinzipien des psychischen Geschehens. GW VIII, S. 229-238.

* zitiert nach der Erstausgabe London 1941ff., später Frankfurt/M.

– (1914): Zur Einführung des Narzißmus. GW X, S. 137-170.
– (1915): Triebe und Triebschicksale. GW X, S. 210-232.
– (1915): Bemerkungen über die Übertragungsliebe. GW X, S. 306-321.
– (1915): Einige Charaktertypen aus der psychoanalytischen Arbeit. GW X, S. 363-391.
– (1917): Vorlesungen zur Einführung in die Psychoanalyse. GW XI.
– (1919): Das Unheimliche. GW XII, S. 227-268.
– (1920): Jenseits des Lustprinzips. GW XIII, S. 3-69.
– (1921): Massenpsychologie und Ich-Analyse. GW XIII, S. 73-161.
– (1923): Das Ich und das Es. GW XIII, S. 237-289.
– (1925): Die Verneinung. GW XIV, S. 9-15.
– (1925): Geleitwort zu Verwahrloste Jugend, Die Psychoanalyse in der Fürsorgeerziehung. Zehn Vorträge zur ersten Einführung von August Aichhorn. GW XIV, S. 565-567.
– (1926): Die Frage der Laienanalyse. GW XIV, S. 207- 296.
– (1930): Das Unbehagen in der Kultur. GW XIV, S. 419-506.
– (1932): Neue Folge der Vorlesungen zur Einführung in die Psychoanalyse. GW XV.
– (1937): Die endliche und die unendliche Analyse. GW XVI, S. 57-99.
– (1938): Abriß der Psychoanalyse. GW XVII, S. 63-138.
– (1960): Briefe 1873-1939. Ausgewählt von E. u. L. Freud, Frankfurt/M. 1980.
Freud, S., Pfister, O. (1963): Briefe 1909-1939. Frankfurt/M. 1963.
Frijling-Schreuder, E. C. M. (1967): Über Kinderanalyse. Jb. d. Psychoanalyse IV, S. 157-180.
Gottschalch, W. (1968): Pädagogische Aspekte der außerparlamentarischen Opposition. In: Ders.: Soziales Lernen und politische Bildung. Frankfurt/M. 1969, S. 137-149.
– (1984): Aufrechter Gang und Entfremdung. Berlin.
– (1988a): Wahrnehmen, Verstehen, Helfen. Grundlagen psychosozialen Handelns. Heidelberg.
– (1988b): Narziß und Ödipus. Anwendungen der Narzißmustheorie auf soziale Konflikte. Heidelberg.
– (1992): Die endliche und die unendliche Adoleszenz. In: Jb. f. psychoanalytische Pädagogik 4, S. 89-103.
– (1997): Männlichkeit und Gewalt. Weinheim.
Greenson, R. (1967): Technik und Praxis der Psychoanalyse. Stuttgart 1986.
– (1974): Übergangsobjekt und Übertragung. In: Ders.: Psychoanalytische Erkundungen. Stuttgart 1993, S. 390-395.
Grill, B., Duma, C. (1997): Der Söldnerkonzern Executive Outcomes: Die Firma der Krieger wirft ein unsichtbares Netz über Afrika. In: Die Zeit, Nr. 4, 17.1.1997.
Grimm, J. u. W. (1854-1984): Deutsches Wörterbuch. 33 Bände, München 1984.
Grunberger, B. (1972): Gedanken zum frühen Über-Ich. In: Ders.: Narziß und Anubis. Die Psychoanalyse jenseits der Triebtheorie. München, Wien, Bd. 1, S. 69-92.
– (1985): Über die Monade. In: a. a. O., Bd. 2, S. 189-205.
Hamann, B. (1996): Hitlers Wien. Lehrjahre eines Diktators. München, Wien.
Hausmann, G. (1959): Didaktik als Dramaturgie des Unterrichts. Heidelberg.
Hegel, G. (1819/20): Philosophie des Rechts. Die Vorlesung von 1819/20 in einer Nachschrift. Henrich, D. (Hg.), Frankfurt/M. 1983.
Heimann, Paul (1947): Die pädagogische situation als psychologische aufgabe. In: pädagogik – beiträge zur erziehungwissenschaft. 2. Jg. Heft 6, S. 1-17.
Heller, H. (1930): Rechtsstaat oder Diktatur. Tübingen.
Herbert, U. (1996): Best: Biographische Studien über Radikalismus, Weltanschauung und Vernunft, 1903-1989. Bonn.

Horkheimer, M. (1947): Zur Kritik der instrumentellen Vernunft. In: GS, Bd. 6, 1991, S. 21-186.
Horkheimer, M., Adorno, T. W. (1947): Die Dialektik der Aufklärung. Amsterdam.
Huizinga, J. (1930): Homo Ludens. Vom Ursprung der Kultur im Spiel. Reinbek bei Hamburg 1994.
Jacobson, E. (1971): Depression. Eine vergleichende Untersuchung normaler, neurotischer und psychotisch-depressiver Zustände. Frankfurt/M. 1991.
Jaeger, W. (1933-1947): PAIDEA. Die Formung des griechischen Menschen. Berlin, New York 1989.
Kant, I. (1797): Die Metaphysik der Sitten. In: Ders.: Werke, Bd. IV. Hgg. v. W. Weischedel. Darmstadt 1983, S. 309-634.
– (1803): Über Pädagogik. In: Werke, Bd. VI. Darmstadt 1964, S. 691-761.
Kästner, E. (1952): Ansprache zum Schulbeginn. In: GS, Bd. 5. Frankfurt/M. 1958, S. 180-183.
– (1958): Kästner über Kästner. A. a. O., S. 301-305.
Keilson, H. (1979): Sequentielle Traumatisierung bei Kindern. Deskriptiv-klinische und quantifizierend-statistische follow-up Untersuchung zum Schicksal der jüdischen Kriegswaisen in den Niederlanden. Stuttgart.
Kernberg, O. (1975): Borderline-Störungen und pathologischer Narzißmus. Frankfurt/M. 1980.
– (1976): Objektbeziehungen und Praxis der Psychoanalyse. Stuttgart 1985.
– (1980): Innere Welt und äußere Realität. Anwendungen der Objektbeziehungstheorie. München, Wien 1988.
– (1984): Schwere Persönlichkeitsstörungen. Stuttgart 1992.
– (1988): Probleme mit der Übertragung bei schweren Charakterpathologien – ich-psychologische und objektbeziehungstheoretische Aspekte. In: Kutter, P. u. a. (Hg.): Die psychoanalytische Haltung. München, Wien.
– (1992): Wut und Haß. Über die Bedeutung von Aggression bei Persönlichkeitsstörungen und sexuellen Perversionen. Stuttgart 1997.
Kestenberg, J. (1993/94): Außen und Innen, Männlich und Weiblich. Teil I: Jb. d. Psychoanalyse, Bd. 31, S. 151-188. Teil II: Jb. d. Psychoanalyse, Bd. 32, S. 40-73.
Kirchheimer, O. (1976): Von der Weimarer Republik zum Faschismus: Die Auflösung der demokratischen Rechtsordnung. Frankfurt/M.
Kittsteiner, H. (1991): Die Entstehung des modernen Gewissens. Frankfurt/M., Leipzig.
Klein, M.: (1933): Die frühe Entwicklung des kindlichen Gewissens. In: Dies.: GS, Bd. I, Teil 2. Stuttgart, Cannstatt 1996, S. 1-20.
– (1935): Beitrag zur Psychogenese der manisch-depressiven Zustände. In: A. a. O., S. 29-75.
– (1936): Entwöhnung. In: A. a. O., S. 77-100.
– (1937): Liebe, Schuldgefühl und Wiedergutmachung. A. a. O., S. 105-157.
– (1940): Die Trauer und ihre Beziehung zu manisch-depressiven Zuständen. In: A. a. O., S. 159-199.
– (1945): Der Ödipuskomplex im Lichte früher Ängste. In: A. a. O., S. 361-431.
Kluge, F. (1989): Etymologisches Wörterbuch der deutschen Sprache. Berlin, New York.
Kohut, H. (1977): Die Heilung des Selbst. Frankfurt/M.
König, R. (1946): Zwei Grundbegriffe der Familiensoziologie. In: Ders.: Materialien zur Soziologie der Familie. Köln 1974, S. 55-87.
– (1949): Überorganisation der Familie als Gefährdung seelischer Gesundheit. In: A. a. O., S. 106-119.

Koselleck, R. (1986): Vorwort zu: Karl Löwith: Mein Leben in Deutschland vor und nach 1933. Stuttgart.

Kracauer, S. (1922): Die Gruppe als Ideenträger. In: Ders.: Schriften, Bd. 5.1. Frankfurt/M. 1990, S. 170-195.

– (1971): Geschichte – Vor den letzten Dingen. In: Ders.: Schriften, Bd. 4, Frankfurt/M.

Kronauer, M. (1997): „Soziale Ausgrenzung" und „Underclass". In: Leviathan 1/97, S. 28-50.

Landauer, K. (1939): Intelligenz und Dummheit. In: Ders.: Theorie der Affekte u. a. Schriften zur Ich-Organisation. Frankfurt/M. 1991.

Lange, M. G.: siehe Wurl, M.

Laplanche, J., Pontalis, J.-B. (1967). Das Vokabular der Psychoanalyse. Frankfurt/M. 1972.

Lenski, G. (1977): Macht und Privileg. Eine Theorie der sozialen Schichtung. Frankfurt/M.

Lessing, D. (1974): Die Memoiren einer Überlebenden. Frankfurt/M. 1981.

Loch, W. (1981): Kommunikation, Sprache, Übersetzung. In: Ders.: Perspektiven der Psychoanalyse. Stuttgart 1986, S. 241-259.

Löchel, E. (1996): Zur Genese des Symbols in der kindlichen Entwicklung. In: Kinderanalyse, 4. Jg., S. 254-286.

Loewald, H. (1957): Zur therapeutischen Wirkung der Psychoanalyse. In: Ders.: Psychoanalyse. Aufsätze aus den Jahren 1951-1979. Stuttgart 1986, S. 209-247.

– (1962): Überich und Zeit. In: A. a. O., S. 35-45.

– (1978): Das Schwinden des Ödipuskomplexes. In: A. a. O., S. 377-400.

Löwith, K. (1935): Der okkasionelle Dezisionismus von C. Schmitt. In: Ders.: Sämtliche Schriften. Bd. 8. Stuttgart 1984, S. 32-71.

– (1938): Die Einheit und Verschiedenheit der Menschen. Ders.: Sämtliche Schriften. Bd. 2. Stuttgart, S. 243-258.

– (1949/53): Weltgeschichte und Heilsgeschehen. Sämtl. Schriften. Bd. 2. Stuttgart, S. 7-239.

– (1950): Weltgeschichte und Heilsgeschehen. A. a. O., S. 240-279.

– (1953): Heidegger – Denker in dürftiger Zeit. Sämtl. Schriften, Bd. 8. Stuttgart.

– (1956): Wissen, Glaube und Skepsis. Sämtl. Schriften. Bd. 3. Stuttgart, S. 197-273.

– (1960): Welt und Menschenwelt. Sämtl. Schriften. Bd. 1. Stuttgart, S. 295-328.

– (1963): Das Verhängnis des Fortschritts. Sämtl. Schriften. Bd. 2. Stuttgart, S. 392-410.

Luhmann, N. (1964): Funktionen und Folgen formaler Organisation. Berlin.

Mahler, M. (1968): Symbiose und Individuation, Bd. 1: Psychosen im frühen Kindesalter. Stuttgart 1972.

– (1979): Studien über die drei ersten Lebensjahre. Frankfurt/M. 1992.

Marcuse, H. (1957): Trieblehre und Freiheit. In: Adorno, T. W., Dirks, W. (Hg.): Freud in der Gegenwart. Frankfurt/M., S. 402-424.

Marx, K. (1845): Thesen über Feuerbach. MEW. Bd. 3. S. 5-7.

Meyer-Abich, K. M. (1976): Komplementarität. In: Hist. Wtb. d. Philosophie, Bd. 4. Darmstadt, S. 933f.

Mentos, S. (1982): Neurotische Konfliktverarbeitung. Frankfurt/M. 1989.

Modell, A. H. (1965): On having the right to a life: an aspect of the superego's development. Int. J. Psa. 46, S. 323-331.

Neumann, F. (1936): Die Herrschaft des Gesetzes. Frankfurt/M. 1980.

– (1937): Der Funktionswandel des Gesetzes im Recht der bürgerlichen Gesellschaft. In: Ders.: Demokratischer und autoritärer Staat. Frankfurt/M. 1967, S. 31-81.

– (1944): Behemoth. Struktur und Praxis des Nationalsozialismus 1933-1944. Frankfurt/M. 1977.

– (1954): Angst und Politik. In: Ders.: Demokratischer und autoritärer Staat. Frankfurt/M., S. 261-291.
Nietzsche, F. (1881): Morgenröte. Werke. Hgg. v. K. Schlechta. Bd. 1. München 1966, S. 1009-1279.
– (1886): Menschliches – Allzumenschliches. A. a. O., S. 435-1008.
– (1966): Aus dem Nachlaß der achtziger Jahre. Werke, Bd. 3.
Oestreich, P. (1923): Schule zur Volkskultur, Rudolstadt 1947.
Parin, P. (1960): Gegenübertragung bei verschiedenen Abwehrformen. In: Jb. der Psychoanalyse, Bd. 1, S. 196-214.
Parsons, T. (1966): Gesellschaften. Evolutionäre und komparative Perspektiven. Frankfurt/M. 1975.
Petersen, P. (1927): Der Jena-Plan einer freien allgemeinen Volksschule. Weinheim 1974.
– (1946): Wissenschaftliche pädagogik im dienst der demokratischen erziehung und akademischen lehrerbildung. In: pädagogik – beiträge zur erziehungswissenschaft. 1. Jg. 2/1946, S. 1-8.
Pfeifer, W. (1993): Etymologisches Wörterbuch des Deutschen. 2 Bde. Berlin.
Plessner, H. (1950): Über das Welt-Umweltverhältnis des Menschen. GS VIII. Frankfurt/M., S. 77-87.
– (1953): Mit anderen Augen. GS VIII. Frankfurt/M., S. 88-104.
– (1928/1956): Die Stufen des Organischen und der Mensch. Vorwort zur zweiten Auflage. GS IV. Frankfurt/M., S. 13-34.
– (1961): Die Frage nach der Conditio humana. GS VIII. Frankfurt/M., S. 136-217.
– (1967): Der Mensch im Spiel. GS VIII. Frankfurt/M., S. 307-313.
– (1968): Der kategorische Konjunktiv. Ein Versuch über Leidenschaft. GS VIII. Frankfurt/M., S. 338-352.
– (1971): Trieb und Leidenschaft. GS VIII. Frankfurt/M., S. 367-379.
Redl, F. (1925): Die Idee der Erziehungsgemeinschaft und ein Versuch ihrer Verwirklichung. In: Ders.: Erziehungsprobleme – Erziehungsberatung. München 1978, S. 32-41.
– (1931): Erziehungsberatung in der eigenen Klasse. A. a. O., S. 43-89.
Reich, A. (1960): Einige Bemerkungen zur Gegenübertragung. In: Jb. d. Psa., Bd. I, 1960, S. 183-195.
Reik, T. (1948): Hören mit dem dritten Ohr. Hamburg 1976.
Reiner, H. (1974): Gewissen. In: Hist. Wtb. d. Phil., Bd. 3, S. 574-592.
Richter, H. E. (1960): Die narzißtische Projektion der Eltern auf das Kind. Jb. d. Psa., Bd. I, 1960, S. 62-81.
Riehl, W. H. (1855): Die Familie. Stuttgart.
Rühle, O. U. A. (1929): Sexual-Analyse. Rudolstadt.
Sandler, J. (1976): Gegenübertragung und Bereitschaft zur Rollenübernahme. In: Psyche, Jg. 30, S. 297-305.
Sandler, J., Dare, C., Holder, A. (1973): Die Grundbegriffe der psychoanal. Therapie. Stuttgart.
Schadewaldt, W. (1978): Die Anfänge der Philosophie bei den Griechen. Frankfurt/M.
Scheler, M. (1915): Die geistige Einheit Europas und ihre politische Forderung. In: Ders.: Der Genius des Krieges und der deutsche Krieg. Leipzig, S. 251ff.
Schendel van, A. (1935): Een Hollandsch Drama. Amsterdam.
Schmitt, C. (1932): Der Begriff des Politischen. Hamburg.
Schneider, C., Stillke, C., Leineweber B. (1996): Das Erbe der NAPOLA. Versuch einer Generationengeschichte des Nationalsozialismus. Hamburg.
Schnitzler, A. (1967): Aphorismen und Betrachtungen. Frankfurt/M.

Schopenhauer, A. (1839): Preisschrift über die Freiheit des Willens. In: Ders.: Sämtliche Werke in fünf Bänden. Leipzig o. J., Bd. 3, S. 389-492.
Schumacher, J. (1977): Leonardo da Vinci, Maler und Forscher in anarchischer Gesellschaft. Berlin 1985.
Segal, H. (1952): Eine psychoanalytische Betrachtung der Ästhetik. In: Dies.: Wahnvorstellung und künstlerische Kreativität, Stuttgart 1992, S. 233-259.
– (1991): Traum, Phantasie, Kunst. Stuttgart 1996.
Simmel, E. (1944): Selbsterhaltung und Todestrieb. In: Ders.: Psychoanalyse und ihre Anwendungen. Frankfurt 1993, S. 227-247.
– (1946): Antisemitismus und Massen-Psychopathologie. In: A. a. O., S. 254-288.
Simmel, G. (1980): Über soziale Differenzierung. GA, Bd. 2, Frankfurt/M. 1989, S. 109-295.
– (1892): Einleitung in die Moralwissenschaft. 1. Bd. GA, Bd. 3, Frankfurt/M., 1989.
– (1908): Soziologie. GA, Bd. 11, Frankfurt/M.
– (1918): Kant. GA, Bd. 9, Frankfurt/M., S. 7-226.
Sommer, M. (1984): Mündigkeit. In: Hist. Wtb. d. Phil. Bd. 6, S. 225-235.
Spitz, R. A. (1957): Nein und Ja. Die Ursprünge der menschlichen Kommunikation. Stuttgart.
– (1965): Vom Säugling zum Kleinkind. Stuttgart 1969.
Stachowiak, H. (1989): Informationstheorie. In: Seiffert, H., Radnitzki, G. (Hg.): Handlexikon zur Wissenschaftstheorie. München, S. 154-158.
Stampfli, L. (1951): Die unvollständige Familie. Solothurn.
Stendhal (Henry Beyle) (1822): Über die Liebe. Frankfurt/M. 1975.
Stierlin, H. (1975): Eltern und Kinder im Prozeß der Ablösung. Familienprobleme in der Pubertät. Frankfurt/M.
– (1978): Delegation und Familie. Frankfurt/M. 1978.
Stork, J. (1991): Wege der Individuation. Weinheim.
– (1997): Kommentar zur Arbeit von Donald W. Winnicott: Haß in der Gegenübertragung. In: Kinderanalyse, 5. Jg., S. 47-59.
Störmer, A. (1996): Hallo, Herr Nachbar. In: Römer, E. u. a. (Hg.): Lehreralltag – Alltagslehrer. Authentische Berichte aus der Schulwirklichkeit. Weinheim, Basel, S. 109-111.
Straus, E. (1930): Die Formen des Räumlichen. Ihre Bedeutung für die Motorik und die Wahrnehmung. In: Ders.: Psychologie der menschlichen Welt. Berlin, Göttingen, Heidelberg 1960, S. 141-178.
Sutton, N. (1996): Bruno Bettelheim: Auf dem Wege zur Seele des Kindes. Hamburg.
Treurniet, N. (1995): Was ist Psychoanalyse heute? In: Psyche 2/1995, S. 111-140.
Trilling, L. (1951): Der Dichter als Held: Keats in seinen Briefen. In: Ders.: Kunst, Wille und Notwendigkeit. München 1990, S. 9-57.
Tucholski, K. (1932): Nachher. In: Ders.: GW, Bd. 3. Frankfurt/M. 1967, S. 1097-1126.
Vaihinger, H. (1911): Die Philosophie des Als Ob. Leipzig 1920.
Valéry, P. (1907/08): Cahiers. Bd. V. Frankfurt/M. 1992.
– (1927): Rede über die Dichtkunst. In: Ders.: Zur Theorie der Dichkunst. Frankfurt/M. 1987, S. 11-32.
– (1928): Vorrede zu „Poésie essais sur la poétique et la poéte". In: Ders.: A. a. O., S. 5-9.
Vogt, R., Vogt, B.: Entlehnte Schuldgefühle der deutschen Nachkriegsgenerationen. In: Psyche, 51. Jg. 1997, S. 494-569.
Vorster, H. (1974): Glaube. In: Hist. Wtb. d. Philosophie, Bd. 3, S. 627-643.
Weber, M. (1926): Max Weber. Ein Lebensbild. Tübingen.
Weber, M. (1917): Der Sinn der „Wertfreiheit" der soziologischen und ökonomischen Wissenschaften. In: Ders.: Gesammelte Aufsätz zur Wissenschaftslehre. Tübingen 1982, S. 489-540.

– (1919 a): Wissenschaft als Beruf. In. Ders.: a. a. O., S. 582-613.
– (1919 b) Politik als Beruf. In: Ders.: Gesammelte politische Schriften, Tübingen 1988, S. 505-560.
– (1920): Die protestantische Ethik und der Geist des Kapitalismus. In: Ders.: Gesammelte Aufsätze zu Religionssoziologie. Bd. 1. Tübingen 1947, S. 17-206.
– (1921): Wirtschaft und Gesellschaft. Studienausgabe. Köln, Berlin 1964.
Weiß, P. (1975-1978): Ästhetik des Widerstandes. 3 Bde., Frankfurt/M.
Wiese, L. v. (1924): Kindheit. Erinnerungen aus meinen Kadettenjahren. Hannover.
Winnicott, D. W. (1947): Haß in der Gegenübertragung. In: Ders.: Von der Kinderheilkunde zur Psychoanalyse. Frankfurt/M. 1985, S. 77-90.
– (1954): Wiedergutmachung im Hinblick auf die organische Abwehr der Mutter gegen Depression. In: Ders.: a. a. O., S. 267-275.
– (1957): Die Fähigkeit zum Alleinsein. In: Ders.: Reifungsprozesse und fördernde Umwelt. München 1974, S. 36-46.
– (1958): Das erste Lebensjahr. Moderne Ansichten über die emotionale Entwicklung. In: Ders.: Familie und individuelle Entwicklung. München 1978, S. 9-26.
– (1963): Die Entwicklung zur Besorgnis. In: Ders.: (1984): Aggression. Stuttgart 1988, S. 132-147.
– Vom Spiel zur Kreativität. Stuttgart 1973.
Wurl (d. i. Max Gustav Lange) (1946): Die schule als staatsanstalt. In: pädagogik – beiträge zur erziehungswissenschaft, 1. jg. heft 4, 1946, S. 193-202.
Wurmser, L. (1981): Die Maske der Scham. Berlin, Heidelberg 1990.
– (1987): Die Flucht vor dem Gewissen. Berlin, Heidelberg 1993.
– (1989): Die zerbrochene Wirklichkeit. Berlin, Heidelberg.
Wynne, L. C. u. a. (1958): Pseudogemeinschaft in den Familienbeziehungen von Schizophrenen. In: Bateson u. a.: Schizophrenie und Familie. Frankfurt/M. 1969, S. 44-80.

Januar 2000
ca. 200 Seiten · Broschur
DM 39,90 · öS 291,– · SFr 37,–
ISBN 3-89806-010-1

Der Themenschwerpunkt des Jahrbuchs ist den Entwicklungsprozessen der ersten Lebensjahre gewidmet. In mehreren Beiträgen werden Ergebnisse der aktuellen Säuglings- und Kleinkindforschung und der Bindungstheorie diskutiert. Dabei werden auch Beratungs- und Förderkonzepte vorgestellt, die u. a. von englischen Psychoanalytikern entwickelt wurden und erst seit kurzem im deutschsprachigen Raum rezipiert werden. Weitere Beiträge handeln von psychoanalytischen Konzepten des Lernens und der Lernbehinderung und informieren über aktuelle psychoanalytisch-pädagogische Neuerscheinungen. Ein Literaturumschauartikel greift das selten behandelte Thema der Geschwisterbeziehung auf.

Mit Beiträgen von:
Wilfried Datler, Christian Büttner, Urte Finger-Trescher, Rolf Göppel, Gerd E. Schäfer, Martin Dornes, Karin Messerer, Isca Salzberger-Wittenberg, Gertraud Diem-Wille, Ludwig Janus, Dieter Katzenbach, Ulrike Kinast-Scheiner.

PSV
Psychosozial-Verlag

März 2000
ca. 170 Seiten · Broschur
DM 29,90 · öS 218,– · SFr 27,50
ISBN 3-89806-004-7

Annette Simon und Jan Faktor versuchen die politischen und gesellschaftlichen Konflikte ihrer ostdeutschen bzw. osteuropäischen Vergangenheit zu reflektieren und zu analysieren. Ausgehend von den unterschiedlichen Erfahrungen mit dem Prager Frühling 1968 setzen sie sich mit denVerhältnissen in der DDR auseinander. Auch heute, nach der Vereinigung Deutschlands, versuchen sie, sich politisch und intellektuell klar zu positionieren.

Jan Faktor zog 1978 in die DDR – in ein fremdes Land, dessen Untergrundkultur ihm dann plötzlich nicht geahnte, aber auch fragwürdige Freiräume bot. Nach der deutschen Vereinigung mußte er sich mit der Stasi-Vergangenheit einiger seiner Mitstreiter auseinandersetzen – und auch mit dem westdeutschen Kulturbetrieb.

Annette Simon erlebte mit der Okkupation der CSSR eine politische Entfremdung von ihren früheren sozialistischen Idealen und vom vermeintlichen Aufgehobensein in der DDR. Kritisch analysiert sie in ihren Texten das Weiterbestehen solcher Entfremdungsgefühle sowohl bei ehemaligen Oppositionellen als auch bei ehemaligen Befürwortern der DDR im deutschen Vereinigungsprozeß.

PΨV
Psychosozial-Verlag

Erscheinungsweise: vierteljährlich
144 Seiten · Broschur
Einzelheft DM 32,– · öS 234,– · SFr 29,50
Jahrgang DM 98,– · öS 715,– · SFr 89,–
ISSN 0171-3434

Die Zeitschrift »psychosozial« zeigt seit dem Erscheinen des ersten Heftes im Jahr 1978 die Wechselbeziehungen zwischen psychischer und sozialer Realität auf. Die vielschichtigen Veränderungen, die sich in den unterschiedlichsten Lebenszusammenhängen seither ergaben, haben deutlich gemacht, daß das Anliegen der Zeitschrift ständig an Bedeutung gewinnt. Unsere sich selbst gefährdende, immer komplexer werdende Zivilisation bedarf zunehmend in allen ihren Teilbereichen der psychosozialen Analyse, um eine bewußte und humane Gestaltung der Lebensverhältnisse zu ermöglichen.

Die Themen 2000:
Nr. 79 · Heft I, März: Gewalt an Schulen
Nr. 80 · Heft II, Juni: Deutsche – 10 Jahre nach der Wende
Nr. 81 · Heft III, Sept.: Angewandte Formen der Psychoanalyse
Nr. 82 · Heft IV, Dez.: Schau- und Zeigelust

PSV
Psychosozial-Verlag

www.ingramcontent.com/pod-product-compliance
Ingram Content Group UK Ltd.
Pitfield, Milton Keynes, MK11 3LW, UK
UKHW040024200726
13854UKWH00001B/349